Bärchenmann sucht Traumfrau
Stefan Lohse

© 2013
ISBN: 9-783732-279166
Herstellung und Verlag: BoD - Books on Demand, Norderstedt
www.bod.de

Sämtliche Handlungen und Personen sind frei erfunden, Übereinstimmungen mit lebenden Personen sind rein zufällig. Sollte jemand zufällig einen Fruchtgummiladen oder Buchhandel in Bielefeld betreiben oder Liebknecht heißen und Lehrerin sein – das war keine Absicht!

Für Marleen.

Teil 1

Auf der Suche

Kapitel 1

„Sie müssen hier aussteigen."
„Was? Entschuldigung, wie bitte?"
„Sie müssen hier aussteigen. Endstation."
„Wo bin ich?"
„Bielefeld, Bahnhof. Haben Sie was Schönes geträumt?"
„Das geht Sie gar nichts an!"
Ich habe natürlich wie immer von IHR geträumt, doch jetzt bin ich wieder vollkommen in der Realität angekommen. Träume hören tatsächlich immer dann auf, wenn sie am Schönsten sind. Ich könnte den freundlichen, älteren Herren, der mich gerade mit einer Mischung aus Mitleid und Unverständnis ansieht, aus dem Stand erschlagen. Ich könnte einfach den Nothammer aus der Halterung nehmen und ihn diesem Kleinstadtbusfahrer mitten ins Gesicht hauen. Da würde er dumm aus der Wäsche gucken, der alte Mann.
„Am Bahnhof?", frage ich stattdessen.
„Wo wollten Sie denn raus?"
„Am Bahnhof? Scheiße!"
Ich habe ganze sieben Stationen verschlafen.
„Wie spät ist es?"
„Fünf vor neun."
Ich stehe schnell auf, stoße mir dabei natürlich das Knie und springe aus dem Bus. Sicher hätte ich dabei vor dem Sprung nach links und rechts schauen können, das wird einem hierzulande schließlich mit als Erstes beigebracht: Dreimal täglich Zähne putzen, bohr nicht in der Nase und sieh nach links und rechts, wenn du über die Straße gehst. Aber genauso, wie man eben doch mal in der Nase bohrt und auch das Zähneputzen auf wenn-mal-nich-is-auch-nich-schlimm reduziert, so vergisst man hin und wieder, nach links und rechts zu schauen. Vor allem dann, wenn man in fünf Minuten bei der Arbeit sein müsste und noch keinen Plan hat, wie man das so schnell schaffen soll. Und außerdem: was wäre ich denn bitte für ein Waschlappen, wenn ich zwar in größter Eile zur Bustür hechte, dann aber langsam und vorsichtig

den Kopf herausstrecke, zunächst nach links und dann nach rechts und dann wieder nach links schaue, den Arm rausstrecke und auf dem kürzesten Weg auf den Bürgersteig marschiere? Wahre Männer laufen los! Wahre Helden schaffen es dann auch, sicher den Bürgersteig zu erreichen. Alle anderen stoßen dabei mit irgendeinem Fahrrad oder Hund zusammen. Und die ganz großen Experten schaffen es sogar, beim Sprung aus dem Bus mit einem Mofa zusammenzustoßen.

Und da liegen wir jetzt beide in der städtischen Grünanlage, der Mofafahrer und ich, zwischen Heckenrosen, Bierflaschen und Zigarettenkippen. Ich würde mich ja gerne um das arme Schwein kümmern, das ich gerade von seinem Moped gerammt habe, aber leider habe ich keine Zeit. Also krabbele ich aus dem Hagebuttenbusch und renne weiter in Richtung Bahnhof, begleitet von den wütenden Rufen des Busfahrers. Ich hätte ihn doch erschlagen sollen! Außer Atem erreiche ich den Taxistand, mein letzter Sprint liegt leider schon einige Jahre zurück.

„In die Stadt bitte!"
„Sie haben's ja eilig!"
„Ja, Klosterstraße. Möglichst schnell!"
„Für den Fall, dass Sie während der Fahrt plötzlich rausspringen, möchten Sie im Voraus bezahlen?"
„Ich werde nicht rausspringen."
„Ich mein ja bloß. Aus dem Bus sind Sie ja auch gerade..."
„Fahren Sie los, ich bin spät dran!"
„Wo soll's denn hingehen?"
„Klosterstraße. Immer noch."

Der Taxifahrer sieht ein bisschen so aus wie der Bruder des Busfahrers. Der gleiche Schnurrbart und dieselbe verdammte Gutmütigkeit und Gelassenheit, die man ihm aus dem Gesicht prügeln möchte, wenn die Fahrt dadurch beschleunigt würde. Aber da es zum einen keinen Hammer im Taxi gibt und ich mir zum anderen keinen weiteren Zwischenstopp leisten kann, lasse ich mich wortlos in die Klosterstraße chauffieren. Fünf nach neun kommen wir an.

„Macht 12,60."
„Moment... Mist! Meine Tasche! Die ist noch im Bus!"
„In dem Bus von vorhin?"
„Ja."
„Ist wohl ihr Glückstag!"
„Schnauze!"
Das hätte ich mir besser verkniffen.
„Wissen Sie was", nörgelt der Taxifahrer, „mir ist es egal. Ich werde hier stehen bleiben und warten, bis Sie mir das Geld bringen."
„Entschuldigung. Das ‚Schnauze' war nicht so gemeint."
„Die Zeit läuft."
„Ist ja gut, ich werde Ihnen das Geld holen."
Damit werfe ich die Taxitür zu und gehe in den Laden. Über dem Eingang prangt groß und rot leuchtend ‚Tinas Fruchtgummi-Laden'. Den Job habe ich erst seit ein paar Wochen, er wird einigermaßen gut bezahlt und es fällt auch nicht auf, wenn ich mich hin und wieder bei den Bonbons bediene. Wobei das Bedienen von Schicht zu Schicht weniger wird.
Christiane ist natürlich schon da.
„Michael, du bist zu spät", mault sie mir entgegen.
Christiane ist neben meiner Oma die einzige Person, die mich Michael nennt. Meine Eltern und der Rest der Familie nennen mich seit meiner Geburt grundsätzlich Michi und alle Freunde sagen in der Regel Mick. Mischa war schon immer ein Sonderfall, sie nennt mich als Einzige Mikey. Mischa und ich kennen uns seit dem Kindergarten, haben gemeinsam die Pubertät gemeistert und schlagen uns nun durch alle Höhen und Tiefen des Lebens. Eigentlich heißt Mischa Michaela Schröder. Zu dem Spitznamen kam sie, als in der Grundschule eine gewisse Jennifer aus dem Osten zu uns zog, drei Monate vor der Wende. Und weil das weiche ‚ch' nicht so ganz Jennifers Ding war, hieß Michaela von da an für sie nur noch Mischaela. Daraus habe ich dann ziemlich schnell Mischa gemacht, anfangs, um sie damit zu ärgern, später aus reiner Gewohnheit. In Mick kommt

glücklicherweise kein ‚ch' vor, sodass auch ein Ossi meinen Namen ohne Probleme aussprechen kann.
„Du bist zu spät, zehn Minuten, um genau zu sein. Wie siehst du eigentlich aus?"
Christiane steht am Tresen und packt jeweils 500 Gramm Gummibärchen in Plastiktüten. Sie ist Ende dreißig, hat feuerrot gefärbte Haare, die hinten zusammengebunden sind, und man sieht ihr deutlich an, dass sie den ganzen Tag Süßigkeiten herstellt, probiert und verkauft. Aber die Besitzerin eines Fruchtgummiladens sollte wohl auch Einiges auf den Hüften haben, um ihre Produkte zu bewerben. Ein Herrenausstatter, der was auf sich hält, läuft ja auch nicht rum wie der letzte Penner. Christiane ist eine lebhafte und humorvolle Person – für meinen Geschmack manchmal ein wenig zu lebhaft – aber alles in allem eine Chefin, über die man sich wirklich nicht beschweren kann. Wenn sie allerdings eine Sache nicht ausstehen kann, dann ist es Unpünktlichkeit. Das war ein Grund, warum ich es so eilig hatte, zur Arbeit zu kommen. Der andere Grund ist SIE, die schöne Unbekannte, deren Namen ich nicht kenne, von der ich aber ständig träume und die damit auch Schuld an meiner Verspätung hat. Sie kommt jeden Tag um viertel nach neun in den Laden und kauft eine kleine Tüte Waldfruchtbärchen. Allzu oft habe ich mir schon vorgestellt, wie ich auf einem großen, weichen Teppich liege, den ganzen Körper mit Fruchtbärchen bedeckt, und wie sie einen nach dem anderen von mir abknabbert. Aber jetzt ist keine Zeit zum Träumen. Jetzt muss ich mich erst einmal Christiane widmen.
„Tut mir leid. Ich hab den Bus verpasst."
„Und warum siehst du so aus?"
„Wie seh ich denn aus?"
Christiane schaut mich an und dieser Blick bedeutet nichts Gutes. Es ist kein böser Blick, eher einer mit einer gehörigen Portion Mitleid. Sofort erscheint mir in Gedanken das Gesicht des Busfahrers mit derselben gutmütigen Art von

Mitleidsblick. Nur dass ich Christiane nie mit einem Hammer erschlagen würde.

Ich gehe am Tresen und an Christiane vorbei ins Mitarbeiterbad, schließe die Tür hinter mir und schaue in den Spiegel. Der Mann, der mich von dort ungläubig anstarrt, hat erschreckende Ähnlichkeit mit mir. Zumindest trägt er dieselben Klamotten, die ich mir am Morgen angezogen hatte. Nur dass seine Hose und sein T-Shirt total verdreckt sind. Und er hat blutige Kratzer im Gesicht und zahlreiche Schürfwunden an den Armen und Händen. Ich taste vorsichtig alle betroffenen Körperteile ab, und die Schmerzen verraten mir, dass es sich bei dem geschundenen Mann im Spiegel um mich handelt. Jetzt bemerke ich auch, wie sehr mein rechter Oberschenkel schmerzt. An genau dieser Stelle hatte mich der Mofafahrer erwischt, oder besser ich ihn, und als ich die Hose herunterziehe, kommt eine große rot-blaue Fläche zum Vorschein. Und es sieht nicht so aus, als hätte die Fläche schon ihre endgültige Färbung erreicht.

Ich krempele meine Ärmel hoch und beginne vorsichtig, mir den Dreck vom Gesicht und den Armen zu waschen. Als ich dann einigermaßen sauber, aber immer noch ziemlich ramponiert zurück in den Verkaufsraum komme, ist Christiane immer noch mit ihren Bärchentüten beschäftigt.

„So willst du dich doch wohl nicht unseren Kunden zeigen, oder?"

„Muss ich. Ich hab nichts Besseres!"

„Dann ist das heute dein Glückstag! Heute ist die Lieferung mit den neuen Bärchen-Shirts angekommen."

„Bärchen-Shirts?"

„Ja! Geh doch gleich mal ins Lager und hol den Karton!"

Die Vorfreude in Christianes Stimme lässt Schlimmes erahnen. Immer wenn ihre Stimme so klingt, bedeutet das irgendeine neue Anschaffung, die das Image von Tina's Fruchtgummi-Laden verbessern soll. Einmal waren das riesige, blinkende Plastikbären für das Schaufenster, dann Luftballons in Bärchenform und jetzt also T-Shirts.

Mitten im Lager steht ein großer Karton. Ich nehme ihn hoch, und dem Gewicht nach handelt es sich schon mal nicht um Fruchtgummis. Dann wäre der Karton schwerer. Ich trage ihn in den Verkaufsraum, wo Christiane mich schon fröhlich und mit einer Schere bewaffnet erwartet. Sie scheint fest entschlossen, das Paket zu öffnen und damit mein modisches Schicksal für den heutigen und womöglich alle weiteren Arbeitstage zu besiegeln. Nach einigen kurzen Schnitten öffnet sie den Karton und befördert die Ware ans Tageslicht: pinke Polohemden mit einem violetten ‚Tina's Fruchtgummi-Laden' auf der Brust. Unter dem Schriftzug sind zwei Bärchen abgebildet, die Fähnchen schwenken, ein blaues mit grünem Fähnchen und ein gelbes mit rotem Fähnchen. Süß.
Als Fruchtbärchenverkäufer hat man es eh schon schwer genug, nicht für schwul gehalten zu werden, aber in einem solchen Outfit ist es so gut wie unmöglich!
„Probier doch mal an", meint die Mutter der Idee und hält mir ein Exemplar vor die Nase.
„Jetzt gleich?"
Das ist der erbärmliche Versuch eines seiner Chefin ausgelieferten Untergebenen, sich dem Unausweichlichen zu entziehen.
„Jetzt gleich."
Ich zucke mit den Achseln, ziehe mein T-Shirt aus und schlüpfe in das neue, pinke Bärchenoutfit, das von nun an wohl fester Bestandteil meines Arbeitsalltags sein soll. Christiane scheint begeistert.
„Sieht toll aus!"
„Geht so. Ich fühl mich damit irgendwie schwul."
Mit diesen Worten verschwinde ich im Bad und betrachte mich im Spiegel. Ich sehe wirklich ziemlich tuntig aus. Selbst die Schrammen können mir nicht so viel Männlichkeit verleihen, dass sie die Wirkung des Polohemds aufheben. Und weil ich an der Situation sowieso nichts ändern kann, mache ich gute Miene zum bösen Spiel und mir

einen Knoten ins Hemd. Dann laufe ich zurück in den Verkaufsraum.
„Bin ich nicht putzig!?"
„Ja, ich find schon."
Das ist nicht Christianes Stimme. Es ist die Stimme der Frau, die Schuld an der Verspätung und dem Mofaunfall ist, und die mir vor einer Dreiviertelstunde noch Waldfruchtbärchen vom Bauch genascht hat. Diese Frau steht jetzt vor mir und lächelt mich an. Jetzt eine schlagfertige Antwort! Vor allem geschickt aus der Sache rauskommen!
„Ich bin in einen Busch gefallen."
Sie dreht sich weg, scheint ein Grinsen zu unterdrücken. Ich nutze die Zeit, um mein pinkes Bärchenhemd von dem Knoten zu befreien und gehe dann hinter den Tresen, wo Christiane immer noch mit dem Verpacken verschiedenster Fruchtgummi-Variationen beschäftigt ist.
„Ist echt nicht dein Tag heute, was?", flüstert Christiane.
„Danke, ich weiß!"
Meine Traumfrau hat sich inzwischen entschieden, was sie kaufen möchte: eine Tüte Waldfruchtbärchen und ein Probierpäckchen Chilischoten-Fruchtgummi.
„Und, wie geht's dem Busch?", fragt sie.
„Welchem Busch?"
„DEM Busch."
„Achso. Ich weiß nicht, ich glaube, ich habe ihm ein paar Äste gebrochen."
In Sachen Charme übertreffe ich mich heute selbst. Verdammt nochmal!
„Ich wurde von einem Motorrad angefahren", füge ich hinzu.
Sie muss ja nicht unbedingt wissen, dass es ein Mofa und dazu noch meine Schuld war.
„Im Ernst? Ist dir was passiert?"
Sie sagt ‚du' zu mir.
„Geht schon."
„Na dann, gute Besserung!"

Sie beugt sich über den Tresen und pustet mir sanft auf die Stirn.

„Danke. Das macht dann 4,80."

Die wohl charmanteste Überleitung des Jahres! Hast du vielleicht Lust, mit mir was Trinken zu gehen? Ich bin der Mick und wer bist du? Wow, hast du schöne Augen! Aber nein: Das macht dann 4,80. Idiot. Meine Traumfrau kramt in ihrem Portmonee und bezahlt. Jetzt oder nie!

„Ich heiße übrigens Mick."

„Ich weiß."

„Woher weißt du das?"

„Steht doch da."

„Wo?"

„Da, neben dem blauen Bärchen."

„Oh."

Sie hat Recht. Christiane hat es tatsächlich fertiggebracht, auf die Polohemden die Namen der Mitarbeiter sticken zu lassen. Das war mir bisher noch nicht aufgefallen. Ich habe also nicht nur ein neues Arbeitsoutfit, ich habe ab jetzt mein ganz persönliches Bärchenhemd.

„Stimmt, steht neben dem blauen Bärchen."

Jetzt stehen wir da, der putzig-pinke Michael mit dem blauen Bärchen auf der Brust und die Frau seiner Träume.

„Dann werd ich mal wieder."

„Ja. Tschüß und viel Spaß mit den Waldbärchen!"

„Danke, tschüss."

Weg ist sie. Und selbstverständlich habe ich es nicht geschafft, sie nach ihrem Namen zu fragen. Ich renne hinaus auf die Straße und schaue in alle Richtungen. Nichts. Die ganze Straße ist leer, nur ein Taxi steht vor dem Laden. MEIN Taxi.

„Na! Für neue Klamotten scheint's ja noch gereicht zu haben!", witzelt der Fahrer.

„Sie hätten ruhig mal Bescheid sagen können, dass Sie immer noch auf mich warten."

„Das macht dann jetzt 36,70."

„Was? Sind Sie verrückt?"

„Na, das sagt der Richtige!"
„Warum sind Sie denn nicht in den Laden gekommen?"
„Ich sollte doch warten."
Na toll! Ich laufe zurück in den Laden.
„Christiane, kannst du mir vierzig Euro leihen?"
„Was ist denn nun schon wieder passiert?"
„Da kriegt ein Taxifahrer noch Geld von mir."
Natürlich leiht mir Christiane, gutmütig wie sie ist, das Geld. Ich nehme die Scheine und gehe wieder hinaus zum Wagen. Der Fahrer hat inzwischen das Fenster heruntergefahren und den Motor gestartet. Ich komme mir ein bisschen vor wie ein Bankräuber, der die Beute zum Fluchtauto bringt.
„37,10."
Als ich ihm das Geld durch das Fenster gereicht habe, fängt er an, das Fenster wieder hochzufahren.
„Moment, das waren vierzig! Ich krieg noch was wieder."
„Schnauze", höre ich noch. Dann gibt er Gas und verschwindet.

Kapitel 2

Robbie Williams reißt mich am nächsten Morgen aus meinem Traum. Let me entertain you! Kann es nicht etwas sein, das zu meiner Situation passt, also etwas Melancholisches? Oder vielleicht etwas, das Aggressionen aufbaut, die man dann am Kopfkissen abbauen kann. Letzteres würde außerdem wach machen. Aber statt in mein Kissen zu weinen oder zu schlagen, schäle ich mich aus meinem Bett und schleppe mich ins Bad.
Heute sieht mein Gesicht nicht mehr ganz so arg zerkratzt aus, dafür umso zerknautschter. Meine Haare stehen in alle Richtungen ab und die untere Gesichtshälfte brüllt nach einer Rasur. Zuerst werde ich mich um den restlichen Körper kümmern, ziehe mich aus und stelle mich unter die Dusche.

Genau genommen stelle ich mich zuerst immer nur auf den Rand der Duschwanne und drehe den Hahn auf volle Kraft und volle Wärme, denn es dauert seine Zeit, bis warmes Wasser kommt. Denn wenn ich eines am Morgen nicht leiden kann, dann ist es kaltes Wasser, auch wenn es nur an den Füßen ist. Und nach einigen Jahren in dieser Wohnung mit diesem Badezimmer fällt mir der Balanceakt auch nicht mehr schwer, obwohl die inzwischen rot-blau-violette Fläche an meinem Oberschenkel schmerzt, wenn ich die Muskeln anspanne. Nach einer Menge nutzlos verschwendeten kalten Wassers wird es allmählich wärmer. Schließlich kann ich es wagen, erst den einen, dann den anderen Fuß vom Rand in die Wanne zu stellen. Jetzt ist es wichtig, die Wärmeregulierung schnell zurück auf lauwarm zu stellen, wenn man sich nicht die Füße verbrühen möchte. Nach fünf Minuten Wechsel zwischen zu heiß und zu kalt habe ich meine Lieblingstemperatur gefunden und beginne mich einzuseifen. Nach weiteren zehn Minuten beginnt das Wasser, allmählich wieder kälter zu werden. Ich wasche schnell meine Haare, bevor das letzte bisschen Wärme aus den Leitungen verschwindet und steige dann aus der Dusche. Ich habe sogar noch Zeit für eine gründliche Rasur. Als Junge konnte ich den ersten Bartwuchs kaum erwarten und jetzt nervt er mich. Das Gleiche gilt übrigens auch für Erektionen und Samenergüsse. Erst will man beides unbedingt kriegen und dann hat man plötzlich mehr davon, als einem lieb ist. Ich weiß noch, wie wir auf Mischas vierzehntem Geburtstag Flaschendrehen mit Sexstellungen gespielt haben, also natürlich mit Kleidung. Der, auf den die Flasche zeigte, musste die und die Stellung vormachen. Dann wurde die Flasche zweimal gedreht, einmal für jeden Partner. Die 69er mit Mischa fanden wir beide noch lustig, die Reiterstellung mit Max war da schon ein eher verstörendes Gefühl, aber mein Pubertäts-Trauma entstand aus der Löffelchenstellung mit Katrin Schubert. In Katrin war damals so ziemlich jeder Junge der Klasse bis über beide Ohren verknallt. Jetzt sollte sich also mein bisher nur Handbetrieb gewöhnter Körper dicht an Katrin Schuberts Rücken und Po reiben. Das war zuviel für ihn. Als Katrin ihren Hintern gegen mein Becken drückte und dann auch noch auf und ab bewegte, merkte ich, wo sich gerade bei mir das Blut staute. Katrin merkte es offenbar auch, denn mit dem Anschmiegen war es schlagartig vorbei. Ich rechne es ihr heute noch hoch an, dass sie es niemandem verraten hat. Zumindest gehe ich davon aus, denn es hat mich bis heute niemand damit aufgezogen. Bevor die Katrin-Wirkung allein beim Gedanken daran wieder einsetzt, konzentriere ich mich schnell wieder auf das Wesentliche und beende meine Rasur. Jetzt fühle ich mich wach und frisch und wäre empfänglich für Robbie Williams, doch das Radio spielt inzwischen was Melancholisches. Schlechtes Timing.

Heute komme ich pünktlich um viertel vor neun zur Arbeit, bin sogar noch vor Christiane da und muss deshalb vor dem Laden warten. In einer Dreiviertelstunde wird auch SIE wieder da sein. Sie wird mich fragen, wie es mir geht, und ich werde ihr sagen, dass es mir schon viel besser geht und dann werde ich sie nach ihrem Namen fragen.

„Guten Morgen, Michael!"

Wieder habe ich das Gefühl, bei meiner Oma am Frühstückstisch zu sitzen. Knäckebrot mit Käse.

„Guten Morgen, Christiane!"

„Na, heute ohne Taxi?"

„Ja, ich hab mir gestern 'ne Harley gekauft, die steht jetzt hinten auf'm Hof und wartet auf den Feierabend."

„Ah ja... Dann komm rein, Easy Rider!"

Christiane weiß ja, was ich verdiene und dass ich mir davon garantiert keine Harley gekauft habe.

„Ich krieg noch 40 Euro von dir."

„Ja, kriegst du. Ich schau mal eben nach, ob ich so viel dabei hab."

Die Tasche mit dem Portmonee hatte ich gestern tatsächlich im Bus liegen lassen. Abends stand plötzlich ein freundlich lächelnder Schnurrbart vor meiner Wohnung und überreichte mir meine Sachen. Ich weiß nicht, ob ich ihn in diesem

Moment immer noch erschlagen oder besser umarmen wollte, entschied mich für ein Weder-noch und bat ihn, doch auf ein Bier hereinzukommen. Sein Name ist Kurt, er ist seit zweiunddreißig Jahren Busfahrer, hat zwei erwachsene Kinder und drei Enkel, von denen eine zurzeit für ein Jahr als Au-pair in Amerika ist. Ich habe auch ein bisschen von mir erzählt und dann ist Opa Kurt wieder gegangen. Leider hat Kurt nicht mehr Geld in mein Portmonee gesteckt, als vorher darin war. Lausige 1,65 finden sich im Münzfach und hinter unzähligen Kassenbons und Notizzetteln finde ich immerhin noch einen Zehneuroschein.
„Ich hab im Moment nur zehn dabei, die restlichen dreißig kriegst du morgen, wenn ich beim Geldautomaten war, okay?"
Christiane nickt. Ich weiß, dass sie das Geld zwar lieber jetzt gleich zurück hätte, aber es ist okay für sie, noch einen Tag darauf zu warten. Ich gebe ihr die zehn Euro und mache mich daran, die Regale aufzufüllen. Der Laden läuft gut, es gibt viele Stammkunden und auch immer wieder neue Gesichter, die einen Blick in die bunte Welt des Fruchtgummis riskieren. Die blöden T-Shirts haben wir eigentlich gar nicht nötig, aber Christiane lässt sich halt ständig irgendwas Neues einfallen.
„Hast du nicht was vergessen? Dein Bärchen-Shirt!"
„Oh, daran habe ich auch gerade gedacht! Ja, mein Bärchen-Shirt!!!"
Mein Freudenschrei enthält eine viel größere Ladung Sarkasmus, als ich es beabsichtigt hatte. Christiane guckt mich mit hochgezogener Augenbraue an – ihr Zeichen für Ärger und Kampfbereitschaft.
„Entschuldige. So schlimm finde ich die Shirts gar nicht."
Die Augenbraue senkt sich wieder, stattdessen formen sich ihre Mundwinkel zu einem leichten Lächeln.
„Dann mal rein in die Klamotten! Schön, dass sie dir gefallen!"

Eins zu null für die Chefin. Ich schaue kurz, ob Kunden im Laden sind und schlüpfe, da niemand in Sicht ist, in mein pinkes Shirt.
„Fertig zum Einsatz. Operation Pinker Poohbär kann beginnen."
„Spinner!"
Ich nehme mir eine Packung Lakritzstangen aus dem Regal, halte sie wie James Bond seine Pistole und verstecke mich hinter der Kiste, die ich eigentlich leerräumen soll. Während ich da sitze und warte, dass Christiane als Bondgirl in das Spiel einsteigt, was sie nie tun würde, wird mir bewusst, dass es jetzt ungefähr viertel nach neun sein müsste. Und wenn ich nicht wieder wie ein totaler Vollidiot aussehen will, sollte ich die Lakritzstangen wieder ins Regal legen und vor allem aufstehen.
Keine Minute zu früh! Kaum habe ich mich und die Lakritzstangen so gerichtet, dass es aussieht, als würde ich arbeiten, da betritt SIE den Laden. Sie trägt einen kurzen, blauen Rock, der zwar sexy, aber verdammt stilvoll ist, ein gelbes Spagettiträger-Top und pinke Flip-Flops, passend zu meinem Hemd.
„Hey, putziger Buschmann! Was machen die Narben?"
„Geht schon wieder. Wie haben dir die Chilis geschmeckt?"
„Naja, waren nicht ganz mein Fall."
Ist sie gerade genauso nervös wie ich oder wartet sie darauf, dass ich ihr aus dem Weg gehe?
„Was darf's denn heute sein?"
„Was würdest du denn vorschlagen?"
Ich überlege, was ich darauf antworten soll. Ein romantisches Abendessen, Ente süß-sauer? Oder mit mir einen Kaffee trinken gehen? Oder mir deinen Namen verraten? Küss mich! Heirate mich!
Gerade als ich mich für die Kaffee-Lösung entschieden habe, kommt mir Christiane zuvor.
„Haben Sie schon unsere Apfelringe probiert? Ist ein ganz neues Rezept, weniger sauer, mehr süß."
„Mmmh, das klingt gut."

Da war sie, meine Chance. Meine Traumfrau, deren Namen ich immer noch nicht kenne, geht hinüber zu Christiane und lässt sich die neuesten Kreationen zeigen. Mit einem unbeschreiblichen Lächeln nimmt sie einen Apfelring, beißt genüsslich ein kleines Stück von ihm ab und fährt sich mit der Zungenspitze über die Lippen. Apfelring müsste man sein! Schließlich kauft sie eine kleine Tüte Waldfruchtbärchen und eine große Tüte Apfelringe. Wo lässt diese Frau eigentlich die ganzen Kalorien? Ihre Figur ist makellos, obwohl sie sich jeden Morgen eine Tüte Süßigkeiten kauft.
Christiane sieht so aus, als würde sie gerade das Gleiche denken. Meine Traumfrau verlässt den Laden, ich hocke mich auf meinen James-Bond-Karton und schaue auf die Tür.
„Wo lässt die Frau eigentlich die ganzen Kalorien?", fragt meine Chefin.
„Wenn ich das wüsste..."
Christiane mustert mich.
„Aha."
„Wie, aha?"
„Nur so, aha."
„Aha."
„Du hast dich verknallt."
„Quatsch."
Natürlich bin ich verknallt, zehnmal mehr als damals in Katrin Schubert, aber Christiane ist nun wirklich nicht der Mensch, mit dem ich darüber reden möchte. Heute Abend ist mal wieder ein Mischa-Abend fällig. Wenn ich überhaupt jemandem mein Herz ausschütte, dann ihr und nicht meiner Chefin, die seit zehn Jahren keine feste Beziehung mehr hatte und mir pinke Bärchenhemden aufzwingt.
Ich mache mich wieder an die Arbeit und lege Tüten mit in Fruchtgummi gegossenen Dinosauriern ins Regal.

„Du hast dich verknallt? Erzähl!"
„Schrei's doch noch ein bisschen lauter! Ich glaub, die beiden Omas neben dem Aquarium haben dich noch nicht gehört."
Mischa und ich sitzen in unserem Lieblings-Eiscafé und haben gerade bestellt, was wir seit fünfzehn Jahren bestellen, wenn es etwas Wichtiges zu besprechen gibt. Sie nimmt ein Biene-Maja-Eis und ich den Pinocchio-Becher, beides Relikte unserer Kindheit. Erinnerungen an eine Zeit, in der es Dinge wie Liebeskummer für uns noch nicht gab.
„Nun erzähl schon. Wie heißt sie?"
„Also: Sie kommt jeden Morgen in den Laden und kauft Waldbärchen."
„Seit wann?"
„Sie war schon da, als ich da angefangen habe."
„Und wie heißt sie?"
„Keine Ahnung."
„Haha! War ja klar! Du bist so ein Feigling!"
Die beiden älteren Damen, die meine Bemerkung von vorhin durchaus mitbekommen hatten, schauen genervt zu uns herüber.
„Du hast sie wochenlang, monatelang jeden Tag gesehen und sie nicht einmal nach ihrem Namen gefragt? Mal ehrlich, Mikey, das ist ganz schön armselig. Weißt du überhaupt irgendwas von ihr, außer dass sie gern Waldbeeren isst?"
„Waldbärchen."
„E-gal."
„Ich weiß gar nichts, außer dass ich ständig von ihr träume, weil die Frau einfach der Hammer ist."
„Dich hat's ja wohl echt voll erwischt."
„Sag ich doch. Wir brauchen einen Plan."
„Zunächst solltest du mal ihren Namen rauskriegen, und zwar gleich morgen. Und wenn du das morgen nicht tust, musst du einen Monat lang bei mir abwaschen."
„Morgen?"

„Oder für mich bei meiner Mutter die Fenster putzen. Damit nervt sie mich schon die ganze Woche."
„Hmm..."
„Nackt!"
„Du putzt die Fenster deiner Mutter nackt?"
„Ich nicht, aber du!"
„Nix da!"
„Dann hol dir ihren Namen."
„Das ist Erpressung!"
„Willst du meine Hilfe oder nicht? Du weißt doch, dass es bei mir immer auf Erpressung hinausläuft."
Das Argument sitzt, ohne den nötigen Druck würde ich es nie schaffen.
„Okay, ich werde sie morgen fragen."
„Und dann sehen wir weiter."
„Und was, wenn ich mich nicht traue?"
„Du wirst dich trauen."
Dann wird unser Eis gebracht. Ich löffle Pinocchio zuerst die Smarties-Augen aus dem Gesicht, dann nehme ich die Hände auf den Rücken und beiße in die Hütchen-Waffel, die er auf dem Kopf trägt. Zum Schluss reiße ich ihm die Nase ab. Mischa hat inzwischen der Biene Maja die Flügel und die Fühler ausgerissen und sie schließlich geköpft. Alles wie immer. Abends liege ich auf meinem Bett und denke an morgen. Ich bin froh, dass ich Mischa habe. Leider träume ich in dieser Nacht nicht von meiner schönen Unbekannten, sondern von Mischas Mutter und mir, wie wir nackt zusammen Fenster putzen.

Kapitel 3

Was für eine Nacht! Ich weiß nicht, ob ich Mischas Mutter jemals wieder unter die Augen treten kann, ohne rot zu werden. Es wäre alles halb so schlimm und die Bilder in meinem Kopf weniger realistisch, hätte es nicht vor ein paar

Jahren diesen Zwischenfall bei Mischas Eltern im Badezimmer gegeben. Ich war zur Tür hereingeplatzt, als Mama Schröder gerade aus der Badewanne stieg und habe dabei mehr gesehen, als ich je sehen wollte. Sie ist im Grunde keine hässliche Frau, aber zwei Schwangerschaften und fünfzig Lebensjahre haben ihre Spuren hinterlassen. Aber egal. Viel wichtiger ist: Das ist jetzt das letzte Duschen, Rasieren und Zähneputzen, ohne IHREN Namen zu kennen. Nach dem letzten Frühstück, dem letzten Anziehen und Auf-den-Bus-Warten stehe ich vor dem Laden und warte auf Christiane. Meine Chefin setzt in Sachen Pünktlichkeit ganz neue Maßstäbe, sie kommt nicht eine Minute zu spät, aber auch keine fünf Minuten zu früh. Heute ist es 8.58 Uhr.
„Guten Morgen, Michael"
Hallo, Oma!
„Morgen, Chef!"
„Was ist dir heute passiert? Hast du mit 'nem Puma gekämpft?"
„Ich hab mich geschnitten."
Wie konnte ich auch erwarten, dass irgendjemand den fast zwei Zentimeter langen Schnitt rechts von meinem Kehlkopf übersehen könnte. Wäre ich nicht ohnehin schon ein pseudo-schwuler Bärchenverkäufer, hätte ich mir ein Halstuch umgebunden.
„Beim Rasieren geschnitten?"
„Nee, beim Heckeschneiden."
So gehen wir in den Laden. Christiane beginnt gleich, hinter dem Tresen zu kramen.
„Sag mal, weißt du, ob wir hier irgendwo einen Verbandskasten haben?"
„So schlimm ist es nun auch wieder nicht."
„Nicht? Achso. Aber man kann doch nie wissen, was als Nächstes passiert."
„Du meinst, was MIR als Nächstes passiert!"
„Das hab ich nicht gesagt."
„Schon klar. Ich bin im Lager und schau mal nach der Lieferung von gestern."

Gestern war ein großes Paket mit süßen Apfelringen gekommen. Da ich aber wegen des Mischa-Abends ein bisschen früher gegangen war und Christiane keine Zeit oder keine Lust hatte, steht es nun immer noch unberührt im Lagerraum. Ich nehme eine Schere und nähere mich der Verpackung. Ist man jung, männlich und sexuell unausgelastet, kann auch das Längsauftrennen eines Klebestreifens zu einer prickelnden, erotischen Erfahrung werden. Das Paket und ich sind im Lager vollkommen unter uns. Ich will es aufreißen, sehen, was unter der Verpackung ist! Dreimal gehe ich um das Paket herum, betrachte es von allen Seiten und knie mich daneben. Dann setze ich langsam die Schneide an den Spalt zwischen den beiden Deckelhälften. Meine Finger spielen mit dem Griff und ich schiebe die Schere auf und ab, bis ich schließlich fester drücke und die Klinge mit ihrer ganzen Schärfe durch das Klebeband dringt. Verträumt streiche ich mit dem Finger über den Schnitt, da steckt Christiane ihren Kopf zur Tür herein.
„Wir haben tatsächlich keinen Verbandskasten. Ich werd mal eben rüber in die Apotheke und einen neuen holen. Und bevor du anfängst, zu meckern: Nicht nur deinetwegen."
In wenigen Sekunden hat sie die gesamte Stimmung zunichte gemacht. Ist aber wahrscheinlich auch besser so. Wer weiß, was ich noch alles mit dem Paket angestellt hätte? Ich brauche wohl eine Frau! Seufzend lasse ich meine frisch erlegte Perle auf dem Boden liegen und gehe in den Verkaufsraum. Es ist zehn nach neun. Hier um die Ecke gibt es keine Apotheke, also wird Christiane bestimmt eine Viertelstunde wegbleiben. Das heißt, ich habe den Laden und damit auch meine Traumfrau ganz für mich allein. Perfekt!
Und dann ist es tatsächlich so weit. Sie kommt durch die Tür und das leider nicht allein. Mit ihr strömt eine halbe Klasse Schulkinder in den Laden. Kinder, die ihre Eltern nicht dabei haben, sind die natürlichen Feinde eines jeden Fruchtgummiladens. Sie sind laut, wollen ständig probieren, machen das notfalls auch heimlich und haben kein Geld, das sie für so teure Süßigkeiten ausgeben könnten.

Kinder hingegen, die mit ihren Eltern in den Laden kommen, sind ein Glücksfall. Sie kriegen ihre Eltern in der Regel immer überredet, eine Tüte Gummibärchen zu kaufen und wenn den Kindern der Wusch erfüllt wurde, gönnen sich die Eltern auch mal selbst was. Kluge Eltern gehen gar nicht erst in den Laden hinein, sondern wechseln rechtzeitig die Straßenseite.
Da stehe ich jetzt, fühle mich ein bisschen wie der Kindergarten Cop und wünschte, die Apotheke wäre doch gleich um die Ecke. Während ich versuche, alle potenziellen Schwarzkoster und Ladendiebe gleichzeitig im Auge zu behalten, lässt sich die Frau mit den schönsten Augen der Welt nicht von den lärmenden und sich gegenseitig fast in die Regale schubsenden Bälgern aus der Ruhe bringen. Sie nimmt sich ihre Waldbärchen und eine Tüte Apfelringe und kommt lächelnd zur Kasse.
„Hallo, Michael!"
„Hallo! Die Apfelringe haben's dir wohl angetan."
Jetzt lächelt sie noch ein bisschen mehr, und das habe ich ganz allein geschafft, ohne mich zum Deppen zu machen.
„Du kannst ruhig Mick zu mir sagen. Michael nennen mich nur meine Chefin und meine Oma."
„Ich mag Michael."
„Wirklich? Hey du, leg die Tüte wieder hin!"
Ein kleiner, dicker Junge starrt mich mit rotem Kopf und großen Augen an und legt die Tüte Paradies-Allerlei dahin zurück, wo sie hingehört. Dann läuft er schnell aus dem Laden. Wieder ein Verbrechen vereitelt! Heute ist ein guter Tag.
„Und? Hat der Busch wieder zugeschlagen?"
„Nee, diesmal war ich das ganz alleine."
Es ist schwer, charmant und witzig zu sein, wenn ein Rudel Neunjähriger deinen Arbeitsplatz auseinandernimmt. Zwei Mädchen verfolgen sich durch den Laden. Ich sehe schon die Ständer mit den Lakritz-Fruchtgummis zusammenbrechen, aber die Turnbeutel der Mädchen schwingen haarscharf daran vorbei. Das war knapp!

„Das macht dann 6,40."
Ihr Name, ihr Name, ihr Name! Meine Traumfrau gibt mir zehn Euro in die Hand. Was für zarte Finger! Ich kriege kein Wort heraus, sehe nur noch ihre Augen und gebe ihr selig lächelnd ihr Wechselgeld. Ihr Name, ihr Name, Nacktputzen, ihr Name!
„Was ich dich noch fragen wollte..."
Ich komme nicht mehr dazu, den Satz zu beenden, denn genau in dieser Sekunde fliegt ein roter Turnbeutel quer durch den Laden und landet im Regal mit den Fruchtgummi-Tierfiguren und den sauren Kirschen. Ich mache einen großen Satz auf das Regal zu, um zu verhindern, dass es umkippt. Leider reiße ich im Sprung den Lakritzgummi-Ständer um, der vor einer Minute gerade noch dem ersten Anschlag entkommen ist. Wie in Zeitlupe sehe ich mich und den Ständer in das ohnehin schon wackelige Regal fallen. Da liege ich jetzt in einem großen Berg aus Lakritzen, Regalstangen, Tierfiguren, Plastikkörben und sauren Kirschen. Immerhin keine Dornenhecke. Meine Traumfrau kriegt sich vor Lachen gar nicht wieder ein, die Kinder sind mucksmäuschenstill und ich weiß nicht so recht, ob mir nach Lachen oder Weinen ist.
„Soll ich dir hochhelfen?"
In Gedanken sehe ich uns in einem Film: zwei Verliebte beim Schlittschuhlaufen. Er fällt hin und beim Versuch, ihm aufzuhelfen, fällt sie dann auf ihn drauf. Dann küssen sie sich. Selbstverständlich soll sie mir aufhelfen! Ich strecke ihr beide Arme entgegen, doch leider hat meine Retterin einen sicheren Stand und genügend Kraft, um mich locker hochzuziehen. Das könnte natürlich auch daran liegen, dass sie keine Schlittschuhe anhat.
„Soll ich dir beim Aufräumen helfen?"
„Danke, ich schaff das schon."
Ich schaffe es garantiert nicht, mit dem Aufräumen fertig zu sein, bevor Christiane wiederkommt. Eigentlich müsste sie jeden Moment wieder da sein, und ich will auf gar keinen Fall, dass meine Traumfrau es mit ansieht, wie meine Che-

fin ihren tollpatschigsten Mitarbeiter zur Schnecke macht. Aber sie hat mir ihre Hilfe angeboten! Sie hätte tatsächlich mit mir zusammen den Laden wieder aufgeräumt! Wäre ich nicht sowieso schon verliebt, jetzt wäre ich es.
„Tja, dann werd ich wohl mal wieder los."
Auch wenn ich sie für den Moment loswerden möchte, ist das nicht das, was ich in dieser Situation hören will.
„Dann bis morgen!"
Und da geht sie und lässt mich in meinem Chaos zurück. Ich schaue mich um und stelle fest, dass ich inzwischen ganz allein im Laden bin. Alle Kinder sind verschwunden. Hoffentlich kriegen sie heute Nacht alle die Windpocken! Wenn es einen Gott gibt und er gerecht ist, dann wird er die Kinder für das hier bestrafen. Irgendwas mit Durchfall wäre auch schön. Ich sollte wieder öfter in die Kirche gehen. Dann fällt es mir wieder ein: ihr Name! Verdammt, ich habe sie nicht gefragt! Ich laufe aus dem Laden auf die Straße und schaue mich um, aber sie ist nirgends zu sehen. Links oder rechts, links oder rechts, links oder rechts? Ich entscheide mich für rechts und renne los, renne bis zur nächsten Kreuzung und schaue in alle Richtungen. Auf der anderen Straßenseite entdecke ich sie, wie sie in Richtung Innenstadt geht. Ich erinnere mich gerade noch rechtzeitig an das letzte Mal, als ich ohne zu schauen eine Straße überqueren wollte. Das Auto, das gerade vor meiner Nase vorbeirauscht, hätte mir wahrscheinlich mehr zugefügt als einen blauen Fleck am Oberschenkel. Als der Weg frei ist, laufe ich über die Straße.
„Warte doch mal!"
„Michael! Ich hab nichts geklaut."
„Ich weiß."
Nun frag sie schon!
„Ich..."
Mach schon!
„ääh..."
Meine linke Niere für mehr Lockerheit!
„Verrätst du mir deinen Namen?"

„Deshalb rennst du hinter mir her? Warum hast du mich nicht gerade eben schon gefragt?"
„Da kam ein Turnbeutel dazwischen."
„Und warum wartest du nicht bis morgen?"
„Morgen ist es zu spät."
„Warum?"
Weil ich sonst nackt putzen muss.
„Weil ich es gern wissen möchte."
Gar nicht mal so übel. Ich hab schon schlimmere Antworten gegeben.
„Julia. Und warum war das so dringend?"
„Nur so. Ist auch nicht so wichtig. Ich muss jetzt auch wieder zurück. Auf Wiedersehen, Julia."
Auf Wiedersehen...? Vielleicht ist eine Niere nicht genug?
„Auf Wiedersehen."
Wieso wiederholt sie das denn jetzt so komisch? Ich beschließe, der Frage nicht weiter nachzugehen, und mache mich – links, rechts, links – auf den Rückweg zum Laden.
Christiane erwartet mich schon. Die Hände hinter dem Kopf verschränkt steht sie inmitten des Chaos, das mich vor fünf Minuten noch halb unter sich begraben hatte.
„Was ist denn hier passiert!? Und erzähl mir nichts von irgendwelchen wild gewordenen Tieren."
Mist. Sie kennt mich inzwischen einfach zu gut. Gerade hatte ich mir in Windeseile die perfekte Geschichte ausgedacht: Zwei Hunde haben eine Katze gejagt, die zu mir in den Laden geflüchtet ist. Sie hat sich oben auf das Regal gekauert und weil die Hunde da nicht herankamen, haben sie den Ständer mit Lakritzgummis umgestoßen, damit sie eine Leiter haben und dann hat der eine Hund... Weiter bin ich nicht gekommen, denn Christiane hatte der Geschichte ein Ende gesetzt, bevor ich sie zu Ende denken konnte. Ich hätte jetzt viel mehr Lust, die Geschichte mit den Hunden und der Katze zumindest im Kopf weiterzuspinnen, aber das Gesicht meiner Chefin verrät mir, dass ich ihr schleunigst eine vernünftige Antwort auf ihre Frage geben sollte. In ihrem

Gesicht ist deutlich mehr angespannt als nur die eine Augenbraue – im Prinzip alles.

„Schulkinder."

„Schulkinder? Und wo warst du?"

„Ich habe zwei festgehalten und die anderen drei haben das Regal umgestoßen. Dann sind sie weggerannt und ich bin hinterher. Naja, und jetzt bin ich wieder da."

„Lass uns das ganze nochmal in Ruhe anschauen!"

„Was heißt ‚in Ruhe'?"

„Wir haben doch die Kamera."

„Wir haben WAS?!?"

„Eine Kamera, wegen der Ladendiebe. Hab ich dir das nicht erzählt?"

Ich habe keine Ahnung, ob sie es mir erzählt hat. Aber wenn sie die Aufnahme sieht, wird sie mir noch ganz was Anderes erzählen. Ich schließe die Tür, während Christiane einen kleinen Monitor unter dem Tresen hervorzaubert und dann an den kleinen Schrank geht, der neben der Tür zum Bad steht. Ich hatte mich schon gefragt, was es mit diesem Schrank auf sich hat. Jetzt weiß ich es. Neben einigen Akten und Kisten befindet sich dort eine Art Videorekorder.

„Ich spul das Band kurz zurück", sagt Christiane und schaltet das Gerät an. Schicksal, nimm deinen Lauf! Ich habe nicht vor, mir meine Katastrophe auch noch auf Video anzuschauen und setze mich auf die Stufen, die zum Lager führen. Christiane steht vor dem Monitor. Anscheinend ist noch nichts Schlimmes passiert, zumindest zeigt sich bei meiner Chefin keine Regung. Dann vergrößern sich plötzlich ihre Augen. Sie beugt sich nach vorn, bis ihre Nase fast den Monitor berührt. Jetzt sieht sie es also.

„Was zum Teufel machst du da?"

„Ich hab nur versucht, das Regal aufzufangen!"

„Nein, was machst du da mit dem Karton?"

Karton? Da war kein Karton. Ich stehe auf und gehe zum Monitor. Auf dem Bildschirm sehe ich ein zweigeteiltes Standbild. Auf der linken Hälfte steht Christiane und wühlt unter dem Tresen, auf der rechten Hälfte knie ich im Lager

neben dem Paket mit den Apfelringen. Christiane setzt das Band wieder in Bewegung. Ich sehe sie nach dem Verbandskasten suchen und mich beim Pappkarton-Petting.
Im Raum herrscht Stille. Wir schauen beide fassungslos auf den Monitor. Dann spult Christiane vor. Da folgt auch schon der zweite Streich. Man sieht tobende Kinder, den fliegenden Turnbeutel und dann kommt mein großer Auftritt. Von diesem Moment an bekomme ich nicht mehr mit, was der Monitor zeigt, denn ich habe die Augen geschlossen. Die Raumtemperatur ist inzwischen spürbar gefallen. Keiner von uns weiß, was er sagen soll. Schließlich ist es Christiane, die das Schweigen bricht.
„Toller Sprung."
"Hmm..."
Wieder Stille.
„Du hast es versucht."
„Hmm..."
Stille.
„Lass uns aufräumen."
„Ich bin nicht gefeuert?"
Christiane schaut mich an. Da ist er wieder, dieser mitleidige Blick.
„Doch, aber erst nach dem Aufräumen."
Also machen wir uns an die Arbeit. Ich habe einen Laden verwüstet, meine Chefin belogen und wurde gefeuert. Und das alles innerhalb einer Stunde, das muss mir erst mal jemand nachmachen. Hätte ich heute nicht IHREN Namen herausbekommen, könnte man fast sagen, es wäre ein schlechter Tag. Aber heute ist ein guter Tag, zumindest für das Projekt Mick und Julia. Und was sonst noch passiert ist, vergesse ich am besten ganz schnell wieder.

„Sie hat dich tatsächlich gefeuert?"
Mischa und ich sitzen wieder im Eiscafé.
„Hättest du es nicht getan?"

„Weiß nicht. Wahrscheinlich schon. Was genau hast du denn im Lager gemacht, das so peinlich war?"
„Sag ich nicht."
„Ach komm!"
„Nein!"
„Ich kann auch Christiane fragen?"
„Das machst du nicht."
„Aber ich könnte."
„Dann verrat ich Timm, dass du dir mit vierzehn die Brüste mit Honig und Backpulver eingeschmiert hast, damit sie schneller wachsen."
„Woher weißt du das?"
„Das hast du mir mal erzählt, auf Bennys achtzehnten Geburtstag."
„Gar nicht wahr."
„Okay, Testfrage. Wer hat sich auf Bennys Geburtstag ausgezogen: eine Profi-Stripperin, Bennys Oma oder du?"
„Ich nicht!"
„Sicher? Siehst du, du warst so hackedicht, dass du dich an nichts mehr erinnern kannst."
„Ich hab mich doch nicht ausgezogen! Oder!? Warum hast du das zugelassen?"
„Nein, hast du nicht. Das war Bennys Oma. Aber du hast mir die Sache mit dem Honig erzählt."
„Das würdest du nie weitersagen!"
„Aber ich könnte. Wie geht's Timm eigentlich?"
„Lass Timm aus dem Spiel!"
Timm ist Mischas Freund, ein Anwalt. Ich mag ihn und würde es Mischa nie antun, ihm irgendwelche Peinlichkeiten aus ihrer Jugend zu erzählen. Mischa hat es ohnehin schon schwer genug, bei seinen versnobten Freunden und Eltern zu bestehen. Er selbst ist zum Glück nicht so abgehoben, sondern ein ganz sympathischer Typ.

„Hast du denn einen Plan, wie es mit Julia weitergehen soll?"

Ich wusste, dass die Frage jetzt kommt. Mischa weiß ganz genau, dass ich keinen Plan habe, und hat sich wahrschein-

lich schon die ganze Zeit auf die Frage gefreut, nur damit ich ihr zeige, dass ich ohne sie aufgeschmissen bin. Ich tue ihr den Gefallen.
„Ich dachte, den hättest DU!"
„Was würdest du bloß ohne mich machen?"
Sie sitzt mir gegenüber mit einem riesigen Grinsen im Gesicht und sonnt sich in ihrer Überlegenheit. Davon muss ich sie ganz schnell abbringen,
„Wie viel Honig hast du dir da eigentlich raufgeschmiert?"
„Genug, um das hier tun zu können."
Sie reißt ihrer Biene Maja den Waffelflügel heraus und legt ihn sich in den Ausschnitt. Dann verschränkt sie die Arme unter ihren Brüsten, hebt sie an und knabbert sich die Waffel aus dem Dekollete. Mischa ist schon eine verdammt attraktive Frau, lange braune Wuschelmähne, tiefbraune Augen, mit denen sie gucken kann wie Bambi. Wäre ich nicht mit ihr aufgewachsen, wäre ich bei dem Waffeltrick bestimmt ziemlich wuschig geworden. Dann hätte ich genau wie der nette Herr am Nachbartisch vor lauter Begeisterung meine Kaffeetasse nicht getroffen und meinen Tisch mit Zucker vollgekrümelt. Mischa macht so etwas auch nicht, um mich heißzumachen, sondern weil sie genau weiß, dass mir solche Kabinettstückchen tierisch peinlich sind, ich jedes Mal rot werde und meine Schlagfertigkeit damit außer Gefecht gesetzt ist. Während unser Nachbar mit seiner Eiskarte den Zucker zusammenfegt, kaut Mischa genüsslich und wieder breit grinsend ihre Waffel. Ich bohre Pinocchio ein drittes Auge ins Gesicht.
„Und wie sieht dein Plan aus?"
„Ich habe keinen."
„Du hast keinen? Aber du hast immer einen!"
„Ich habe geblufft."
„Mischa!"
Der Mann schaut wieder zu uns herüber, diesmal allerdings nicht mit offenem Mund und auch ohne Zucker zu verstreuen. Diesmal ist es der ganz normale, genervte Blick eines

Mannes um die sechzig, der sich im Eiscafe durch zwei ein wenig zu laute Achtundzwanzigjährige gestört fühlt.

„Es kann doch wohl nicht so schwer sein, mit einer Frau ein Date zu verabreden, die du täglich siehst!"

„Sag nicht Date. Du weißt, dass ich das nicht mag. Und außerdem seh ich sie gar nicht mehr jeden Tag. Ich wurde gefeuert."

„Meine Güte, du machst es dir aber auch wieder schwer! Du weißt, wie sie heißt. Du weißt, wo sie jeden Morgen um viertel nach neun hingeht. Was brauchst du denn noch?"

„Ja, das klingt alles verdammt einfach."

„Du schaffst das schon!"

Mischa steht auf, geht um den Tisch herum und drückt mich. Den Rest des Tages verbringe ich damit, mir für morgen Mut einzureden, und Mischa lässt sich immer wieder neue, laszive Spielchen einfallen, mit denen sie die anderen Gäste von ihrem Kaffee ablenken kann. Ich weiß nicht, ob ich Timm zu seiner extrovertierten, sexy Freundin gratulieren oder bemitleiden soll.

Kapitel 4

Joe Cocker: You are so beautiful to me. Heute werde ich seit Wochen wieder so geweckt, wie ich es mag. Keine Gute-Laune-Mucke, sondern ehrliche Blueskeller-Romantik – ein Song, bei dem man sich ganz eng an sein Schatzimausi kuschelt und noch drei Minuten zusammen im Bett bleibt, bis das Lied zu Ende ist. Dann steht man entweder glücklich gemeinsam auf oder hat Sex. Singles, die es nicht schaffen, das Radio schnell auszuschalten, bleiben das Lied über regungslos im Bett liegen und starren an die Decke. Kein Schatzimausi, kein Kuscheln, kein gemeinsames Aufstehen und schon gar kein Sex. Natürlich gehöre ich nicht zu den Schnell-das-Radio-Ausmachern, liege im Bett und zähle die Fliegenschissflecken an meinen Schlafzimmerfenstern.

Links sind es vierzehn, am mittleren Fenster fünf und rechts zwölf, wenn ich das auf die Entfernung richtig sehe. Warum scheißen Fliegen so selten in die Mitte. Ich lege mich auf den Rücken und starre an die Decke. Julia.
Endlich ist das Lied vorbei, es folgt der Verkehrsfunk. Ich mache das Radio aus und schaue mich in meiner Wohnung um. Sie ist dreckig. Der letzte Hausputz ist bestimmt schon vier Wochen her. Als ich das letzte Mal sauber gemacht habe, lag es daran, dass meine Eltern zu Besuch kamen, das war Anfang April. Ich weiß das so genau, weil Mischas Cousine ein paar Tage vorher entbunden hatte. Mischa und ich hatten dann darüber diskutiert, ob es ein Fluch oder ein Segen wäre, am 1. April Geburtstag zu haben.
„Mein Neffe ist ein Aprilscherz!", rief Mischa aus.
„Aber so kann man sich seinen Geburtstag viel leichter merken", entgegnete ich.
„Und er wird an jedem blödem Geburtstag kräftig verarscht werden. Vielleicht nicht von uns, aber von seinen Freunden."
„Du übertreibst."
„Mein Sohn, Glückwunsch zum Achtzehnten! Draußen steht dein neues Auto. April,. April! Oder: Mein Schatz, ich hab ein ganz besonderes Geschenk für dich, wir werden es heute nach zum ersten Mal miteinander tun. – Echt? – Nein. April, April!"
„Mischa, so gemein ist kein Mensch."
„Doch, Menschen sind von Natur aus böse."
„Bosheit ist doch nicht angeboren! Das kommt alles durch die Erziehung."
„Von Natur aus. Und du solltest dein Diplom verbrennen."
Das werde ich nicht tun. Diplom-Pädagogen werden schließlich immer gebraucht. Manchmal dauert es halt nur eine Weile, bis man weiß, wo. Und bis dahin erwarten einen viele tolle Möglichkeiten, seinen Horizont zu erweitern, was mich bisher in einen Tierpark, einen Freizeitpark und bis gestern in einen Fruchtgummiladen geführt hat. Und wer denkt, dass das pinke Bärchen-Shirt mein bisheriger Höhe-

punkt war, der hat mich nicht in einem fröhlichen Biberkostüm Luftballons verteilen sehen. Mein Blick fällt auf meinen Kalender, wir haben bereits Juni. Der Hausputz ist also doch länger her, als ich dachte. Es ist wie beim Zahnarzt: Man denkt, das halbe Jahr müsste bald rum sein, macht einen Termin und kriegt am Telefon zu hören, dass man seit zwei Jahren überfällig ist. Ich sollte dringend meine Wohnung in Schuss bringen, sonst ist Julia schneller wieder weg, als ich ‚Hasse-ma-n-Staubsauger' sagen kann. Aber bevor ich mir weiter darüber Gedanken mache, wie ich es schaffe, sie nicht wieder zu verlieren, sollte ich erstmal darüber nachdenken, wie ich sie kriege. Der Plan ist simpel. Ich stelle mich um neun in die Nähe des Ladens und warte auf sie. Dann erwarte ich sie auf der anderen Straßenseite und frage sie, ob sie mit mir einen Kaffee trinken möchte. Genau so werde ich es machen, komme was wolle! Doch zuerst wird geduscht.

Es ist punkt neun Uhr. Ich stehe an der Klosterstraße und beobachte einen Mann auf der anderen Straßenseite, der vor dem Fruchtgummi-Laden steht und wartet. Zur Tarnung habe ich mir extra eine Zeitung mitgenommen und fühle mich unheimlich raffiniert. Das ist dann wohl mein Nachfolger, ging ja schnell! Bestimmt hatte Christiane ihn schon eine ganze Weile in der Hinterhand und hat nur auf einen Vorwand gewartet, mich endlich zu feuern. Allerdings war der Vorwand, den ich geliefert habe, kein Vorwand, sondern ein ausgewachsener Grund. Da kommt sie auch schon, meine dicke, fröhliche, rothaarige Ex-Chefin. Sie geht zu dem Mann und gibt ihm einen Kuss. Mir fällt fast die Zeitung aus der Hand. Sie küsst ihn, und zwar nicht nur mal kurz auf die Wange, sondern direkt auf den Mund, möglicherweise mit Zunge. Jetzt schließt sie die Tür auf und als beide hineingegangen sind, wird die Tür wieder geschlossen. Was zum Teufel geht hier vor?

Ratlos stehe ich auf dem Bürgersteig, halte immer noch meine Zeitung in den Händen und starre auf den Bärchenladen.
„Mick?"
Die Stimme kommt mir bekannt vor, zum Glück ist es eine Männerstimme. Ich wäre im Moment nicht in der Lage, mit Julia zu sprechen. Es ist Timm. Immer wenn ich Timm begegne, komme ich mir ein bisschen wie ein Versager vor. Die Tatsache, dass er nur zwei Jahre älter ist als ich, aber eine eigene, gut laufende Kanzlei vorweisen kann, mit der er bestimmt im Monat mehr verdient als ich in einem halben Jahr, erzeugt bei mir immer einen kleinen Beigeschmack, wenn wir uns treffen. Ich wünschte, ich wäre weniger neidisch, denn Timm hat es eigentlich nicht verdient.
„Was machst du hier, spielst du Detektiv?"
„Äh, nein. Obwohl doch, irgendwie schon."
„Ist ein bisschen auffällig, findest du nicht?"
„Wegen der Zeitung?"
Er nickt.
„Und wen beschattest du?"
Ich fühle mich wie ein Kind, das im Garten Räuber und Gendarm spielt und dessen Onkel Timm ihm zuliebe mitspielt. Psst, ich glaube, die Räuber sind da hinter dem Gebüsch, ich geh links herum, du rechts. Halt! Polizei!
„Ich warte auf jemanden."
„Drogengeschäfte?"
Räuber und Gendarm ist auch nicht mehr das, was es mal war!
„Ja."
„Sizilianer?"
„Albaner."
„Dann lass dich nicht abknallen!"
„Mach's gut! Wen verklagst du heute?"
„Den Bürgermeister."
Die Frage war nicht ernst gemeint, aber aus Timms Gesicht lässt sich kein bisschen ablesen, wie es mit der Antwort aussieht. Perfektes Pokerface, perfekter Anwalt! Hat Mischa

nicht mal erzählt, dass Timm sich auf Familienrecht spezialisiert hat? Also entweder hat Timm mich verarscht oder der Bürgermeister lässt sich demnächst scheiden. Die Presse wird die Wahrheit ans Licht bringen und ich werde es dann vor allen anderen gewusst haben. Es ist zehn nach neun, Timm hat sich wieder auf den Weg zur nächsten Klage gemacht und ich warte weiter auf meine Julia.
Und da kommt sie, die Frau, deren Namen ich jetzt weiß. Sie geht in den Laden und ich mache mich auf den Weg in die Querstraße, wo ich sie abfangen will. Dort setzte ich mich auf eine Bank und beobachte den Eingang zum Laden. Julia kommt wieder heraus und geht in meine Richtung. Gerade als sie über die Straße geht, kommt ein Mann in einem rosa Polohemd aus dem Laden gestürzt und rennt ihr hinterher. Ich halte meine Zeitung etwas höher, sodass von meinem Gesicht nur noch die Augen zu sehen sind. Der Mann rennt zur Kreuzung, schaut nach links und rechts – Weichei – und holt Julia genau an der Stelle ein wie ich gestern. Vielleicht bin ich das sogar und erlebe den gestrigen Tag noch einmal, nur aus einer anderen Perspektive.
„Sie haben ihre Handtasche bei uns liegen lassen."
Schleimer. Dreh mal besser schnell wieder um!
„Danke."
Geh weiter! Lass ihn links liegen! Worüber reden sie denn die ganze Zeit? Verschwinde! Ha! Sie geht weiter. Julia schaut in meine Richtung und ich verstecke mich schnell hinter meiner Zeitung. Das ‚Ha!' ist mir wohl etwas zu laut herausgerutscht. Kommt sie auf mich zu? Bitte nicht, ich werde mich auch nie wieder über pinke Bärchenverkäufer lustig machen! Nach einiger Zeit wage ich es, über den Rand meiner Zeitung hinauszuluken, und stelle beruhigt fest, dass Julia sich wohl nicht weiter um das ‚Ha!' gekümmert hat. Ich sehe sie gerade noch um die nächste Ecke biegen. Wenn ich sie jetzt anspreche, weiß sie, dass ich ihr gefolgt bin, das kann ich also nicht bringen. Also verfolge ich sie weiter. Vielleicht bekomme ich so ja mehr über sie heraus.

Der Weg führt uns noch ein ganzes Stück durch die Stadt bis in die Fußgängerzone. Dort verschwindet sie in einem unscheinbaren Hauseingang, und bevor ich die Tür erreiche, fällt sie wieder ins Schloss. Neben dem Eingang sind drei Schilder angebracht, auf dem obersten steht „Kanzlei Spuck, Specht und Wiesenklee. Fachanwälte für Arbeitsrecht", auf dem mittleren steht „Grachte und Pfeiffer. Rechtsanwälte" und auf dem untersten „Dr. Julia Falgiori. Kinderärztin". Sie ist Kinderärztin. Und offenbar Italienerin. Und ich hab weder ein Kind noch kenne ich Italiener. Aber Mischa hat ein Kind. Gut, nicht sie selbst, aber immerhin. Ich zücke mein Handy.
„Schröder."
„Was ist denn das für eine Begrüßung? Ich bin's, Mikey!"
„Mikey? Es ist mitten in der Nacht!"
„Es ist fünf vor halb zehn."
„Was? Scheiße, ich hab verschlafen! Ich muss zur Uni."
„Kannst du mir mal die Nummer von deiner Kusine mit dem Baby geben?"
„Wen?"
„Kusine. Aprilscherz. Telefonnummer."
Morgens, direkt nach dem Aufstehen, darf für Mischa ein Satz höchstens aus fünf Wörtern bestehen, sonst besteht nicht die geringste Chance, dass sie ihn versteht. Manchmal vergesse ich das.
„Schick ich dir nachher, okay?"
„Okay. Uni Vorlesung viel Spaß!"
„Danke, dir auch!"
Während Mischa aus dem Bett springt, sich die Zähne putzt, ein Müsli in sich reinstopft – in genau der Reihenfolge, ist so eine Angewohnheit von ihr – und mit dem Fahrrad zur Uni hetzt, habe ich genügend Zeit für ein ausgiebiges Frühstück. Vor einer halben Stunde ist nicht mit Nachricht von Mischa zu rechnen, wenn sie es nicht sogar ganz und gar vergisst. Also schlendere ich durch die Fußgängerzone auf der Suche nach einem Bäcker mit Café, wo es die leckersten

Brötchen und den miesesten Kaffee der Stadt gibt. Alles hat halt seine Vor- und Nachteile...

Kinderärztin, das hätte ich nicht erwartet. Sie ist doch immer so perfekt gestylt und ihr Outfit ist viel zu teuer, als dass ständig Kinder draufkotzen sollten. Aber es würde erklären, warum sie jeden Morgen Fruchtbärchen kauft. Die Bärchen sind nicht für sie, sondern für ihre kleinen Patienten, als Trostpflaster oder damit die Spritze nicht so wehtut.

Die Idee mit dem kleinen Aprilscherz ist völliger Schwachsinn. Was soll es mir bringen, dass die Cousine meiner besten Freundin, die mich kaum kennt, mit ihrem zwei Monate alten Sohn zu einer Kinderärztin geht, von der ich bisher nur den Vornamen weiß. Soll sie vielleicht eine Verabredung für mich arrangieren?

Ich entschließe mich, die Sache selbst in die Hand zu nehmen, verschiebe sämtliche Frühstückspläne auf später und nehme Kurs auf den Hauseingang. Mit klopfendem Herzen drücke ich dir Klingel zu Dr. Falgioris Praxis, eine Sekunde später summt die Tür. Ich trete ins Treppenhaus und von dort in den Fahrstuhl. Wer nach einem Zweihundertmeterlauf zum nächsten Taxi schon völlig erledigt ist, sollte eine Einladung zum Kaffeetrinken nicht vortragen, wenn er hundertachtzig Treppenstufen hinter sich hat. Im Fahrstuhl ist nochmal bei jedem Stock genau angegeben, welche Praxis oder Kanzlei sich wo befindet. Ich drücke auf die Vier, die Fahrstuhltür schließt sich und ich fahre zu meiner großen Liebe empor. Bei der Kanzlei Spuck, Specht und Wiesenklee steigt eine alte Frau dazu und lächelt mich an. Mir steigt ein Gemisch aus Handcreme und Käsefuß in die Nase. Gibt es etwas Schlimmeres, als mit dieser alten Frau in einem Fahrstuhl eingesperrt zu sein? Ja, das gibt es: Mit einer solchen Frau im Fahrstuhl stecken zu bleiben! Ich schließe die Augen. Bitte nicht heute! Schnell drücke ich die Drei und einen Moment später öffnen sich die Türen. Ich steige aus und nehme für den letzten Teil des Wegs die Treppe. Sicher ist sicher. Es gibt ja auch keinen Grund, zu hetzen, also kann ich mir mit dem Treppensteigen Zeit lassen.

Normal atmend und vital erreiche ich die Tür zur Arztpraxis. Sie steht offen, am Empfang sitzt eine junge Frau und lächelt mich an.
„Guten Morgen. Was kann ich für Sie tun?"
„Guten Morgen. Heißt ihre Chefin Julia."
Idiot. Steht doch draußen an der Tür.
„Ja...?!"
„Könnten Sie ihr vielleicht ausrichten, dass der putzige Bärchenmann da ist und sie gern sprechen möchte?"
Das war mutig. Ich hätte nicht gedacht, dass ich mich das traue. Die junge Frau schaut mich irritiert an. Wahrscheinlich überlegt sie, ob ich den Verstand verloren habe.
„Möchten Sie sich einen Moment ins Wartezimmer setzen, ich sage ihr dann Bescheid, dass Sie da sind."
„Danke."
Bisher läuft es perfekt. Ich drehe mich um und suche das Wartezimmer. Das sieht sie mir offenbar an.
„Den Flur entlang und dann rechts."
„Danke."
Das Wartezimmer sieht aus, wie ein Wartezimmer beim Kinderarzt auszusehen hat. Die Wände sind bunt bemalt, in der einen Ecke liegen haufenweise Legosteine, in der anderen steht eine große Kiste mit Bauklötzen. Die Vorhänge sind quietschgelb und vor dem Fenster steht ein kleines Bücherregal in Form einer Tigerente. Auf dem großen Glastisch in der Mitte des Zimmers liegen die Zeitschriften für die Erwachsenen. Ich nehme mir ein Comicheft aus der Tigerente und setze mich auf einen Stuhl. Außer mir sind noch ein etwa zehnjähriger Junge und eine Frau, wahrscheinlich seine Mutter, im Wartezimmer. Der Junge starrt mich mit großen Augen an und jetzt, da sein Kopf anfängt, rot zu werden, erkenne ich ihn wieder. Es ist derselbe kleine, dicke Junge, der gestern im Laden die Tüte Paradies-Allerlei klauen wollte. Der Junge hat mich wohl auch gerade wieder erkannt. Er guckt jetzt wie eines von den kleinen Schweinchen, das vom großen, bösen Wolf in die Ecke gedrängt wird. Ich gefalle mir gut in der Rolle des Wolfes.

Dann verändert sich plötzlich der Gesichtsausdruck des Jungen. Er springt von seinem Stuhl und läuft aus dem Wartezimmer.

„Magen-Darm. Das geht gerade bei ihm in der Klasse um", erklärt seine Mutter.

Es gibt einen Gott! Nachdem der Junge dreimal zwischen Klo und Wartezimmer hin- und hergependelt ist, ich mir das Lachen von mal zu mal weniger verkneifen konnte und seine Mutter bei jedem Lachen immer wütender auf mich wurde, geht plötzlich die Tür auf und eine große, schwarzgelockte Frau von ungefähr 45 Jahren betritt das Wartezimmer.

„Sind Sie der Bärchenmann?"
„Ja?"
„Na, was kann ich denn für Sie tun?"
„Nichts, ich warte auf Julia."
„Ich bin Julia."
„Julia Falgiori?"
„Etwas falsch ausgesprochen, aber ja."
„Sie sind...? Aber..."
„Verraten Sie mir jetzt, was Sie von mir wollen?"
„Ich, äh... Ich glaub, ich bin hier falsch."
„Dann kann ich wieder an die Arbeit?"
„Ja."

Damit verlässt Dr. Julia Falgiori das Wartezimmer und macht sich wieder daran, der 4b oder sonst wem die Grippe auszutreiben. Und ich wünsche mir ein Loch, in das ich mich ganz schnell eingraben kann. Aber da wir hier im vierten Stock sind, gehe ich mal nicht davon aus, dass ich hier überhaupt ein Loch graben könnte, ohne durch die Decke zu brechen. Und überhaupt: in einem Loch eingegraben zu sein, bringt mich kein Stück näher zu Julia. Also verwerfe ich alle Grabungspläne und sehe zu, dass ich ohne viel Aufsehen aus der Praxis komme. Im Fahrstuhl bin ich diesmal der einzige Passagier, keine Oma, die mich zwingt, die Treppe zu nehmen, und vor allem keine Julia, die ich mich nach der Nummer eben bestimmt nicht trauen würde, auf einen Kaffee einzuladen. Das Projekt Mick und Julia erweist sich als immer schwieriger. Doch jetzt ist nicht die Zeit des Selbstmitleids und auch nicht der Moment, neue Pläne zu schmieden. Jetzt ist es an der Zeit, endlich zu frühstücken. Ich gehe zurück in die Fußgängerzone und suche mir eine Bäckerei. Dort bestelle ich zwei halbe Käsebrötchen, ein Croissant und einen Kaffee. Als ich mich an einen der viel zu kleinen Hocker an den viel zu kleinen Tischen setze, klingelt mein Handy.

‚Hey Mikey! 0175-3527708. Wofür auch immer. Vkr! Mischa'

Wenn Mischa und ich uns SMS schreiben, beenden wir sie immer mit irgendwelchen Kürzeln, die kein Schwein versteht. Angefangen hat das in der sechsten Klasse, als wir uns alle gegenseitig die Federtaschen mit H.D.L. vollgekritzelt haben. Aus H.D.L. wurde H.D.G.D.L. und daraus irgendwann H.D.G.S.I.M.D.L.M.S.M. Das war für uns der Punkt, an dem die ganze Sache eindeutig ins Absurde abrutschte, und wir haben daraufhin unsere ganz eigene Kürzelsprache entwickelt. Jede unserer Endungen bedeutet, dass wir aneinander denken und immer füreinander da sind, und die einzige Regel ist, dass dabei kein Kürzel wiederholt werden darf.

‚Hat sich erledigt. Kannst du Timm fragen, ob er einen Anwalt Spuck, Specht, Wiesenklee, Grachte oder Pfeiffer kennt? Zygr Mikey'

Wenn sie nicht die Kinderärztin ist, muss sie ja für eine der Kanzleien arbeiten. Vielleicht ist sie sogar selbst Anwältin. Ich beiße von meinem Käsebrötchen ab, doch bevor ich den ersten Bissen heruntergeschluckt habe, kommt Mischas Antwort.

‚Mikey, wie heißt Timm mit Nachnamen? Grachte! Merk dir doch endlich mal die Nachnamen zu den Menschen, die du kennst. Xxel'

Mist, das ist wirklich eine Sache, an der ich arbeiten sollte.

‚Julia arbeitet bei ihm oder zumindest im selben Haus. Kannst du ihn mal fragen? Bittebittebitte!!! Was wäre ich nur ohne dich! Gjdo mikey'
Ich bin gerade auf Knien durch den Schlamm zu Mischa gekrochen und bettele um ihre Hilfe, und das alles mit einer einzigen SMS. Die Schuhe bleiben sauber und man kann nebenbei Käsebrötchen essen – schöne neue Welt!
‚Ich ruf ihn nachher an. Treffen wir uns um 14 Uhr in der Mensa? Bis nachher oder irgendwann. Ds'
Das Kriechen hat sich gelohnt. Wie immer.
‚Dann bis um zwei! Hast was gut bei mir – wie immer. Knutscher! Dein Mikey'
Wenn man eine SMS mit richtigen Grüßen oder Knutschern beendet, muss man kein Kürzel hinten ran setzen. Und wenn einer von uns beiden frisch in eine neue Beziehung startet, hält sich der andere mit Knutschern und anderen mehrdeutigen Nachrichten zurück, wenigstens solange, bis sich der oder die Neue an uns gewöhnt hat. Das beschlossen wir, nachdem Steffi, meine letzte Freundin, eines Morgens einen Zettel an meinem Auto gefunden hatte mit der Aufschrift ‚Für den heißesten Typen der Welt. Dicker Knutsch mit Anlauf und Zunge!' Wer Mischa und mich nicht kennt, zieht da schnell die falschen Schlüsse. Dummerweise hatte Steffi zwar den Namen Mischa schon ein paarmal von mir gehört, aber wie unsere Beziehung zueinander im Detail aussieht, darüber hatten wir noch nicht gesprochen. Erst nach einigen Schreien, Tränen und Kopfschütteln konnte ich sie doch noch davon überzeugen, dass sie von Mischa nichts zu befürchten hat. Dass es mit mir und Steffi nicht geklappt hat, lag auch nicht an Mischa.
Den Rest des Vormittags widme ich H&M und Douglas. Wenn man eine Frau wie Julia beeindrucken will, können schicke, neue Klamotten und ein neues Aftershave nicht schaden. Begrüßen Sie den neuen Mick! Julia, ich komme! Nach dem spontanen Shopping-Flash gehe ich – ich bin gut drauf und habe noch dreißig Euro – zum Frisör. Und damit meine ich den schicken, neuen Salon direkt am Markt.

Ein junger Mann, vielleicht zwei, drei Jahre jünger als ich, begrüßt mich und bittet mich, kurz zu warten, bis ein Stuhl frei wird. Ich setze mich in einen schwarzen Korbsessel, greife mir die neueste Cosmopolitan und warte darauf, bedient zu werden.

„Der Nächste bitte!", piepst es ziemlich nasal aus der hintersten Ecke des Salons. Da alle anderen schwarzen Korbsessel frei sind und auch sonst niemand außer mir in dem Laden zu warten scheint, mache ich mich auf den Weg, die Quelle des Piepsens zu erforschen. Am Ziel angekommen erwartet mich das Paradebeispiel eines Frisör-Klischees: eine Mischung aus David Hasselhoff in seiner ersten und Nena in ihrer zweiten Glanzzeit, verbunden mit drei Dosen Haarlack.

„Hi! Ich bin Manuel. Naaa, was kann ich denn Schönes für dich tun?"

Manuel... War ja klar!

„Hi! Ich möchte was Neues, Modernes, Sportliches, aber nicht zu ausgeflippt."

„Das lässt sich machen."

Meine Meinung über Manuel festigt sich endgültig, als ich sehe, wie der Maestro mit der einen Hand die Schere hält und mit der anderen durch meine Haare flufft. Ich schließe für den Rest der Prozedur die Augen. Manuel versteht das offenbar als Aufforderung, mich mit dem Ergebnis seiner Arbeit zu überraschen, und achtet sorgfältig darauf, dass ich die Augen auch wirklich geschlossen halte. Ich spiele das Spiel mit. Als ich endlich wieder gucken darf, traue ich meinen Augen nicht: Ich sehe verdammt gut aus! Insgeheim hatte ich befürchtet, dass Manuel mich ein wenig zu seinem Ebenbild macht, aber die Angst war unbegründet. Ich sehe modern, sexy und irgendwie erfolgreich aus.

„Zufrieden?"

„Sehr!"

„Freut mich. Sag mal, bist du nicht der aus dem Gummibärchenladen?"

„Nee, nicht mehr. Ich hab gestern gekündigt."

„Achso. Naja, vielleicht sieht man sich ja trotzdem mal."
„Äh, ich hab's aber nicht so mit Männern..."
„Hallo? Ich auch nicht."
Manuels Stimme klingt plötzlich viel kräftiger, gar nicht mehr so nasal.
„Nein? Ich dachte…"
„Nein. Seh ich so aus?"
„Ehrlich gesagt, ja."
„Naja, ich geb mir auch alle Mühe. Ist besser fürs Geschäft! À propos, das wären dann 28,50."
Manuel ist klasse! Ich gebe ihm meine letzten dreißig Euro.
„Stimmt so."
„Dann bis zum nächsten Mal. Bussi."
Und bevor ich etwas dagegen tun kann, drückt Manuel mir zwei Küsschen auf die Wangen und schiebt mich auf die Straße. Ich fühle mich gut. Modern, sexy und erfolgreich schlendere ich durch die Innenstadt.

„Wow." Mehr fällt Mischa nicht ein, als ich mich in der Mensa zu ihr setze.
„Hi! Schmeckt's?"
„Wie immer, geht so. Wow! Was ist passiert?"
„Gefällt's dir?"
„Sehr gut! Ich meine... Du bist... Wow!"
„Danke, das wollte ich hören!"
Und es war sogar ganz genau das, was ich hören wollte. Mischa ist sprachlos, kein Verbesserungsvorschlag, keine dumme Bemerkung. Ich lehne mich zurück, schaue Mischa zu, wie sie ihr Brokkoli-Grünkern-Gratin isst, und freue mich über mein neues Ich. Irgendwann halte ich es aber doch nicht mehr aus.
„Hast du mit Timm gesprochen?"
„Ja, habe ich. Und ich habe eine gute und eine schlechte Nachricht. Welche zuerst?"
„Die gute!"

„Also, die gute Nachricht ist: Julia ist Sekretärin bei Timm in der Kanzlei. Sie holt jeden Morgen für jeden ihrer Chefs ein Franzbrötchen und für die Büros und den Empfang eine Tüte Gummibärchen. Sie hat keinen Freund, dafür einen Hund und ist absoluter Fan von Bryan Adams."
„Wow! Das klingt gut."
„Jetzt die schlechte: Sie zieht morgen weg."
„Wie, weg?"
„Weg. Irgendwo in den Norden."
„Hä? Norden wie Hamburg oder Norden wie Nordpol?"
„Norden wie Hamburg, aber wo genau hat Timm vergessen."
„Hat er ihren Nachnamen oder ihre Adresse?"
„Schmidt. Die Adresse darf er dir nicht geben."
„Und wie soll ich sie finden? Es gibt hunderte Julia Schmidts im Norden!"
„Und jetzt willst du ganz Norddeutschland abklappern, bis du sie gefunden hast?"
„Wenn's sein muss!"
„Mikey! Komm mal wieder runter!"
„Kann er sie nicht für mich anrufen?"
„Und dann?"
Ja, und dann? Woher soll ich das wissen?
„Ihr meine Telefonnummer geben?"
„Wenn das so einfach wäre. Vielleicht hat Timm sie ja auch rausgeschmissen? Klang vorhin nicht so, als hätten sich die beiden besonders gut verstanden."
Okay, was habe ich: einen Namen, einen Beruf und eine Himmelsrichtung. Was habe ich nicht: einen Wohnort, eine Telefonnummer, die Gewissheit, dass sie mich mag. Herrgott nochmal, wir haben bisher keine zehn Sätze gewechselt! In meinem Kopf dreht sich alles.
„Worüber denkst du nach?"
„Ob es sich lohnt."
„Und?"
„Weiß ich noch nicht."

„Boah, wär das romantisch! Wenn du jetzt echt bis an die Nordsee fährst und sie findest und dann werdet ihr zusammen alt und kriegt ganz viele Kinder und dann.... Oooooh, ich werde Patentante!"
„Müsstest du nicht eigentlich mich bremsen und nicht andersrum?"
„Ach quatsch, das wird toll! Ich hab in zwei Wochen Semesterferien und dann machen wir beide einen Trip durch den Norden. Und überall, wo wir hinkommen, suchen wir sie. Hurra!!!"
‚Hurra!!!' bedeutet immer, dass jeglicher Widerstand vollkommen zwecklos ist. Für den Moment fühle ich mich ziemlich überrumpelt, aber Mischa und ich werden das durchziehen, dafür wird Mischa schon sorgen. Und ab morgen werde ich mich genauso euphorisch darauf freuen wie sie. In zwei Wochen geht's los. Hurra!!!

Kapitel 5

Tag eins nach Beschluss unseres Abenteuers. Jetzt ist auch mir nach Hurra! Wir haben zehn Wochen Zeit, alle Städte, Dörfer und Kuhkäffer in Norddeutschland zu erforschen. Das würde allerdings auf eine ziemlich gewaltige Menge an Dörfern und Kuhkäffern hinauslaufen. Und welche Städte in Norddeutschland kenne ich denn eigentlich? Hamburg, Bremen, Kiel, Sylt. Gehört Hannover eigentlich noch zu Norddeutschland? Und was ist mit dem Osten, müssen wir den auch mit einplanen? Aber wer zieht schon zum Arbeiten in den Osten? Ich mache mich heute zuallererst mal auf den Weg in eine Buchhandlung, um mir eine Karte von Norddeutschland zu besorgen, am besten eine mit vielen Stadtplänen drin.
Draußen vor der Haustür ist grau-diesiges Nörgelwetter – Sommer in Deutschland. Ich überlege, ob ich noch einmal kehrtmachen sollte, um meinen Regenschirm zu holen.

Wäre meine Mutter jetzt hier, müsste ich ganz sicher umdrehen. Meine Mutter hat ihre ganz eigene Art, ihren Willen durchzusetzen, der Regenschirm ist das perfekte Beispiel dafür. ‚Mama, ich geh los. Tschüss!' ‚Michi, hast du deinen Schirm mit? Es sieht nach Regen aus, und nachher bist du sauer, wenn du keinen hast.' ‚Boah Mama!' ‚Michael!' Das war ihre letzte Waffe, wenn ihr alle Argumente ausgingen und sie trotzdem nicht von ihrer Meinung abrücken wollte. Und das hat sich bis heute nicht geändert, Silbe für Silbe: Mi-cha-el. Mit meinem Vater macht sie es genauso: Klaus-Hu-bert. Mein Vater hat seinen Namen noch nie gemocht, aber in solchen Momenten hat er ihn bestimmt verflucht. Meine Mutter ist wahrscheinlich auch der Grund, warum ich nicht noch einmal umkehre. Ich will ohne Schirm gehen, was natürlich auch an meiner angeborenen Faulheit liegen könnte. Schirme mitzunehmen, wenn es gar nicht regnet, ist eh nur was für alte Leute und Schisser. Als ich an der Haltestelle ankomme, sehe ich in dem kleinen Glaskasten neben dem Fahrplan einen Zettel, der mir verrät, dass die Buslinie, die normalerweise alle zehn Minuten an meiner Wohnung vorbei in die Stadt fährt, diese Woche über nicht fährt. Wartungsarbeiten. Also mache ich mich auf den Fußweg in die Stadt. Als ich ein paar Minuten unterwegs bin, platzen plötzlich die Wolken auf und es gießt in Strömen. Petrus lässt es mal richtig krachen. Jetzt werde ich so oder so klitschnass, ob ich nun zurück nach Hause laufe oder weiter geradeaus sprinte, bis ich etwas finde, wo ich mich unterstellen kann. Der liebe Gott oder Petrus oder wer auch immer hat wahrscheinlich mit dem Taxisprint neulich nur meine Kondition getestet, um das Ergebnis jetzt knallhart gegen mich einzusetzen. Da sitzen Sie jetzt oben im Himmel und denken sich: ‚Mi-cha-el, hättest du doch auf deine Mutter gehört.' Eigentlich dachte ich, Gott wäre seit der Magen-Darm-Geschichte auf meiner Seite. Ich werde nie wieder eine Kirche betreten!
Nass bis auf die Socken und völlig außer Atem erreiche ich ein rettendes Geschäft und laufe hinein. Ich glaube nicht,

dass ich auch nur noch hundert Meter hätte weiter laufen können, stütze meine Arme auf die Oberschenkel und hole tief Luft. Als ich meinen Oberkörper wieder aufrichte und auch wieder halbwegs normal atmen kann, fällt mir auf, wo ich gelandet bin: Ich stehe mitten in einem Fachgeschäft für Orthopädietechnik. Im Schaufenster links neben mir stehen elektrisch betriebene Rollstühle und weiter rechts stehen diese niedlichen, kleinen Schiebwägelchen, die die alten Herrschaften immer vor sich herschieben. Zwei, drei Meter vor mir steht eine alte Frau mit schütterem Haar und schaut mich besorgt an.
„Geht es Ihnen gut, junger Mann?"
„Geht schon. Ich bin nur so schnell gelaufen, damit ich nicht nass werde."
Zum Glück ist der Laden nicht besonders voll. An der Kasse steht eine junge Frau, die eigentlich einen besseren Job verdient hat, als alten Frauen Stützstrümpfe zu verkaufen. Auf einer Bank an der Wand sitzt ein wirklich sehr, sehr alter, dürrer Mann mit überdimensionaler Hornbrille und Krückstock. Die beiden Schaufensterpuppen neben ihm wirken gegen ihn direkt lebendig. Ich setze mich neben ihn, denn es regnet immer noch, und bevor es nicht wieder aufhört, werde ich diesen Laden bestimmt nicht verlassen. Verdammt, wir haben Mitte Juni! Willkommen in unserem schönen Land! Hoffentlich erzählt er mir jetzt nicht, wie er es ´41 gegen die Russen verteidigt hat. Er hat jedoch, wie ich tatsächlich erfahre, an der Westfront gekämpft, irgendeine Panzerdivision. Damals in Belgien hatte es nämlich genauso geschüttet, jaja, so war das. Die Namen der eigenen Enkelkinder durcheinander bringen, aber die Schlachtpläne von damals noch auswendig wissen!
Langsam lässt der Regen nach, und ich kann die Gehhilfen und das Dritte Reich nach einer unendlich langen Dreiviertelstunde hinter mir lassen. Ich bin inzwischen auch wieder so gut wie trocken, gehe aus dem Laden und weiter die Straße entlang in Richtung Fußgängerzone und Buchhandlung.

Und zumindest für diesen Weg bleibt es trocken, die Sonne kommt sogar ab und zu zwischen den Wolken zum Vorschein. Aber wenn ich bedenke, dass es Mitte Juni ist, kann ich mich nicht so richtig darüber freuen. Wenn dir ein Hund ans Bein pinkelt, ist es dir ja auch egal, ob er hinterher zu dir kommt und mit dem Schwanz wedelt. Angepisst ist angepisst, die Sonne kann mich mal kreuzweise!
Nach fünfzehn Minuten erreiche ich ‚die Leseratte', eine kleine Buchhandlung mitten in der Stadt. Die Verkäuferin hinter dem Tresen sieht auch so aus. Sie passt in den mit Büchern vollgestopften Laden wie Christiane mit ihrer ganzen Pracht in den Fruchtgummiladen. Aber ich wollte ja nicht mehr an Christiane denken. Die Leseratte an der Kasse ist vermutlich Anfang Fünfzig, trägt einen blauen Wickelrock und ein dünnes, grünes Top. Einen BH trägt sie nicht, was bei der Form ihrer Brüste und dem dünnen Stoff kein schöner Anblick ist.
„Kann ich Ihnen helfen?", fragt mich die Ratte freundlich und kratzt sich am Hinterkopf. Haben wir ein Hygieneproblem?
„Waschen!"
„Bitte?"
Mist, das sollte gar nicht laut raus. Die Ratte sieht zum Glück so aus, als hätte sie mich wirklich nicht verstanden.
„Haben Sie Fahrkarten?"
„Fahrkarten?"
„Ich meine Stadtkarten, von Norddeutschland. Also eine große Karte von Norddeutschland mit ganz vielen extra Stadtplänen drin."
„Ah ja!"
Die Leseratte kommt um ihre Theke herum und geht in eine der vielen verwinkelten Ecken ihres Ladens. Ob ihr der Laden wohl gehört? Zutrauen würde ich es ihr ohne Zweifel. Wie sie so durch den Laden schleicht, fällt mir auf, dass ihre Beine nicht rasiert sind. Ich werde ab jetzt in der Zeit von Mai bis September keine Bücher mehr kaufen, sondern nur noch, wenn es draußen kälter ist und die Leute lange Hosen

und Pullover tragen. Die Ratte hat inzwischen das Regal mit den Landkarten gefunden und präsentiert mir eine Auswahl von Karten über Norddeutschland.

„Oder möchten Sie vielleicht einen richtigen Straßenatlas? Die gibt es gerade zum Sommerferien-Aktionspreis, da drüben."

Und tatsächlich: auf einem kleinen Tisch mitten im Gang findet sich ‚der große deutsche Straßenatlas' für nicht mal fünfzehn Euro. Wer weiß, wofür ich den noch einmal brauchen kann, und was bringen mir Karten von Niedersachsen und Schleswig-Holstein, wenn Julia jetzt in Mecklenburg wohnt. Ich bezahle das Buch und begebe mich voller Vorfreude auf die Reise und um vierhundertsechsundachtzig Atlasseiten reicher zurück auf die Straße.

Es hat nicht wieder angefangen zu regnen. Vielleicht sollte ich Timm mal einen Besuch abstatten und ihn ein bisschen über Julia ausquetschen? Eine gute Idee, aber vorher wird gefrühstückt! Eine Bäckerei ist schnell gefunden und während ich meine Brötchen esse, beginnt es draußen wieder zu nieseln. Ich könnte mir ein Taxi nehmen, aber ich bin ja jetzt arbeitslos und plane dennoch einen wochenlangen Sommerurlaub. Ich sollte wohl besser etwas sparsamer mit meinen Ersparnissen umgehen. Der anfängliche Nieselregen hat sich mittlerweile zu einem ausgewachsenen Prasselregen gemausert, nicht so schlimm wie vorhin, aber es würde reichen, nach einigen Metern wieder klitschnass zu sein. Meine Rettung lächelt mich vom Nachbartisch aus an. Es ist ein kleiner, dunkelgrüner Regenschirm, der anscheinend von seinem Besitzer hier in der Bäckerei ausgesetzt wurde. Dem ist das wohl spätestens jetzt aufgefallen, aber bevor er sich erinnern kann, wo er seinen Schirm verloren hat, habe ich die Bäckerei auch schon samt Schirm verlassen und marschiere durch den Regen zu Timms Kanzlei. Nach einigen Schritten kommt mir ein Mädchen völlig durchnässt entgegengelaufen und rennt zur Bäckerei. Sucht sie ihren Schirm? Hätte sie sich einen rosa Regenschirm mit Pferden darauf gekauft, hätte sie in wohl an mir wiedererkannt.

Andererseits hätte ich einen pinken Pferdeschirm garantiert liegen lassen. Mein Bedarf an Pink ist für diesen Sommer gedeckt.
Trocken, dafür mit schlechtem Gewissen, komme ich bei der Tür an, an der ich Julia zum letzten Mal gesehen habe. Ich drücke den Kopf zur Kanzlei Grachte und Schmidt und warte auf das Türsummen. Sssss.
„Hey Mick, was gibt's?"
„Hi. Hast du 'ne Minute Zeit?"
„Eigentlich nicht, aber passt schon. Komm rein!"
Ich bin mir nicht ganz sicher, wie Timm zu unserer Reise steht. Klar, er weiß, dass zwischen Mischa und mir nichts laufen wird, aber dass wir über mehrere Wochen Bett an Bett oder Schlafsack an Schlafsack liegen, davon ist er bestimmt nicht begeistert. Mischa erzählt mir sowieso meistens mehr als ihm, schon allein deshalb, weil sie sich in seiner Gegenwart häufig kindisch vorkommt. Und dann erzählt man halt nicht alles frei heraus, was einem so auf der Zunge liegt. Und gerade bei Mischas Zunge ist das wohl auch besser so.
„Hat dir Julia vielleicht gesagt, wo genau sie hinzieht?"
„Hab ich doch Mischa schon alles erzählt."
„Ja, in den Norden. Aber ist dir vielleicht inzwischen eingefallen, wohin genau?"
„Mick."
„Ja?"
„Mischa ist gestern Abend völlig aufgedreht nach Hause gekommen und hat nur von eurer Tour gesprochen. Sie hat mich fünfmal gefragt, ob mir nicht doch noch was eingefallen sei. Sie hat mich sogar gefragt, als wir... als es echt nicht der richtige Zeitpunkt war. Und das erste, worüber sie heute Morgen geredet hat, war eure Tour. Ehrlich gesagt hoffe ich, dass das jetzt nicht die nächsten zwei Wochen so bleibt. Ich hab euch alles gesagt, was ich weiß."
Mischa hat ihn allen Ernstes beim Sex auf Julia angesprochen! Armer Timm! Er würde sich so etwas nie ausdenken, dafür ist er zu verklemmt, und Mischa traue ich es allemal

zu. Ein Mann dürfte sich so was nie erlauben, da wäre der Teufel los! Ich werde die Geschichte sorgfältig aufbewahren und Mischa damit konfrontieren, wenn die Honig-Story eines Tages nicht mehr zieht.
„Na gut, dann werde ich dich mal nicht weiter stören."
„Du störst nicht. Ich bin auch nicht sauer, nur ein bisschen genervt."
„Okay, dann noch viel Spaß beim Verklagen. Wie geht's dem Bürgermeister?"
„Das wirst du noch früh genug erfahren. Tschüß!"
„Tschüß."
Ich laufe die Treppen hinunter ins Erdgeschoss. Draußen öffne ich meinen Schirm und mache mich auf den Heimweg. Als ich wieder an der ‚Leseratte' vorbeikomme, merke ich, dass ich meinen neuen Atlas in der Bäckerei vergessen habe. Bestimmt läuft gerade eine durchnässte Elfjährige mit hämischem Grinsen und einem nagelneuen Atlas durch die Stadt. Grrr...
Ich mache kehrt, laufe zurück zur Bäckerei und habe Glück. Mein Atlas liegt noch genau da, wo ich ihn zurückgelassen habe, was mein bis dato gründlich verdrängtes schlechtes Gewissen sofort wieder präsent werden lässt. Ich nehme den Atlas, lege den Schirm dorthin zurück, wo ich ihn gefunden habe, und laufe durch den Regen nach Hause. Dort ziehe ich meine nassen Klamotten sofort aus und lasse mir ein warmes Bad einlaufen. Während sich die Wanne füllt, sitze ich nackt auf dem Klodeckel, schmökere in den Straßen Ostholsteins und warte auf das Wasser. Als die Wanne endlich voll ist, lege ich den Atlas beiseite und steige hinein. Herrlich...
Es hat sich gelohnt, damals lange nach einer Wohnung zu suchen, in der es eine Dusche und eine Badewanne gibt.
Die nächste Stunde bewege ich mich nur, wenn es nötig ist, gleite bis zur Nase ins Wasser. Früher, als ich halb so groß war, habe ich bei uns zu Hause in der Badewanne immer schwimmen geübt. Die Wanne reichte immer genau für einen Beinschlag, dann musste ich umdrehen und zurückschwimmen. Aber die Zeiten sind leider vorbei.

Ich steige sauber, gewärmt und völlig verschrumpelt aus der Wanne, schlüpfe in meinen Bademantel und lege mich auf die Couch. Im Fernsehen läuft eine Reportage über Hartz-4-Empfänger. Ich müsste mich auch arbeitslos melden, daran hatte ich bisher noch gar nicht gedacht. Aber das hat Zeit bis morgen, heute ist Entspannungstag. Ich schalte um auf einen Zeichentrickfilm, kriege noch mit, wie Tom auf der Jagd nach Jerry eine Bratpfanne auf den Kopf fällt, dann schlafe ich ein. Ich träume von Jerry, wie er Tom mit einem grünen Regenschirm verprügelt. Im Hintergrund steht die Leseratte und feuert ihn an. Nager halten zusammen!

Ein Anruf von Mischa reißt mich aus meinen Träumen.
„Hab ich dich geweckt?"
„Ja, aber ist egal. Alles klar bei dir?"
„Na klar. Duuu...?"
Wenn Fragen schon so anfangen...
„Ja?"
„Was würdest du dazu sagen, wenn wir einen Teil unserer Tour zu dritt machen?"
Ich wusste es. Timm hat ein Problem damit, seinen Schatz mit mir allein zu lassen. Na toll!
„Hmm... Timm?"
"Hä? Nee..."
„Wer denn dann?"
„Nina."
„Wer ist Nina?"
„Sag bloß, du kennst Nina nicht mehr!"
Nina... Wer zum Teufel ist Nina?
„Tut mir leid, ich komm echt nicht drauf."
„Meine Freundin Nina, die in Hamburg wohnt und die ich seit zwei Jahren nicht mehr gesehen hab."
„Und die kenne ich?"
„Hallo? Na klar kennst du die! Ihr habt euch auf meinem achtzehnten Geburtstag kennengelernt."
„Mischa, das ist ewig her!"

„Na komm, auf den nächsten Geburtstagen war sie auch da, nur auf den letzten beiden nicht."
Nina! Jetzt erinnere ich mich. Nina ist ein Jahr jünger als Mischa und ich und studiert in Hamburg Medizin. Wir haben damals keine zwanzig Worte gewechselt.
„Ich erinnere mich. Erinnert sie sich denn auch noch an mich?"
„Aber hallo! Na klar erinnert sie sich!"
„Was soll denn das nun wieder heißen?"
„Nichts. Sie erinnert sich an dich. Das soll es heißen."
„Ok, und wieso soll sie mit?"
Ich werde den Gedanken nicht los, dass Timm dahinter steckt.
„Sie SOLL gar nicht mit, aber wir haben uns schon so lange nicht mehr gesehen. Sie ist voll in Ordnung und kennt sich im Norden besser aus als wir beide zusammen."
Das ist ein Argument.
„Okay, warum nicht. Doch, ist in Ordnung. Wird bestimmt lustig."
„Bestimmt! Und wir können in Hamburg bei ihr schlafen."
„Mischa?"
„Ja."
„Wie kommen wir eigentlich da überall hin? Ich hab kein Geld und du auch nicht. Und ich glaube nicht, dass uns deine oder meine Eltern ihr Auto leihen."
Stille am anderen Ende der Leitung. Weiß Mischa auch nicht weiter oder hat sie schon wieder einen Plan und kostet jetzt die Zeit aus, in der ich mal wieder keinen habe?
„Ach Mikey..."
Aha, Möglichkeit zwei. Auf Mischa ist Verlass!
„Na?"
„Wir trampen!"
Stille an meinem Ende der Leitung. Ich brauche einen Moment.
„Wir trampen?"
„Wir trampen."

„Ich will nicht trampen. Ich bin noch nie getrampt. Nachher werden wir überfallen oder ausgeraubt oder jemand fährt mit uns in einen Wald."
„Mikey, wir sind zu zweit."
„Und unbewaffnet!"
„Das lässt sich ja ändern!"
„Was!?"
„Beruhig' dich! Tausende Menschen trampen jeden Tag, ohne dass was passiert. Wir sind erwachsen und zu zweit und wenn es mal brenzlig wird, werde ich dich beschützen." Stimmt, würde sie.
„Außerdem bleibt uns gar nichts Anderes übrig."
„Wir könnten doch eigentlich auch im Internet die Telefonnummern von allen Julia Schmidts in Norddeutschland durchtelefonieren."
„Sie ist vor zwei Wochen da hingezogen, sie steht noch in keinem Telefonbuch und schon gar nicht im Internet. Und außerdem ist Anrufen ja wohl total unromantisch. Du sollst bei ihr vor der Tür stehen und nicht auf den Anrufbeantworter labern."
„Und wenn sie in einem ganz kleinen Dorf wohnt?"
„Sie arbeitet bei Anwälten. In ganz kleinen Dörfern gibt es keine Anwälte. Außerdem zieht man als junge Frau bestimmt in eine Stadt."
„Wenn Telefonbücher nichts bringen, wie sollen wir sie eigentlich finden?"
„Keine Ahnung! Ich lass mir was einfallen. Lass dich überraschen!"
„Wir haben nur noch zwei Wochen Zeit!"
„Das reicht doch! Du, ich muss Schluss machen, der Herd kocht über. Tschüß."
Aufgelegt. Mischa ist eine miserable Köchin. Sie kocht eigentlich nur bei bestimmten Anlässen oder wenn sie sich bei Timm einschleimen muss. Das wird es wohl sein. Ich stelle mir vor, wie Mischa versucht, mit Spaghetti Bolognese die sexuelle Entgleisung von letzter Nacht wieder gut zu machen. Toi toi toi!

Am nächsten Tag gehe ich zum Arbeitsamt und melde mich arbeitsuchend. Hoffentlich schicken die mich in den paar Tagen, die ich noch hier bin, nicht noch zu einem Vorstellungsgespräch.

Ich habe Glück und werde die nächsten Tage von allen Behörden in Ruhe gelassen, also kann ich mich voll auf die Reisevorbereitungen konzentrieren. Ich kaufe einen neuen Rucksack, einen Satz neue T-Shirts, Socken und Unterwäsche und verbringe die restliche Zeit vor dem Fernseher. Schließlich werde ich in die ganzen Ferien über keine Gelegenheit mehr dazu haben. Jedes Telefonat mit Mischa steigert bei uns beiden die Aufregung, und an dem Abend, bevor es endlich losgeht, benehmen wir uns wie Grundschüler vor der ersten Klassenfahrt. Timm wünscht mich wahrscheinlich samt Julia und ihrer neuen Adresse geradewegs auf den Mond. Aber wenn er sich mal überlegt, dass Mischa wahrscheinlich hinterherfliegen würde, würde er sich mich wahrscheinlich ganz schnell wieder zurückwünschen. Dann ist endlich der große Tag da. Hurra!!!

Kapitel 6

Freitag, 7. Juli, neun Uhr morgens, Autobahnauffahrt Ostwestfalen/Lippe. Mischa und ich haben die Anzahl unserer Gepäckstücke auf jeweils eins beschränkt und ich schäme mich ein bisschen, weil meine Tasche um Einiges größer ist als Mischas. Gerade wollen sich meine Mundwinkel zu einem reisefreudigen Grinsen nach oben ziehen, da landet ein Regentropfen genau auf meiner Nasenspitze. Seit dem Tag, an dem ich den Atlas gekauft habe, hat es in unserer Gegend nicht mehr geregnet. Ganze zwei Wochen lang war es trocken, während ich auf dem Sofa herumgelümmelt habe. Und jetzt, kaum dass unsere Reise begonnen hat, fängt es an.

„Mischa, es fängt an zu regnen."
„Hmm."
„Meinst du, die halten jetzt eher an, weil sie Mitleid mit uns haben?"
„Keine Ahnung."
„Hast du eigentlich einen BH an?"
„Was soll denn die Frage?"
„Weil, dann könntest du ihn ausziehen und wir machen einen Wet-T-Shirt-Contest. Dann hält bestimmt jemand an!"
„Und bei solchen Leuten steigen wir dann ein?"
„Äh... nein."
„Sonst noch 'ne Idee?"
„Ja."
Ich stehe von der Leitplanke auf, die mir sowieso längst viel zu unbequem war, falle neben Mischa auf die Knie und strecke den entgegenkommenden Autos meine Arme entgegen. Nehmt uns mit!!!
„Und wie lange willst du das durchhalten?"
„Bis es aufhört zu regnen oder ein Auto anhält."
Hoffentlich dauert das nicht mehr allzu lange, denn es ist tierisch unbequem. Dass der Regen aufhört, kann ich vergessen, also muss jetzt dringend ein Auto kommen, das uns mitnimmt, sonst muss ich mich wieder als Memme outen. Doch ich habe Glück: Ein kleiner, roter Fiat bremst und fährt an den Straßenrand. Schnell rennen Mischa und ich zum Beifahrerfenster.
„Hallo, Michael, wo soll's denn hingehen?"
Es gibt noch eine Person, die mich grundsätzlich mit vollem Vornamen anreden: Oma, Christiane und Frau Liebknecht. Frau Liebknecht ist unsere ehemalige Französischlehrerin, und eben diese sitzt in dem Fiat und hält für uns an. Hat sie denn nur mich erkannt und Mischa nicht?
„Und Michaela! Was habt ihr denn vor, ihr beide?"
„Semesterferien. Urlaub. Richtung Norden", rufe ich durch den Regen ins Auto.
„Ich fahr nur bis Hannover. Wenn ihr wollt, könnt ihr mit."

Eigentlich will ich nicht mit. Ich habe Französisch gehasst und Frau Liebknecht hat nicht gerade dazu beigetragen, dass sich daran etwas änderte. Sie ist durch und durch Lehrerin, Ende vierzig, geschieden, zwei Kinder, beide inzwischen aus dem Haus. Als Mischa und ich Abi machten, war ihr Sohn zwei Stufen unter uns. Ihre Tochter war im Jahrgang über uns, hat allerdings die Schule nach der zehnten Klasse abgebrochen und eine Ausbildung gemacht. Der Sohn studiert inzwischen bestimmt Lehramt, das passt zu ihm. Meiner Meinung nach gibt es vier Sorten von Lehramtsstudenten: Zum einen gibt es die Idealisten, die den unbedingten Drang haben, die Welt zu verbessern, immer ein offenes Ohr für ihre Schüler zu haben und jedes Jahr drei pädagogische Elternabende veranstalten. Dann gibt es noch die Fachidioten, meistens Naturwissenschaftler, die eine ungeheure Begeisterung für ihre Disziplin, aber nicht das geringste Gespür dafür haben, wie man diese Begeisterung an Kinder weitergibt. Pädagogikkurse sehen sie als notwendiges Übel und wenn das Studium erst einmal geschafft ist, gibt es Frontalunterricht, langweilige Tests mit viel zu komplizierten Fragen und einen Notendurchschnitt von 4,2. Die dritte Gruppe bilden diejenigen, die in ihrer Schulzeit Probleme hatten, Kontakt zu Gleichaltrigen aufzubauen, und deshalb immer den Lehrern an der Backe klebten. Die wiederum haben es nicht übers Herz gebracht, sie wegzuschicken, weil sie eben selbst zur ersten Gruppe gehörten oder eben zur dritten. Man sieht der dritten Gruppe schon im ersten Semester an, dass sie an ihrer ersten achten Klasse scheitern werden. Zu guter Letzt studieren da noch jene Lehramtsstudenten vor sich hin, die für Jura oder Medizin zu schlechte Noten haben oder die einfach nicht wissen, was sie mit ihrem Leben anfangen sollen und deshalb ‚erst mal Lehramt machen und dann mal schauen'.
Während ich über den bundesdeutschen Lehrernachwuchs nachdenke, steigen wir in den Wagen, Mischa nach hinten, ich auf den Beifahrersitz. Und dann befinden wir uns endlich auf der Autobahn Richtung Julia.

„Ist euch das nicht zu gefährlich, das Trampen?"
„Wir sind ja zu zweit und der Michael passt auf mich auf."
Das hat sie lieb gesagt.
„Und wo genau wollt ihr hin?"
„Hamburg, Kiel, Flensburg, Sylt, mal schauen", antwortet die Stimme von der Rückbank.
„Kiel? Falls ihr 'ne Unterkunft braucht, Thore studiert jetzt in Kiel. Vielleicht kann er euch ja helfen."
„Vielen Dank, aber wir kommen schon klar."
Ich könnte Mischa dafür knutschen, dass sie nicht auf das Angebot eingegangen ist. Ein Mitglied der Liebknecht Family reicht und Thore wäre mir selbst dann noch unsympathisch, wenn er nicht mit ihr verwandt wäre. Lehramtsstudententyp drei, da bin ich mir sicher. Er studiert es, weil die Lehrer damals die Einzigen waren, die über seine Witze gelacht haben, die ihm zugehört haben, wenn er von fliegenden Untertassen erzählt hat. Und außerdem will er in die Fußstapfen seiner Eltern treten. Papa Liebknecht ist nämlich auch Lehrer: Mathe, Physik, Typ zwei. Mama Liebknecht ist schwer einzuordnen. Ich kenne sie zu wenig, um sie Typ eins, drei oder vier zuzuordnen. Nur zwei schließe ich aus.
„Was studiert er denn?"
Die Frage musste ich einfach stellen. Lehramt? Deutsch, Englisch?
„Latein und Religion auf Lehramt."
Freak.
„Er schreibt gerade an seiner Bachelorarbeit, deshalb bleibt er den ganzen Sommer über in Kiel. Ich gebe euch mal seine Nummer."
„Aber Frau Liebknecht, wenn er so viel um die Ohren hat, wollen wir ihn bestimmt nicht stören."
„Ihr stört ihn nicht. Das tut ihm mal ganz gut, unter Leute zu kommen. Sonst sitzt er ja immer nur vor seinem Computer und kriegt von der Welt draußen nichts mit."
Ja, lass uns mit Thore Liebknecht einen drauf machen! Hoch die Tassen!

„Wir können ja mal bei ihm vorbeischauen, falls wir nach Kiel kommen."

Kaum hat Mischa ihren Kompromissvorschlag beendet, beugt sich Frau Liebknecht bei voller Fahrt zwischen die Vordersitze nach hinten und kramt in ihrer Handtasche. Es ist fünf nach halb zehn an unserem ersten Reisetag und ich habe zum ersten Mal Angst um mein Leben. Dass das SO schnell geht, hätte ich nicht gedacht. Der kleine, rote Fiat weicht immer weiter nach rechts, wo ein viel, viel größerer Lastwagen fährt.

„Frau Liebknecht, der Laster!!!"

„Was? Oh!"

Im letzten Moment gelingt es Frau Liebknecht, den Wagen wieder auf die richtige Spur zu bringen. Gut, von außen betrachtet war es wohl halb so dramatisch, aber wenn man in einer kleinen Blechkiste auf einen Vierzigtonner zutreibt, beurteilt man die Situation anders. Glücklicherweise hat der Fahrer des LKWs mitgedacht und ist ein wenig nach rechts ausgewichen, damit der junge Mann mit den panisch aufgerissenen Augen nicht vor Schreck auf den Sitz pullert. Viel hat wirklich nicht gefehlt, dann hätte ich Frau Liebknecht ein peinliches Geständnis machen müssen.

„Michaela, kannst du mal mein Handy aus der Handtasche holen?"

Warum nicht gleich so? Mischa fängt an, auf der Rückbank in Frau Liebknechts Handtasche zu kramen. Sekunden später reicht sie das Mobiltelefon nach vorne. ‚Handy' ist nicht das richtige Wort für diesen Apparat. Frau Liebknecht tickert sich durch ihr Telefonbuch, bis sie schließlich Thores Nummer findet. Sie reicht das Telefon zurück an Mischa, die die Nummer in ihrem Handy speichert. Was waren das noch für Zeiten, als man sich alle Telefonnummern im Kopf merken musste oder ein Notizbuch dabei hatte.

„Und wie geht es Ihnen so?"

Eigentlich ist es mir völlig schnurz, wie es Frau Liebknecht geht, aber ich habe keine Lust, die nächsten Kilometer schweigend zu verbringen.

„Ganz gut. In zwei Wochen sind ja die Ferien vorbei und danach fahren wir bald in die Camargue auf Studienfahrt."
In die Camargue? Wir hatten damals die Wahl zwischen Zelten auf Sylt, Wandern und Wellness in der Pfalz und Wandern ohne Wellness im Bayerischen Wald.
„Seit wann fährt unsere Schule denn nach Frankreich?" frage ich. Nicht nur, weil es mich wirklich interessiert, sondern auch, um Mischa von dem geografischen Fragezeichen zu erlösen, das ihr auf der Stirn klebt. Camargue? Frankreich? Belgien? Italien? Schweiz? Hä?
„Seit dem letzten Jahr. Wir haben dort einen ganz schnuckeligen Campingplatz gefunden, direkt am Mittelmeer. Es ist von da ja auch nicht weit zu den Pyrenäen, wo man ganz toll wandern kann. Herr Stache kennt da einen Winzer, der ganz in der Nähe unseres Dorfes lebt, und der hat uns ganz nett zur Weinprobe eingeladen."
‚Ganz' ist Frau Liebknechts Lieblingswort. Alles ist bei ihr immer ganz toll, ganz doof, ganz schön anstrengend oder ganz schnuckelig. Herr Stache ist einer dieser Ausnahme-Mischtypen. Er unterrichtet Französisch und Erdkunde, und ich habe es ihm zu verdanken, dass ich weiß, wo die Camargue liegt und wie man sich dort verständigt. Mischa hatte in der Oberstufe Frau Herbert in Erdkunde, was das Fragezeichen erklärt. Frau Herbert war die schlechteste Lehrerin unserer Schule. Und natürlich hatte ich das Glück, mit ihr zwei Wochen lang Zelt an Zelt auf Sylt zu campen. Aber mit Herrn Stache und Frau Liebknecht in der Camargue Rotwein zu schlabbern und im Mittelmeer zu baden, muss der Hammer sein. Schade, dass sie das nicht schon früher angeboten haben.
„Oha, Herr Stache allein unter Frauen", lacht Mischa.
„Naja, ganz allein ist er ja nicht. Es sind ja auch ein paar Jungs dabei."
„Was heißt ‚ein paar'?"
„Drei."
„Drei? Und wie viele Mädchen?"
„Zwanzig."

Dann kommen auf einen Jungen mindestens sechs Mädchen. Ein Viertel aller Mädchen sind hässlich, also bleiben pro Junge fünf potenzielle Fummelpartnerinnen, von denen die meisten jeden Abend mit Rotwein abgefüllt sind. Das ist das Paradies! Auf Sylt war die Quote genau anders herum. Auf ein attraktives Mädchen kamen damals acht Jungs. Scheiß Wellness-Studienfahrt! Mischa war auch mit an der Nordsee und hat es genossen, so viele Verehrer um sich zu haben. Ich glaube, mit einem von ihnen ist da auch was gelaufen, aber ich habe sie noch nie darauf angesprochen. Warum eigentlich nicht? Ich muss das dringend nachholen.
Mischa hakt nach.
„Und wieso so wenig Jungs? Camargue klingt doch ziemlich cool."
Mischa scheint auch gerade an Sylt gedacht zu haben. In ihrer Stimme schwingt ein wenig Mitgefühl mit all den Frauen mit, die in der Camargue ungeküsst bleiben werden.
„Herr Stumpf bietet eine Mountain-Rafting-Tour in den Alpen an, da haben sich die meisten Jungs eingetragen. Aber in dem Jahrgang sind die Mädchen sowieso in der Mehrheit."
„Die sind ja auch klüger!" tönt es von der Rückbank. Frau Liebknecht lacht. Ich drehe mich um und forme mit meinen Lippen das Wort ‚Camargue'. Mischa antwortet mir mit einem stummen Schimpfwort, das ich nicht entschlüsseln kann. Nachfragen kann ich jetzt natürlich nicht. Also grinse ich nur, strecke ihr die Zunge heraus und drehe mich wieder nach vorne. Die nächsten Minuten verbringen wir schweigend.
„Was macht ihr denn jetzt so?"
Bei der nächsten stummen Minute redet sie bestimmt übers Wetter.
„Ich studiere Kunstgeschichte und schreib im nächsten Sommer meine Masterarbeit."
„Und ich hab im letzten Jahr mein Pädagogik-Diplom gemacht."

„Kunstgeschichte! Schön. Und in welchem Bereich willst du später arbeiten?"
Das weiß sie noch nicht.
„Das weiß ich noch nicht. Am Liebsten als Gutachterin und Auktionatorin."
Aha. Davon hat sie MIR noch nichts erzählt.
„Aha", sagt nun auch Frau Liebknecht. Nach meiner Ausbildung fragt sie nicht. Das ist mir auch ganz recht. Bei solchen Leuten, und zu denen gehörten auch meine Eltern, als ich ihnen mein Berufsziel darlegte, bedeutet die Frage nämlich: ‚Was willst du später machen, Taxi fahren oder Burger braten?'
„Und du? Bist du dir sicher mit dem Beruf. Nicht dass du nachher Taxi fährst!"
Frau Liebknecht lacht über ihren kleinen Scherz. Ich auch. Mischa nicht. Mischa grinst in sich hinein. Sie weiß, dass ich noch nicht den geringsten Plan habe, wo es mich hin verschlagen wird und ich die Frage danach absolut nicht mag. Und sie weiß auch, dass ich außerdem ganz und gar nicht davon überzeugt bin, mich für den richtigen Beruf entschieden zu haben. Das einzige, was ich sicher weiß, ist, dass es die richtige Entscheidung war, kein Lehrer zu werden. Aus mir wäre ein klassischer Lehrertyp 1 geworden, was mich eher für den Beruf des Pädagogen qualifiziert. Aber da ein Job zurzeit in weiter Ferne liegt, habe ich in letzter Zeit immer wieder über Alternativen nachgedacht, angefangen bei Weiterbildungen bis hin zur völligen Neuorientierung.
„Ich möchte im Bereich Jugendberatung arbeiten, Jugendliche durch Konfliktsituation begleiten und so."
Frau Liebknecht darf gerne davon ausgehen, dass ich mein Leben komplett im Griff habe. Alle anderen im Auto wissen es besser.
„Aha."
Wieder so ein ‚Aha'. Bei der Kunstgeschichte hatte es aber noch nicht diesen zögernden Unterton. Als ob die Chancen da besser wären!

Allmählich haben sich die Regenwolken verzogen und die Sonne scheint. Jetzt ist Sommer. Wenn ich die Augen schließe, stelle ich mir vor, wie ich in einem richtig teuren Auto eine richtig schöne, einsame Landstraße entlangfahre und mir den Wind um die Nase wehen lasse. Neben mir auf dem Beifahrersitz sitzt natürlich Julia und hat ihre Hand auf mein Knie gelegt. So fahren wir gemeinsam der Sonne entgegen.
„Das Wetter ist ja inzwischen ganz schön geworden, was!"
Ja, ganz schön. Danke, Frau Liebknecht, fast hätte ich es nicht gemerkt.
„Ja, ist jetzt echt schön draußen", tönt eine verschlafene Stimme von hinten. Mischa war wohl auch gerade irgendwo anders. ‚Hannover 22 km' steht auf einem Schild, an dem wir gerade vorbeifahren. Dann haben wir es also gleich geschafft. Ich habe über eine Stunde geschlafen. Das sollten wir in Zukunft vermeiden, wenn wir mit Fremden mitfahren.
„Können Sie uns an der nächsten Raststätte rauslassen? Dann suchen wir uns da ein Auto, das weiter nach Hamburg fährt."
„Na klar!"
Die Fahrt mit Frau Liebknecht hatte ich mir viel schlimmer vorgestellt. Allerdings habe ich ja auch die meiste Zeit geschlafen. Unsere Mitfahrgelegenheit steuert zielsicher den nächsten Rastplatz an, und Mischa und ich steigen aus. Wir freuen uns, dass wir in keinen Unfall geraten sind und dass immer noch die Sonne scheint. Schnell bedanken wir uns bei Frau Liebknecht, nehmen liebe Grüße an Thore entgegen, wünschen ihr noch eine gute Fahrt und hoffen, dass sie sicher ans Ziel kommt.
„Dann wollen wir mal schauen, wie wir weiterkommen."
„Mikey, ich muss erst mal aufs Klo."
„Frauen…"
„Süß! Er spielt wieder Macho!"
Während Mischa dem Ruf der Natur folgt, mache ich es mir ein bisschen auf einer Bank-Tisch-Kombination gemütlich

und betrachte den Rastplatz. Leider findet sich daran nichts Besonderes: ein paar Tische mit dran geschraubten Bänken, Mülleimer, Parkplätze für Autos und welche für Lastwagen, ein Wanderweg und ein schäbiges Toilettenhäuschen, auf das man nur gehen will, wenn man wirklich richtig dringend muss. Und Mischas Gesicht sieht so aus, als wenn es hinter der Toilettenhäuschentür nicht besser aussieht als davor.

„Uähh, das war so eklig! Ich wusste nicht, dass es Frauen gibt, die die Schüssel nicht treffen."

„Vielleicht wollen sie sich nicht hinsetzen wegen der Keime."

„Vielleicht hat ja auch eine mit voller Absicht danebengelullut, um uns andere Frauen zu ärgern."

„Was hast du gerade gesagt? Gelullut?"

„Ja, wieso? Kennst du nicht Lullu machen? Was hast du denn früher dazu gesagt?"

„Keine Ahnung. Zumindest nicht Lullu machen. Pipi machen."

„Ja, Jungs machen Pipi, Mädchen machen Lullu."

„Hä? Jungs und Mädchen machen beide Pipi."

„Und wie sollen Mädchen Pipi machen ohne Pipi-Mann."

„Das heißt nicht Pipi-Mann! Das heißt Pimmel oder Schniedel, aber nicht Pipi-Mann."

„Doch, na klar! Pipi-Mann."

„Pimmel!"

„Pipi-Mann!!"

„Pimmel!!"

„Okay, du musst es ja wissen. Und wie heißt es bei Mädchen?"

„Was?"

„Jungs haben einen Pimmel, Mädchen haben eine...?"

„Vagina."

„Das sagen nur die Streber! Also, was haben Mädchen? Eine Lullu!"

„Das beweist gar nichts."

Musste dieses Gespräch sein? Und was noch wichtiger ist: Hat uns jemand gehört? Wir waren so in unsere Diskussion vertieft, dass wir nicht gemerkt haben, wie wir nach und nach immer lauter wurden. Vorsichtig schielen wir nach links und rechts. Wir haben Glück! Es sitzt niemand so dicht an uns dran, dass er uns hätte hören können.

„Was hältst du davon, wenn wir uns ein neues Taxi suchen?", fragt Mischa.

Davon halte ich eine Menge.

„Wollen wir mal bei den Truckern fragen?", schlage ich vor.

„Sag nicht ‚Trucker'. Trucker sind dicke, tätowierte Amerikaner, die zigtausend Kilometer durch die Wüste fahren, John Denver hören und sich abends ein Lagerfeuer anzünden. Deutsche Fernfahrer heißen Hans, Willi oder Klaus, fahren von Lüdenscheid nach Wanne-Eickel und schneiden sich während der Fahrt die Fußnägel."

Nanu! Seit wann hat Mischa ein Herz für amerikanische Trucker? Mit der Einstellung sollten wir vielleicht doch nicht per LKW weitertrampen oder wenigstens vorher fragen, ob der Fahrer weiß, wie man mit bloßen Händen eine Klapperschlange erlegt.

„Nun komm, sonst fahren die noch ohne uns!"

Gut, so groß scheint die Abneigung gegen deutsche Fahrer also doch nicht zu sein. Wir gehen zu den parkenden Lastwagen und klopfen bei einem Führerhaus an die Tür. Es ist eine große, grüne Zugmaschine mit einem ziemlich langen, weißen Anhänger, der seine besten Tage bereits hinter sich hat. Die Zugmaschine ist im Gegensatz dazu sehr sauber und sieht alles in allem recht neu aus. Sicherer als in so einem Gefährt kann man sich nur zu Hause auf dem Sofa fühlen. Die Gestalt, die uns die Tür öffnet, löst dieses Gefühl von Geborgenheit sofort in Luft auf. Das matschige, unrasierte Gesicht eines Mannes, der gerade aus seinem Mittagsschlaf geklopft wurde, schaut uns an.

„Ja?"

„Nichts. Äh, wir wollten nur...", stammele ich.

„Wir machen eine Umfrage unter deutschen Truckern. Wie alt sind Sie?"

Mischa reagiert wieder einmal schneller als ich. Der Mann guckt uns an, dann wischt er sich irgendetwas aus seinem Schnurrbart und schmiert es sich in sein Hemd. Klischees überleben nur, wenn sie hin und wieder bestätigt werden. Dieser Mann ist das perfekte Beispiel.
"Achtundvierzig."
„Achtundvierzig? Oh, dann sind Sie leider noch ein wenig zu jung. Wir beschäftigen uns nur mit der Generation 50 plus. Entschuldigen Sie bitte, dass wir Sie gestört haben."
„Wollt ihr mich verarschen?"
„Nein, ganz bestimmt nicht", versuche ich ihn zu beschwichtigen.
In meiner Stimme schwingt die Angst mit, dass mir dieser Hans, Willi oder Klaus gleich gehörig eins auf die Schnauze gibt.
„Ach, lasst mich doch in Ruhe!"
Die Matschfresse schließt die Tür, ohne mir eine reinzuhauen, und wir sehen zu, dass wir zum nächsten Fahrzeug kommen. Es ist ein blauer LKW, der schon den Motor laufen hat. Mischa läuft um das Fahrzeug herum und klopft an die Fahrertür. Das Fenster wird heruntergekurbelt und zu unserer Überraschung erscheint dahinter ein Frauengesicht.
„Na, was ist los?"
Die Frau ist Mitte vierzig, hat lange, blonde Haare, die ihr in wilden Locken aus dem Kopf wuchern, und ein sympathisches Lächeln.
„Fahren Sie zufällig nach Norden?"
„Zufällig ja. Wollt ihr mit?"
„Das wär toll! Wir sind auf dem Weg nach Hamburg."
„Dann springt mal rein, an Hamburg komm ich vorbei."
Der zweite LKW und schon ein Volltreffer! Hamburg, wir kommen! Wir gehen zur Beifahrertür, die blonde Frau macht uns auf und wir steigen ein. Im Cockpit befinden sich weder ein Namensschild noch irgendwelche Stoffwürfel am Rückspiegel und auch keine Lichterkette, und das Radio spielt auch keine Schlager, sondern gepflegten Rock.
„Wo fahren Sie denn hin?"

„Bevor wir überhaupt irgendwohin fahren: Ich bin Silke."
„Ich bin Mischa."
„Ich bin Mick. Freut mich!"
„Dann wollen wir mal! Anschnallen!"
Das tun wir, und Silke manövriert ihren Vierzigtonner aus seiner Parklücke. Ich weiß nicht, ob es wirklich ein Vierzigtonner ist, aber ich fühle mich so. Alles ist so groß und wir sitzen bestimmt drei Meter über dem Boden. Mindestens! Die Vibrationen des Motors kann ich im ganzen Körper spüren. Brrrrrrumm!
„Ich bin auf dem Weg nach Lettland. Erst nach Dänemark, dann über den Öresund nach Schweden und von Stockholm geht's mit der Fähre rüber nach Riga."
„Und was haben Sie geladen?"
„Blu-Ray-Player und Fernseher."
„Wow, ein ganzer LKW voller Fernseher. Das ist alles zusammen ganz schön viel wert, oder?"
„Keine Ahnung, ich weiß nicht, was das Zeug kostet. Ich fahr's nur durch die Gegend. Aber erzählt doch mal von euch! Was habt ihr denn so vor in Hamburg? Kiez?"
„Eigentlich nicht."
Das hoffe ich zumindest.
„Wir suchen eine Frau für ihn."
Muss das jetzt so rausposaunt werden?
„Für dich?"
„Ja, für mich."
„Und warum in Hamburg? Gibt's bei euch zu Hause keine Frauen?"
„Doch. Ich suche auch nicht irgendeine, sondern eine bestimmte, die nach Hamburg gezogen ist."
„Und sie hat dir ihre neue Adresse nicht gegeben?"
„Eigentlich kennt sie mich gar nicht."
„Aber du kennst sie...?"
„Ja. Ich weiß auch, wie sie heißt."
„Na immerhin! Und jetzt fahrt ihr nach Hamburg und sucht sie?"
„Ja."

„Und dann?"
Ja, und dann? Keine Ahnung. Mutig sein, ansprechen, essen gehen...
„Das werden wir dann sehen."
Wir kommen nicht dazu, Silke die Problematik weiter zu erklären, denn ein Polizeiwagen überholt uns und sagt uns mit seinem blinkenden Dachdingsda, dass wir ihm bitte folgen sollen.
„Scheiße", entfährt es der Frau am Steuer.
Wir folgen der Polizei die nächste Abfahrt hinaus, dann über eine Kreuzung und halten schließlich auf einem großen Parkplatz. Hier ist um Einiges mehr los als auf unserem Rastplatz von vorhin. Warum hat Frau Liebknecht uns nicht hier rausgelassen?
„Guten Tag! Führerschein und Frachtpapiere bitte."
„Moment..."
Silke fängt umständlich an, in ihrem Handschuhfach zu suchen. Da ich in der Mitte sitze, habe ich dadurch ihre Brüste auf meinem Schoß. Das wäre an sich nicht das Problem, wenn ich nicht gleichzeitig meine Hände auf dem Schoß hätte. Ich kann deutlich den Rand ihrer BH-Körbchen fühlen und frage mich, ob Silke merkt, dass ich sie begrabsche. Wenn ich meine Hände jetzt wegziehe, merkt sie es bestimmt, aber wenn sie es bisher nicht bemerkt hat, gibt es ja auch keinen Grund, etwas zu ändern. Also verhalte ich mich ruhig. Silke hat inzwischen gefunden, was sie gesucht hat, und reicht dem Polizisten, der neben ihrem Fenster wartet, die Unterlagen.
„Steigen Sie bitte aus! Wir würden gern einen Blick in ihren Anhänger werfen."
Silke verdreht die Augen, seufzt ein kaum zu hörendes ‚Arschloch' und klettert aus dem Führerhaus.
„Und wer sind Sie?"
„Wir sind niemand. Wir fahren nur bis Hamburg mit."
„Können Sie sich ausweisen?"
„Ja."

Diesmal muss der Beamte nicht lange warten. Mischa und ich zücken sofort unsere Ausweise und reichen sie ihm. Der Polizist sieht sie kurz durch und gibt sie uns dann zurück.
„Alles klar."
Dann geht er nach hinten zu Silke und seinem Kollegen.
„Du, Mikey?"
„Ja?"
„Was ist eigentlich, wenn Silke Zigaretten schmuggelt oder Drogen? Sind wir dann auch am Arsch?"
„Ich glaube nicht. Meinst du, sie hat mehr an Bord als nur Fernseher?"
„Keine Ahnung. Hoffentlich nicht. Wollen wir aussteigen?"
„Und weglaufen?"
„Nein. Nach hinten gehen."
Mit einem etwas mulmigen Gefühl und erhöhtem Puls gehen wir nach hinten. Dort sehen wir nicht nur eine sichtlich genervte Silke und die beiden Polizisten, sondern auch einen Fünferpack Zollbeamte samt Zollhund. Der Hund trägt einen Maulkorb, beschnüffelt alle Ecken und Seiten des Anhängers und springt schließlich auf die Ladefläche. Dort setzt er seine Schnüffelei zwischen den Pappkartons fort. Nach ein paar Sekunden springt er wieder herunter und setzt sich neben eine Zollbeamtin. Brav, nichts gefunden.
„Wir würden auch gerne den vorderen Teil der Ladung sehen."
Silke sagt nichts. Was soll sie auch großartig dazu sagen? Widerstand ist zwecklos. Also bleibt ihr nichts anderes übrig, als den Zollbeamten dabei zuzusehen, wie sie einen Teil der Ladung ausräumen, um in den vorderen Bereich der Ladefläche vordringen zu können. Nach einer halben Stunde erfolgloser Suche sind alle Fernseher wieder verstaut und Silke bekommt ihre Papiere zurück. Die Beamten verabschieden sich mit einem fröhlichen ‚Tschüss, bis zum nächsten Mal!', was keiner von uns Dreien auch nur im Ansatz lustig findet, und wir können unsere Fahrt fortsetzen. Jetzt, da wir wissen, dass Silke weder Drogen noch Leichen durch die Gegend fährt, fühlen wir uns erst recht richtig

wohl in ihrem Truck. Wir hören Musik, erzählen uns schmutzige Witze und hupen, wenn kleine Kinder uns aus ihrem Auto zuwinken. Dann drehen sich die Kinder immer schnell zu Papa und Mama um und zeigen auf uns. Hier kommt Mikey, King of the Road! Als unsere Truckermägen um halb eins anfangen zu knurren, fährt Silke auf einen Rasthof.
„Hier gibt's die beste Currywurst überhaupt."
Da hat sie Recht. Jeder von uns hat kurz darauf einen halben Meter Wurst mit einer Riesenportion Pommes vor sich liegen. Ich fühle mich sofort an meine Studentenzeit erinnert, als ich mir mindestens dreimal die Woche Currywurst mit Pommes geholt habe. Oder Döner. Von meiner Wohnung waren es keine hundert Meter bis zur nächsten Dönerbude und das haben mein Mitbewohner und ich gerne und regelmäßig genutzt. Aber mit dieser Wurst hier an der Autobahn kann Erkan von zu Hause nicht mithalten. Und weil mir Mischa auch noch die Hälfte von ihrer Portion zuschiebt, die ich nicht verkommen lassen mag, fühle ich mich hinterher vollgefressen wie noch nie. Ich war wohl auch noch nie so voll wie in diesem Moment. Wir setzen die Fahrt fort und schon nach dem ersten Kilometer fällt mir ein, was ich außer essen noch in der Raststätte erledigen wollte. Mein voller Magen drückt tierisch auf die Blase. Ich weiß genau, was Mischa sagen wird, wenn ich zwei Minuten nach einer Pause eine Pipi-Pause machen will: nämlich nichts.
„Wie weit ist es denn noch bis Hamburg?"
„Noch ungefähr 80 km. Wieso, musst du mal?"
Wenn sie schon so fragt...
„Ja."
Mischa sagt nichts, zeigt nicht mal ein Grinsen.
„Du kannst dich ruhig über mich lustig machen."
Jetzt grinst sie. Na bitte! Silke fährt auf den nächsten Rastplatz und ich stürze aufs Klo. In der einen Kabine ist alles voller Klopapier und es fehlt die Klobrille, und in der anderen hat jemand voll auf die Brille geschissen. Gut, dass ich nur Klein muss.

In den Urinalen schwimmen zwar Zigarettenkippen, aber ich bringe mein kleines Geschäft tapfer hinter mich und wasche mir die Hände. Leider schießt das Wasser dabei in alle Richtungen aus dem Hahn. Als ich zu den Frauen zurückkehre, prangt ein großer, feuchter Fleck auf meinem T-Shirt.
„Na, kam der Wind von vorne?", begrüßt mich Silke.
„Nee, ist nur Wasser."
„Dann können wir ja weiter."
„Als du auf Klo warst, hab ich Nina 'ne SMS geschrieben, dass wir bald da sind", berichtet Mischa
„Sehr gut."
Den Rest der Strecke bis Hamburg bringen wir ohne weitere Zwischenstopps hinter uns. Nina lässt uns wissen, dass sie uns beim letzten Rastplatz vor dem Elbtunnel abholen kann. Wir sollen nur kurz bei ihr durchklingeln, wenn wir da sind. Das machen wir dann auch, als wir die Hamburger Stadtgrenze passieren.
„Dann mal viel Erfolg bei der Suche und viel Spaß!", wünscht uns Silke zum Abschied.
„Danke. Und dir gute Fahrt!"

Hamburg. Damit liegt der nicht geplante Teil der Reise hinter uns. Alles Weitere hat Mischa organisiert, das behauptet sie wenigstens.
„Guck mal, da ist Nina!"
Mischa steuert zielstrebig auf einen kleinen, schwarzen Ford Fiesta zu. Dann sind wir jetzt also komplett.

Kapitel 7

Wenn ich Besuch erwarte, der über Nacht bleibt, verbringe ich die beiden Tage vorher damit, meine Wohnung für ihn zu putzen. Das Blöde an Gästen, die nicht am selben Abend auch wieder verschwinden, ist ja, dass sie nicht nur das

Wohnzimmer zu Gesicht bekommen, sondern auch die Küche und den Duschkopf im Badezimmer. Ansonsten würde es ja genügen, das Klo und das Waschbecken zu putzen und den Duschvorhang zuzuziehen, sodass Kalkflecken und Schimmel an den Ducharmaturen jedem verborgen bleiben, der es nicht darauf anlegt, sie zu entdecken. Wer es doch tut, hat selber Schuld. Zugezogene Vorhänge haben einen Grund!
In Ninas Wohnung sieht es nicht so aus, als wäre sie die letzten Stunden damit beschäftigt gewesen, Essensreste, benutzte Teller und Gläser sowie Unmengen an Zeitschriften aus ihrem Wohnzimmer zu schaffen. Ganz im Gegenteil: es sieht perfekt aus, und das offensichtlich nicht nur, weil wir da sind. Zwei Sofas, ein Sessel und kein bisschen Staub, keine vertrockneten Zimmerpflanzen, alle DVDs sauber ins Regal geordnet, auf dem Couchtisch eine Schüssel Gummibärchen. Hier könnte man locker vom Fußboden essen. Eines ist jedenfalls sicher: Selbst wenn Nina mir damals auf Mischas Party besonders aufgefallen wäre, zusammen passen würden wir ganz sicher nicht. Ich bin gespannt auf ihr Badezimmer, auf den Duschkopf.
„Ähm, wo ist denn dein Badezimmer?"
Wir hatten es uns zwar gerade erst im Wohnzimmer gemütlich gemacht, aber die Neugier ist einfach zu groß.
„Wie? Du warst doch gerade erst!"
Danke, Mischa! Nina hakt an dieser Stelle zum Glück nicht weiter nach und erklärt mir den Weg zum Klo: wenn ich aus dem Wohnzimmer rausgehe, die zweite Tür rechts. Mischa grinst mich von der Seite an.
„Ich will mir nur mal das Bad anschauen."
„Ist klar."
„Ja. Klar. Ich bin gleich wieder da."
„Ist klar."
Wer weiß, worüber sich die beiden unterhalten, sobald ich den Raum verlassen habe. Andererseits, was sollte Mischa schon erzählen? Sie wird ihr sicher kein Geheimnis erzählen, das sie nicht auch ausplaudern würde, wenn ich

daneben säße. Wozu also Sorgen machen? Auf zur zweiten Tür rechts! Ich lasse es mir jedoch nicht nehmen, einen kurzen Blick hinter die erste Tür rechts zu werfen.
Dahinter verbirgt sich eine kleine Vorratskammer, nichts Besonderes. Schade. Also weiter ins Badezimmer. Links neben der Badezimmertür steht ein kleiner Tisch, darauf eine Vase mit Sonnenblumen. Was ich hinter der Tür zu sehen bekomme, übertrifft meine kühnsten Erwartungen. Das Bad ist nicht gerade groß, aber groß genug für eine Badewanne, und Nina hat es mit Südseepostern tapeziert. Und damit meine ich nicht, dass sie ein paar Poster mit Palmen aufgehängt hat. Die Poster sind Kante an Kante an die Wand geklebt und mit Folie versiegelt. An der Wand gegenüber der Wanne hängt ein Bord voller Topfpflanzen; Farne in allen möglichen Größen und Längen. Als ich den Schlüssel umdrehe, beginnt es hinter mir zu plätschern. Ich drehe mich um und entdecke hinter der Badewanne einen Zimmerbrunnen, aus dem, umringt von – na klar – kleinen Farnen, eine kleine Wasserfontäne sprudelt. Das ist das abgefahrenste Bad, in dem ich bisher zu Gast war. Ich beginne, ‚Aloha He' zu singen, die Südseestimmung hat mich voll erfasst. Nachdem alle Geschäfte erledigt sind, gehe ich zurück zu den Mädels. Kommt man aus so einem Badezimmer, ist es, als ob man mitten im Winter aus einem Reisebüro kommt, in dem man gerade den Sommerurlaub gebucht hat.
„Dein Badezimmer ist toll!"
„Danke. Den Zimmerbrunnen hat mir mein Vater zum Geburtstag geschenkt. Toll, oder?"
Mischas Interesse ist geweckt.
„Brunnen? Ich glaub, ich muss auch mal."
„Du warst doch gerade erst!"
„War ich nicht."
Nein, war sie wirklich nicht. Nina und ich sitzen jetzt auf ihrer Couch. Durch die Wand hört man den Zimmerbrunnen lauter plätschern, als ich angenommen hatte.
„Ist ja ganz schön hellhörig."

„Hmm."
In dem Moment dröhnt ein laut gesungenes ‚Hab die ganze Welt gesehen…' durch die Wand.
Nina kann sich vor Lachen nicht mehr halten, kullert auf dem Sofa rum. Und dann liegt ihr Kopf plötzlich auf meinem Schoß. War das Absicht? Konnte sie sich an mich erinnern, weil sie sich damals in mich verknallt hat. Und jetzt nach all den Jahren sitze ich auf ihrem Sofa und sie liegt nach zehn Minuten halb auf mir drauf. Wann kommt Mischa zurück? Nina ist mir nicht ganz geheuer. Sie sieht eigentlich ziemlich gut aus. Mischa kommt grölend zurück.
„Alle die mit uns auf Kaperfahrt fahren, müssen Männer mit Bärten sein…"
Nina stimmt natürlich mit ein.
„Jan und Hein und Klaas und Mick, die haben Bärte, die haben Bärte!"
Was soll's. Ich steige auch mit ein. Alle die öligen Zwieback lieben...
Nachdem wir mit allen möglichen Veermastern nach Madagaskar geschippert sind, beruhigen wir uns allmählich wieder.
„Ich weiß, was wir heute Abend machen!", meint Mischa.
Nina und Mischa schauen sich an.
„Karaoke!!!" höre ich sie rufen. Alle beide. Also ist Widerstand zwecklos. Zwei gegen einen, ich bin auf verlorenem Posten.
„Da brauchen wir aber vorher noch Alkohol, sonst trau ich mich nicht."
„Ja, wir betrinken uns und dann gehen wir singen. Nina, hast du was da?"
Nina geht die Küche und erscheint kurz darauf mit einer Flasche Wodka, zwei Päckchen O-Saft und drei Gläsern wieder in der Tür. Hurra, wir haben Alkohol! Dann ist mir alles egal, ich kenn hier eh keinen.
Wir geben uns so richtig die Kante. Interessanterweise ist der Wodka schneller leer als der Saft. Jetzt weiß ich, dass beim nächsten Mal jemand anderes als Nina die Cocktails

mischen sollte. Ich glaube, sie will mich abfüllen. Der Wodka ist also geleert und wir machen uns auf den Weg in die Stadt, auf den Kiez. Auf der Reeperbahn angekommen nehmen mich Mischa und Nina in die Mitte.
„Damit du nicht angelabert wirst."
„Wer soll mich denn hier dumm anlabern? Seh ich so gefährlich aus?"
Mir ist ja bewusst, dass Hamburg etwas größer und gefährlicher ist als Bielefeld, aber ich brauch ja nun deshalb keine Bodyguards. Schon gar nicht zwei, die voll mit Wodka-O über den Kiez schwanken.
„Ich komm schon klar."
„Wie du meinst..."
Die Reeperbahn ist klasse! Überall Table-Dance-Schuppen, Sex-Shops und Läden, bei denen man nicht genau weiß, was drin ist. Nur Prostituierte sehe ich keine. Aber wahrscheinlich stehen die nicht hier an der Hauptstraße, sondern irgendwo in der Nebengasse. Wer würde denn auch schon mitten auf dem Bürgersteig eine Prostituierte ansprechen?
„Wir gehen mal kurz hier rein. Wartest du draußen oder kommst du mit?"
Sie gehen in ein Dessousgeschäft. Ich komme mit. Die Ausstattung des Geschäfts ist deutlich umfangreicher, als ich erwartet hatte. Von der Hälfte der auslegenden Dinge kenne ich nicht einmal den Namen, geschweige denn ihren Zweck. Die andere Hälfte besteht aus Dessous, Vibratoren, Lederpeitschen, Masken, Gummipuppen und Gleitgel. Mischa nimmt etwas aus einem Regal, eine Mischung aus Vibrator und Gürtel.
„Für Lesben?", frage ich.
„Oder für Experimentierfreudige", mischt sich die Verkäuferin ein. Sie ist Mitte 40, schlecht blondiert und ihre Oberweite schwappt oben aus ihrer Korsage. Während ich im Kopf alle mir bekannten Arten von Experimentierfreudigkeit durchgehe, klatscht Mischa mir mit dem Gummi-Gürtel-Pimmel auf den Hintern.

„Rollenspiele, mein Schatz! Du bist das Pferd und ich der Reiter!"
Nina hat ein Exemplar ohne Gürtel entdeckt, das ungefähr so lang ist wie mein Unterarm und doppelt so dick.
„Wo soll der denn rein? In eine Kuh?"
„Das ist unser Maxi-Michel", erklärt die Korsagenfrau.
Meine Mädels prusten los.
„Sagen Sie das nochmal!"
Es gibt so viele Namen. Maxi-Sam, Maxi-Steve, Maxi-Robert, irgendwas, nur bitte nicht Michel!
„Kann ich den mal anprobieren?" gluckst Mischa mit Tränen in den Augen und deutet dabei auf das Gürteldings. Und schwupp, schlüpft sie hinein und dreht sich zu mir.
„Los! Bück dich, Maxi-Michel!"
„Mischa!"
Der Wodka zeigt seine gnadenlose Wirkung. Nina und das Wesen, das im Körper meiner besten Freundin steckt, grölen durch den ganzen Laden, zeigen auf mich und kriegen vor Lachen kaum noch Luft. Als sie sich gerade eine neue Möglichkeit überlegen, mich vorzuführen, schlüpfe ich durch die Tür und stehe nun wieder auf der Straße.
„Hast du mal Feuer?"
Die Stimme, die mich das fragt, gehört zu einer jungen Frau, die mich sanft am Arm fasst. Sie ist ein paar Jahre jünger als ich, relativ klein, hat tolle blaue Augen und trägt ein grünes T-Shirt mit tiefem Ausschnitt. Würde ich sie nach Feuer fragen, würde sie mich wahrscheinlich gar nicht beachten. Aber nun fragt sie mich, und ich habe kein Feuer.
„Nein, tut mir leid."
„Bist du ganz alleine hier?"
Langsam dämmert mir, wohin das hier führen soll.
„Nein danke, kein Interesse."
„Was denn, wir unterhalten uns doch bloß. Oder hast du Angst vor mir?"
Sie spricht fließend deutsch, kein Akzent, weder polnisch noch hamburgerisch.
„Nee, Angst nicht, aber kein Interesse."

„Wo kommst du denn her?"
„Bielefeld."
„Hey, da komm ich auch her! Bist du das erste Mal in Hamburg?"
„Ja."
„Und ganz allein?"
„Ja. Nein. Ich hab doch schon gesagt, kein Interesse."
„Und warum nicht? Hast du 'ne Freundin?"
„Nein. Ja, doch, hab ich. Wie oft denn noch: Ich will nicht."
Ich weiß, es ist nun mal ihr Job, mich so lange zu bereden, bis ich ja sage.
„Das kostet dich nicht so viel, wie du vielleicht denkst."
„Das ist mir egal."
„Weißt du, was ich für sechzig Euro mit dir machen werde?"
Sie schlingt ihren Arm um meinen Hals und haucht mir Schweinereien ins Ohr. Es klingt, als hätte sie das Drehbuch eines Low-Budget-Pornos auswendig gelernt. Aber es turnt mich an. Hilfe! Mischa!
„Und, wie wär's?"
Bevor ich mit letzter Kraft und Standhaftigkeit ein Nein herauspressen kann, fühle ich auf der anderen Schulter einen anderen Arm. Und der ist deutlich kräftiger.
„Der gehört zu mir", höre ich eine tiefe Stimme vom anderen Ende des Arms.
„Warum sagst du das denn nicht gleich?", fragt sie, die sich wieder von meinem Ohr entfernt und eine halbwegs normale Gesprächsentfernung eingenommen hat. Damit wendet sie sich endgültig von mir ab und begibt sich auf die Jagd nach einem neuen Opfer.
„Und wer sind Sie jetzt?"
„Ich bin der Ole."
Der Ole soll bitte seinen Arm von mir nehmen. Tut er aber nicht. Stattdessen schwenkt er mit der anderen Hand einen dieser Gürtelpimmel und grinst mich an.
„Und was machen wir jetzt mit dem angefangenen Abend?"
„Nichts! Gar nichts!!!"

Es gelingt mir, mich aus der Umarmung zu lösen, und ich springe zurück in den Laden.
Nina und Mischa stehen immer noch bei den Vibratoren, neben ihr die Korsagenfrau und noch ein paar weitere Kunden. Der Ole ist mir in den Laden gefolgt.
„Wo willst du denn hin?"
Alle im Laden fangen jetzt an zu lachen. Alle außer mir. Mischa kommt zu mir und nimmt mich in den Arm.
„Wir dachten, wir schicken dir Ole mal raus, damit sie dich nicht auffrisst."
„Aber? Wieso kennst du...?"
„Ole ist mein Mann", erklärt die Korsagenfrau.
Na toll. Man schickt mir einen Mann zur Hilfe, der sich als schwul ausgibt, damit eine Prostituierte denkt, ich sei ebenso schwul, damit sie mich in Ruhe lässt, weil ich das ohne fremde Hilfe nicht fertigbringe. Mischa sagt nichts. Mischa grinst. Nina auch. Dann gehen wir. Ich in der Mitte.
Ein paar hundert Meter weiter erreichen wir eine Kneipe mit großer ‚Karaoke Tonight'-Werbung. Nix wie rein! Wir bezahlen den Eintritt und suchen uns einen freien Tisch. Das ist jedoch leichter gesagt als getan. Ganze Tische sind nicht mehr frei, uns bleiben zwei Alternativen: Links zwölf bis vierzehn fröhlich schunkelnde Schnauzbärte und Dauerwellen, in einem Fall sogar beides, rechts eine Gruppe Frauen, alle ungefähr in unserem Alter und bartlos. Die Wahl fällt nicht schwer. Ich bin betrunken, wurde gerade in einem Sex-Shop vorgeführt und stehe jetzt mitten unter Frauen in einem Karaokeschuppen auf dem Hamburger Kiez. Das Licht ist schummrig, die Einrichtung rustikal, die Leute sind gut drauf. Auf der kleinen Bühne auf der gegenüberliegenden Seite des Clubs stehen ein Mann und eine Frau in blauen Fußballtrikots und singen ‚Don't go breaking my heart'. Sie singen schief. Sie trällert viel zu piepsig, er singt viel zu brummelig. Aber man sieht ihnen an, dass es ihnen egal ist und sie Spaß daran haben. Sie stehen da, piepsbrummen den Text in die Mikros und schauen sich verliebt in die Augen. Wahre Liebe, großes Gefühl, don't go brea-

king my heart! Noch ein paar letzte Töne, dann klingt das Lied langsam aus. Die Solisten gehen zurück zu ihrem Tisch. Hinten auf den Trikots steht bei ihr ‚Mannis Maus' und bei ihm ‚Bärbels Bärchen'. So muss es sein. Als nächstes springt ein schlaksiger junger Mann auf die Bühne, stolpert fast über ein Kabel und krallt sich den Mikrofonständer. ‚Moin, ich bin Peter', lallt er hinein. Du hast es drauf, Baby! Die Musik beginnt: Joe Cocker, Summer in the City. Da hat er sich was vorgenommen, der Peter. Er schafft die ersten paar Zeilen und ein ‚Uaaaaaooh!!!', dann beginnen alle, wirklich alle, sogar die Barfrau, ihn auszupfeifen. Die Musik wird abgebrochen und Peter springt fröhlich von der Bühne. Dafür kriegt er Applaus.
„Und was singen wir?"
Nina schaut uns mit ihren großen, blauen Augen erwartungsvoll an. Ich will aber nicht singen!
„WIR singen gar nicht, ich mach mich doch hier nicht zum Horst!"
„Ach komm schon, Mikey!"
Zwei große, blaue und zwei Bambi-Augen schauen mich erwartungsvoll an. Zwei gegen einen, schon wieder.
„Ich weiß! Wir singen was von Mr. President, wisst ihr noch? Das waren auch zwei Frauen und ein Mann!", schlägt unsere Hamburgerin vor. Super Idee, so out wie sonst nur irgendwas! Listen Jo-Jo-Action, gimme satisfaction, Caaandy-apple-tree... Nein.
„Och nääh..."
Mischa ist meiner Meinung. Zwei gegen einen, diesmal nicht!
„Ich hab 'ne Idee!"
Nina grinst, dreht sich um und verschwindet in Richtung Bar. Wir sind gespannt. Während bei uns die Spannung, Vorfreude, Panik, was auch immer steigt, haben die nächsten Gladiatoren die Arena betreten. Mischa und ich hören eine Weile zu. Die beiden Mädchen auf der Bühne singen gar nicht mal so schlecht, eigentlich sogar richtig gut. Auf alle Fälle besser als ich. Nina kehrt zurück.

„So! Wir sind angemeldet."
„Womit?"
„Das wirst du sehen."
Nina flüstert Mischa etwas ins Ohr.
„Es wird dir gefallen", meint Mischa. Offenbar hat sie erkannt, dass ein wenig Beruhigung jetzt eher angebracht ist als weitere Geheimnistuerei. Die nächste, musikalisch äußerst abwechslungsreiche halbe Stunde bringt uns unter anderem Elvis zurück, allerdings in der Gestalt und mit der Figur von Günni aus Duisburg. Dann kommt eine der Bedienungen zu uns und lässt das Unheil seinen Lauf nehmen.
„Ihr seid die nächsten."
Jetzt geht es also los. Caaandy-apple-tree... Mischa greift sich das Mikro.
„Hallo! Ich bin Mischa, das ist Nina und dieser bezaubernde, junge Mann hier ist der Horst."
Verhaltener Applaus. Unser Song setzt ein: ,You're the one that I want' aus Grease. Es hätte schlimmer kommen können. Außerdem stehen ja alle, die mich hier kennen, neben mir auf der Bühne. I got chiiills, they're multiplyin'... Wir huu-huu-huuen uns durch das Lied, die Stimmung ist beinahe am Siedepunkt. Maus und Bärchen, Peter, Elvis und der Bärtetisch klatschen mit – alle genau gegen den Takt, aber immerhin alle gemeinsam. Die Frauen von unserem Tisch sind da schon lebhafter, klatschen im richtigen Rhythmus, singen und tanzen mit. Am Ende großer Applaus. Mischa, Nina, Horst: Twelve points, ihr seid im Recall! An unserem Tisch erwarten uns bewundernde Blicke von angetrunkenen Frauen.
„Ey, machst du das öfter?", fragt mich eine von ihnen.
„Ja, schon ab und zu."
Lügner ich! Sie ist ein bisschen größer als ich und hat ungefähr so große Brüste wie Nina und Mischa zusammen. Nicht dass das wichtig wäre. Ich habe ja zwei Aufpasser dabei und befinde mich außerdem auf Julia-Mission.
„Ja, aber er braucht davor immer was zu trinken, sonst traut er sich nicht."

Warum funkt mir Nina so dazwischen? Ist sie eifersüchtig?
„Willst du mal bei mir probieren?"
Sie schiebt mir ihren Cocktail entgegen. Ich angele mit dem Mund nach dem Strohhalm und nehme einen kleinen Schluck. Fruchtig, lecker, hochprozentig.
„Ich bin Jenny."
„Mick."
„Ich bin Mischa."
„Nina."
Dann lernen wir die anderen Frauen an unserem Tisch kennen: Barbara, Jessi, Caro, Marta und den letzten Namen verstehe ich nicht, weil mir ein lautes ‚Summer of 69' ins Ohr dröhnt.
„Wie heißt die ganz links?", frage ich Mischa.
„Hab ich nicht verstanden, irgendwas Polnisches oder so."
Caro steht auf und geht zum Tresen. Kurze Zeit später kommt sie mit einem Tablett Kurze zurück.
„Mit schönem Gruß vom Nachbartisch."
Einer der Schnauzbärte schaut zu uns hinüber und winkt. Es ist eigentlich kein Schauen, sondern mehr ein Dauerzwinkern.
„Wen von euch meint er denn?", frage ich in die Runde.
„Ist doch egal! Prost!"
Wir kippen die Kurzen hinunter und bedanken uns per Zurückzwinkern beim Schnauzbart. Als ‚Summer of 69' zu Ende ist, steht unser Big Spender auf und geht zur Bühne.
„Moin, ich bin Tony und der nächste Song ist für die schöne Frau am Tisch hinten in der Ecke."
Acht plötzlich etwas verstört wirkende Frauenaugenpaare schauen sich und mich nervös an. Ich schaue fröhlich entspannt zurück. Daran, dass unser Tisch gemeint war, besteht kein Zweifel. Die Chance, die Auserwählte zu sein, steht eins zu sieben. Aus den Boxen tönt ‚Livin' la vida loca' und während sich Toni durch die erste Strophe kämpft, lässt er unseren Tisch nicht aus den Augen. Der Tiger fixiert seine Beute, gleich greift er an!

Und tatsächlich: Zu Beginn der zweiten Strophe steigt der Tony-Tiger von der Bühne und schleicht sich an unseren Tisch heran. Heißt der Tiger auf der Frosties-Packung nicht auch Tony?
„Sag mal Mischa, wie heißt nochmal der Tiger auf der Frosties-Packung?"
„Tony, wieso?"
Ich wusste es. Entdecke den Tiger in dir!
„Nur so."
Tony ist derweil bei uns angekommen, bleibt vor Jenny stehen und schaut ihr in die Augen. Damit wäre die Frage nach der Auserwählten beantwortet. Plötzlich greift sich seine Beute meine Hand, schaut den Tony-Tiger an und zuckt mit den Schultern. Ihr Blick sagt ‚Tut mir leid und danke für den Drink.' Tony lässt sich die Enttäuschung über den Korb nicht anmerken und wendet sich Mischa zu.
„Nein, tut mir leid! Ich gehör wirklich zu ihm!"
Da sitze ich nun, habe an jeder Hand eine Frau und mir gegenüber einen verwirrten Tiger. Der trottet jetzt zurück zur Bühne, hat die Jagd abgebrochen. Ich sonne mich ein bisschen in der Rolle des Alpha-Männchens. Mischa hat meine Hand wieder losgelassen. Jenny lässt sich damit noch ein bisschen Zeit und haucht mir ein ‚Danke' entgegen. Ich hauche ein ‚Gern geschehen' zurück. Ich bin jung, Single und der einzige Mann an einem Tisch voller Frauen: Ich darf das. Nina schaut mich ernst an. Eine Stimme in mir sagt, dass ich Jennys Hand besser loslassen sollte. Ich gehorche ihr und lasse los.
„Wir sind die nächsten!", rufen die Mädels. Caro, Barbara und Irgendwas-Polnisches-Oder-So springen auf und rennen zur Bühne. Jenny bleibt sitzen. Neben mir. Vielleicht sollte ich mir ein Bier bestellen. Mut tut gut. Oder ist Bier zu ordinär? Vielleicht einen Cocktail? Genau, irgendwas mit Schirmchen. Oder doch besser ohne? Schließlich bin ich heute Nacht ein Mann. Ein männlicher Mann. Ohne Schirmchen. Mischa steht auf.
„Ich hol uns mal was zu trinken."

Damit wäre mein Problem gelöst, Mischa ist ein Schatz! Die drei auf der Bühne sind in diesem Moment bereits voll in Action und singen dieses Kitschy-Kitschy-Ya-Ya-Ding aus Moulin Rouge. Voulez-vouz couchez avec moi?

Jenny tanzt mit. Obwohl: Tanzen trifft es nicht ganz. Sie zelebriert eine Art Fruchtbarkeitsritual. Alles, was ich noch sehe, sind kreisende Becken, pulsierende Hüften und wogende Brüste. Mischa kommt zurück und stellt drei Cocktailgläser auf den Tisch. Zwei Caipirinha und ein großes Glas mit Melonenscheibe, Plastik-Glitzer-Puschel und Schirmchen.

Es versteht sich wohl von selbst, welcher der drei für mich gedacht ist. Für Jenny und die anderen hat sie nichts. Ich nehme einen großen Zug und schmecke außer jeder Menge Orangensaft nicht viel.

„Hey, da ist ja gar kein Alkohol drin!"

„Ist ja wohl auch besser so, oder?", bekomme ich zur Antwort.

„Ist das deine Schwester?", fragt mich Jenny.

„Nein, ist sie nicht", faucht Mischa.

Mischa funkelt Jenny auf eine Weise böse an, die mich sofort zur Kapitulation gebracht hätte. Leider kennt Jenny Mischa gerade erst ein paar Minuten. Ich beschließe, die Arena zu verlassen und gehe in Richtung Bar. Dort angekommen lasse ich mir etwas Wodka in meinen Kinder-Cocktail schütten. Doch vor dem nächsten Schluck meldet sich meine Blase und verlangt nach Leerung. Warum auch nicht, etwas Besseres habe ich im Moment eh nicht vor. Als ich die WC-Tür hinter mir zuschließe, merke ich, dass ich meinen Cocktail an der Bar vergessen habe. Und das sollte man nie machen! Diese Lektion habe ich gelernt, als auf der Klassenfahrt in der neunten Klasse meine Flasche Cola einfach nicht leer werden wollte. Und als ich herausbekommen hatte, dass Mischa und ein paar andere Freunde sie immer wieder mit Wodka gestreckt haben, war es schon zu spät. Da lag ich schon auf der Rückbank im Bus und sang Weihnachtslieder. Und die anderen haben lauthals mitgesungen.

Wer weiß, was man mir in Hamburg alles ins Glas mischen würde. Ich gehe schnell zurück zur Theke und hole mein Glas, sicher ist sicher. Als ich zurück an den Tisch komme, treffe ich nur noch auf Mischa und Nina.
„Wo sind die Frauen?"
„Hier."
„Nein, die anderen..."
„Die mit den dicken Titten?"
„Genau."
Fehler. Mischa gegenüber kann ich vielleicht gerade noch solche Sätze bringen, aber Ninas ohnehin schon finstere Miene verdunkelt sich noch ein wenig mehr.
„Will ich wissen, was ihr denen gesagt habt?"
Jetzt hellt sich Ninas Miene wieder ein wenig auf. Es zeigt sich stattdessen eine Spur von Stolz.
„Nein, das willst du nicht."
Die beiden grinsen mich an.
„Wollen wir noch was singen, Horsti?", fragt Mischa.
„Wer könnte denn da nein sagen?"
„Ich hab uns auch schon angemeldet", meint Nina.
Wie sich herausstellt, war Nina wohl nicht die Einzige. Wir lassen einige Schlager und Whitney Houstons über uns ergehen und mit jedem nicht getroffenen Ton auf der Bühne steigt die Stimmung an unserem Tisch. Dann sind wir an der Reihe. ‚Rock DJ' von Robbie Williams. Coole Idee. Nina und Mischa rennen jauchzend zur Bühne. Ich versuche, so gut es der Wodka in mir eben zulässt, hinterherzukommen. Wir machen richtig Stimmung, alle klatschen wieder mit. Und weil diesmal wir mit dem Klatschen angefangen haben, klatschen sogar die meisten im richtigen Takt. Mannis Maus ist völlig aus dem Häuschen. Manni wiederum sieht man deutlich an, dass er seine Maus am Liebsten hier an Ort und Stelle flachlegen würde.
Und dann passiert das Unerwartete, Unglaubliche, Unfassbare: hinten am Tresen sehe ich SIE stehen: Meine Traumfrau, der Grund meiner Reise, Julia. Sie steht mit dem Rücken zu mir, das Gesicht kann ich nicht erkennen, aber

die Größe, die Haare, alles passt genau. Und die Handtasche erkenne ich auch wieder. Die hat sie mal im Fruchtgummiladen getragen.

„Julia!", brülle ich ins Mikrofon und springe von der Bühne. Ich merke, wie mir vor Aufregung ganz schwindelig wird, und kann kaum noch geradeaus gehen. Ich hätte nie gedacht, dass ich sie so schnell finden würde!!! Plötzlich wird mir schwarz vor Augen. Ich versuche, mich an einem Barhocker festzuhalten und sinke an ihm zu Boden, drei Meter vor dem Ziel. Dann wird es in meinem Kopf ganz dunkel und still.

Kapitel 8

„Wo bin ich?"
Ich habe wirklich nicht die geringste Ahnung, wo ich bin. Was ist eigentlich passiert? Langsam öffne ich meine Augen. Ich liege in einem Bett in einem weißen Raum. Neben dem Bett sitzt Mischa auf einem Stuhl und schaut mich an.
„Mikey."
Mehr sagt sie nicht.
„Was ist passiert?", frage ich.
„Du liegst im Krankenhaus, bist letzte Nacht einfach umgekippt. Die mussten dir den Magen auspumpen."
„Wie, umgekippt?"
„Auf der Karaoke-Party. Du bist plötzlich von der Bühne gesprungen und dann zusammengesackt."
Es klopft. Ein Arzt betritt das Zimmer und wendet sich an Mischa.
„Würden Sie kurz draußen warten?"
„Nein, sie soll bleiben."
Ich will jetzt nicht alleine mit einem Arzt sein, wenn ich mich an absolut nicht erinnern kann."
„Und sie?"

Der Arzt deutet auf Nina, die auf einem Stuhl auf der anderen Seite des Bettes sitzt. Sie hatte ich noch gar nicht bemerkt.
„Nina."
„Ich werd mal rausgehen. Ich gehör ja nicht zur Familie", sagt sie, lächelt und geht aus dem Zimmer.
„Ich bin Dr. Schneider, wie geht es Ihnen?"
„Eigentlich ganz gut. Mein Mund ist trocken. Haben Sie mir den Magen ausgepumpt?"
„Nein, das war der Kollege, der heute Nachtdienst hatte. Sie haben Glück gehabt, dass Sie so schnell bei uns waren. Sie hatten eine akute Intoxikation, eine Vergiftung. Haben Sie gestern viel getrunken?"
„Ich weiß nicht..."
„Schon Einiges, aber so viel war es auch wieder nicht", meldet sich Mischa zu Wort.
„Haben Sie noch andere Substanzen eingenommen?"
„Ich nehme keine Drogen, falls Sie das meinen."
„Sind Sie sicher?"
„Ja, bin ich."
„Herr Baumann, wir haben in Ihrem Blut Rückstände von Betäubungsmitteln festgestellt. Kann es sein, dass Sie ohne Ihr Wissen etwas davon zu sich genommen haben?"
„Nein."
„Haben Sie vielleicht ein Glas offen stehen lassen, sodass Ihnen da jemand etwas reinkippen konnte?"
„Nein, ich hab das doch extra mitgenommen. Oder doch. Aber nur ganz kurz."
„Das wird's wohl gewesen sein."
„Und wie gefährlich war das?"
„Sie liegen im Krankenhaus. Ist Ihnen das gefährlich genug?"
„Ich denke schon."
„Gut. Passen Sie nächstes Mal besser auf!"
„Ja. Danke."
„Danken Sie Ihrer Freundin! Die hat den Notarzt gerufen."

Dr. Schneider gibt mir und Mischa die Hand und verabschiedet sich.
Als er aus dem Zimmer gegangen ist, schauen Mischa und ich uns stumm an.
„Wow."
Etwas Besseres will mir nicht einfallen. Mischa fließt eine Träne über die Wange.
„Mikey, ich hatte echt Angst um dich."
Aus dem anderen Auge bahnt sich eine zweite Träne ihren Weg. Diesen Ausdruck in ihren Augen kenne ich noch nicht. Ich kenne Tränen und ich weiß, wie sie mich ansieht, wenn sie traurig ist. Aber diesen Ausdruck habe ich noch nie gesehen. Sie hat wirklich Angst um mich gehabt. Meine Mischa...
Die Tür geht auf, Nina kommt herein. In der Hand hält sie drei Schokoriegel und eine Packung Taschentücher.
„Hier, für unseren Wasserfall."
„Sehr witzig. Danke."
Mischa schnäuzt sich und dann machen wir uns über die Schokolade her. Ich versuche, mich an gestern Abend zu erinnern. Ich erinnere mich an Ninas Wohnung, die Fahrt durch die Stadt, den Sexshop und die Leute in der Bar. Und ich sehe Jenny tanzen, das ist das Letzte, woran ich mich erinnern kann. Es hätte Schlimmeres sein können.
„Woran kannst du dich denn noch erinnern?", fragt mich Nina. ‚Jenny' wäre als Antwort jetzt wohl eher nicht angebracht. Sag was!
„Schirmchen."
„Hä?"
„Da war ein Schirmchen."
Nina lässt unauffällig ihren Zeigefinger vor der Stirn kreisen. Aber nicht so unauffällig, dass es mir entgehen würde. Sehr freundlich. Aber wenn sie meinen, dass ich noch nicht ganz wieder da bin, sollen sie das auch kriegen. Sie haben's ja so gewollt.

„Und Schildkröten", presse ich heraus und lasse ein irres Lachen folgen. Huhahaha! Nina guckt mich mit zusammengekniffenen Augenbrauen an.
„Alles okay mit dir?"
„Klar. Hast du die Schildkröten auch gesehen?"
Nina fällt voll drauf rein. Wie gut!
„Nein. Mick, da waren keine Schildkröten. Wir waren in einer Bar und du hast zu viel getrunken."
„Stimmt. Ich hab Durst. Jetzt. Gleich. Durst. Huhaha!"
„Soll ich dir was zu trinken holen? Auf dem Gang gibt's Wasserflaschen."
„Ja. Wasser wär gut."
„Okay..."
Nina steht auf und geht Wasser holen. Mischa schaut mich strafend an.
„Schildkröten, ja?"
„Hmmm."
„Was soll denn das? Bist du nicht mehr ganz dicht?"
„Nina hat mir die Geschichte abgekauft."
„Na klar. Würde ich dein blödes Grinsen nicht durchschauen, hätte ich dir das auch geglaubt. Wer weiß denn schon, was du alles im Drogenrausch gesehen hast. Also lass den Quatsch!"
„Och manno..."
„Sonst hau ich dich."
„Dann hau ich zurück und außerdem bin ich krank."
„Du bist gar nichts, nur jemand, der so blöd ist, sein Glas offen stehen zu lassen."
Nina kommt wieder herein und hat zwei Flaschen dabei.
„Mit oder ohne Kohlensäure?"
„Mit. Ich danke dir."
„Er hat sich wieder beruhigt", meint Mischa. „Keine Huhahas mehr."
„Das ist gut."
Ja, das ist es wohl. Aber es hat Spaß gemacht. Was machen wir als Nächstes?

Nina hat einen Vorschlag:
„Wollen wir nicht mal schauen, ob wir hier irgendwo ein paar Spiele auftrieben können?"
Das ist doch mal ein Vorschlag. Im Krankenhaus gibt es doch immer Aufenthaltsräume mit Spielen, die rausgekramt werden, wenn die Besucherkinder anfangen zu quengeln. Nina und Mischa machen sich auf die Suche. Ich bleibe in meinem Krankenhausbett liegen und gehe in Gedanken noch einmal alles von vorne durch. Wir sind in Hamburg, weil wir Julia suchen... Julia! Plötzlich fällt es mir wieder ein. Sie war da! Ich hab sie gesehen. Das muss ich Mischa und Nina erzählen. Die kommen auch gerade zurück.
„Wir haben keine gefunden. Saftladen."
„Julia!"
„Ja. Julia. Du Mick, ich Mischa, sie Nina."
„Nein, nein, nein. Ich hab sie gesehen?"
„Wo? Hier?"
„Nein, gestern Abend?"
„Hier?"
„In der Karaoke-Bar. Deshalb bin ich von der Bühne gesprungen. Sie war da!"
„Nein, war sie nicht."
„Wieso nicht?"
„Mikey. Du hast laut ins Mikro gebrüllt – was auch immer du gebrüllt hast – und bist auf eine Frau zu gerannt. WÄRE sie es gewesen, meinst du nicht, sie hätte uns gefragt, was wir hier in Hamburg machen und warum du blassgrün und so gut wie tot vor ihr auf dem Boden liegst?"
„Vielleicht war sie zu überrascht?"
„Hat sie dich denn gesehen?"
„Ja, ich glaube... Ich glaube, nein."
„Aha. Bist du dir SICHER, dass sie es war."
„Ziemlich. Aber sicher bin ich mir nicht."
Nina schiebt schon wieder ihre Augenbrauen zusammen. Ich mag diesen Blick. Dann entspannen sich Ninas Augenbrauen plötzlich wieder.
„Ich habe eine Idee", verkündet sie.

„Und die wäre?"
„Sag ich nicht. Lasst euch überraschen!"
Sagt's, steht auf und verlässt mit einem immer breiter werdenden Grinsen mein Krankenzimmer.
„Was sie wohl aasheckt?", frage ich Mischa, obwohl sie offensichtlich wie ich keinen blassen Schimmer davon hat, was da wohl auf uns zukommt.
„Wie geht's denn jetzt weiter?"
Mischa strahlt mich an. Auf die Frage hat sie gewartet.
„Aaalso... Wir fahren nachher, falls sie dich heute schon rauslassen, zu Nina und machen uns über das Telefonbuch her."
„Das ist der Plan?"
„Das ist der Plan. Und morgen früh rufen wir alle Rechtsanwaltsbüros an und fragen nach, ob eine Julia Schmidt neu bei ihnen angefangen hat."
„Moment, Moment, nicht so schnell. Heute Abend rufen wir wo an?"
„Bei allen Hamburger Schmidts", verkündet Mischa vergnügt.
„Bei allen? Das müssen Hunderte sein."
„Nina hat 'ne Flatrate. Das ist also vollkommen egal."
„Wir ziehen das wirklich durch?"
„Wir sind doch schon mittendrin. Wir sind in Hamburg!"
„Ja, im Krankenhaus."
„Aber nicht mehr lange."
Aus Mischas Tasche erklingt plötzlich Tom Jones.
„Shit, mein Handy!"
Mischa springt auf und kramt ihr Handy aus ihrer Tasche.
„Hallo? Hi! Ja, wir sind noch hier. Nee, wissen wir nicht. Was? Hahaa, wie cool!!! Nee, verrat ich ihm nicht. Haha. Das ist ne verdammt geile Idee! Bis nachher!"
„Na, was gibt's Neues?"
„Sag ich nicht."
„Sag!"
„Nö."
„Sag! Sag! Saaag!"

„Nö! Nö Nööö!"
Leider haben wir während unserer Zankerei nicht bemerkt, dass Dr. Schneider seinen Kopf zur Tür hereingesteckt hat.
„Na, alles in Ordnung bei Ihnen?"
„Ja, alles bestens."
„Ich wollte Ihnen nur kurz sagen, dass Sie in zwei, drei Stunden nach Hause können. Wir warten noch auf ihre Blutwerte, ich komm dann nachher vorbei."
Als der Arztkopf wieder verschwunden ist, legt Mischa ihr Kinn auf meine Brust.
„Siehst du: Es geht weiter. Julia, wir kommen!"
Genau. Es geht weiter. Hunderte von Hamburger Schmidts, wir kommen! Mischa und ich vertreiben uns die Zeit mit allen möglichen Kinderspielen, die uns einfallen und die ohne Papier spielbar sind. ‚Ich sehe was, was du nicht siehst', ‚Ich packe meinen Koffer' und wie sie noch alle heißen. Irgendwann sind zwei, drei Stunden um, und Dr. Schneider kommt wieder zu uns.
„So. Die Blutwerte sind immer noch nicht so, wie sie sein sollten, aber ich denke, Sie können nach Hause. Und wie gesagt: Nächstes Mal besser aufpassen!"
„Ja, ich weiß. Vielen Dank!"
Wieder Händeschütteln, dann können wir gehen. Mischa ruft Nina an, damit sie uns abholen kommt, doch Nina ist noch unterwegs, also leisten wir uns ein Taxi. Dieses Mal werde ich mich auch nicht vom Taxifahrer übers Ohr hauen lassen! Ein Taxi ist schnell gefunden und fährt uns zu Ninas Wohnung. Nina hatte Mischa extra noch ihren Zweitschlüssel gegeben, bevor sie aus dem Zimmer huschte. Als wir eine große Hauptstraße entlangfahren, zieht Mischa mich zu sich rüber, zeigt aus dem Fenster und drückt meine Nase fast gegen die Scheibe.
„Halten Sie sofort an!"
Ich brauche einen Moment, um zu verarbeiten, was ich gerade sehe. Ungläubig starren Mischa und ich auf das Haus, das sich direkt vor uns sechs oder sieben Stockwerke hoch in die Höhe streckt.

Nina ist wirklich unglaublich. Auf Höhe der beiden obersten Stockwerke ist ein riesiges Plakat mit Bändern an den Fenstern befestigt. Nina muss mehrere Bettlaken oder Tischtücher miteinander verbunden haben, um auf eine solche Fläche zu kommen. Auf dem Plakat steht mit großen, schwarzen Buchstaben geschrieben: ‚Julia! Bin dir gestern in Luke's Pub vor die Füße gefallen. Will dich wiedersehen! Mick. Mail an mick-sucht-julia@web.de.'
Ich bin sprachlos. Mischa auch. Die Jugendlichen, die neben uns stehen und mit ihren Smartphones Fotos vom Plakat machen, sind es nicht. Wir hören Kommentare wie ‚Krass', ‚LOL' und ‚Ey, lass ma weiter gehen'.
Mischa und mir fehlen immer noch die Worte. Der Taxifahrer fragt uns, ob wir weiterfahren wollen. Wir steigen ein und fahren weiter zu Ninas Wohnung. Dort erwartet uns die Hausherrin bereits.
„Du bist ja geil!", platzt es aus Mischa heraus. Ich bin immer noch sprachlos. Nina strahlt über das ganze Gesicht.
„Ihr habt also eins gesehen!?"
„Eins? Wie viele hast du denn aufgehängt?"
„Fünf. Aber nicht ich allein. Kommt mal mit!"
Nina führt uns ins Wohnzimmer. Dort erwartet uns ein ganzes Empfangskomitee. Sechs junge Männer sitzen auf den Sofas und klatschen johlend Applaus, als ich das Zimmer betrete. Auf dem Couchtisch steht eine Kiste Bier.
„Du bist also der Patient, für den wir alle unsere Schränke ausgemistet haben!", begrüßt mich einer von ihnen und klopft mir auf die Schulter. Die anderen lachen. Die Bierkiste ist bereits zu dreiviertel leer. Entsprechend voll sind anscheinend die Männer. Aber das haben sie sich auch verdient, wenn sie wirklich fünf solche großen Plakate aufgehängt haben.
„Jetzt wird erstmal gefeiert und nachher checken wir mal deine Mails", bestimmt Nina. Allmählich sollte ich mal etwas sagen.
„Danke."

Zu mehr bin ich im Moment nicht fähig. Dann habe ich auch schon ein Glas Wasser in der Hand und stoße mit den anderen an. Als die Kiste Bier leer ist, zaubert jemand hinter dem Sofa eine neue hervor und man gibt sich ordentlich die Kante. Gegen elf fährt Nina ihren Computer hoch. 124 neue Nachrichten. Damit haben wir alle nicht gerechnet. In den meisten Mails finden sich allerdings nur dumme Sprüche und Spott. Eine Margot aus Buxtehude wünscht mir von ganzen Herzen alles Gute für meine Suche, und sie und ihr Pudel Maxi drücken mir ganz doll die Daumen, dass das mit der Julia klappt.

Eine Nachricht, die mich zu Julia oder zumindest zu der Frau, die ich dafür gehalten habe, führt, ist nicht dabei. Das ist aber nicht weiter schlimm. Es war erst der erste Versuch, wir haben einen schönen Abend und noch eine Menge Wasser und Bier. Das Telefonbuch verschieben wir auf morgen. Weder Julia noch irgendein anderer Schmidt wäre wohl besonders erfreut, nachts um halb eins von einem Ex-Drogen-Patienten angerufen zu werden. Morgen ist ja auch noch ein Tag!

Kapitel 9

Der nächste Tag beginnt laut. Nina stürmt ins Wohnzimmer, wo Mischa und ich es uns auf Luftmatratzen und Wolldecken gerade erst gemütlich gemacht haben. ‚Gerade erst' liegt dabei natürlich im Auge des Betrachters. Es mögen vielleicht fünf, sechs Stunden gewesen sein. In meinem Kopf fühlt es sich an wie eine, höchstens eineinhalb.
„Guckt doch mal, was ich hier habe!"
Müde blinzeln wir ins neonhell erleuchtete Zimmer. Im Mittelalter muss Aufstehen entspannter gewesen sein, bei Kerzenschein. Allerdings gab es damals noch keine Luftmatratzen...
„Was ist denn los?"

Mischa ist die erste, die einen vollständigen Satz von sich geben kann. Die einzig wache Person in unserem Schlafzimmer hopst gut gelaunt auf unser Nachtlager und hält uns eine Zeitung entgegen. Normalerweise würde ich mich wohl nach so einer Nacht noch einmal umdrehen, etwas Unverständliches vor mich hin brummeln und ein paar Minuten weiter schlafen. Aber Nina strahlt uns so fröhlich und erwartungsvoll an, dass meine Neugier geweckt ist.

„Seite 22, Seite 22!", drängelt unser Strahlemann ungeduldig. Ich blättere die Zeitung durch. Nach einem Flug über die Weltpolitik lande ich im Lokalteil: *‚Bärchenmann sucht Traumfrau. Es gibt sie noch, die echten Romantiker! Hoffnungslos verliebt ist ein junger Mann aus Bielefeld in unsere Stadt gereist, um seine große Liebe zu suchen, die er daheim leider aus den Augen verloren hat. Gesucht wird: Julia, ca. 1,70 m groß, Mitte 20, lange braune Haare, ist gerade frisch in den Norden gezogen und hat eine Vorliebe für Fruchtgummibärchen. Michael ist dir nachgefahren und sucht dich. Sachdienliche Hinweise zum Aufenthalt dieser Person nimmt unsere Redaktion gerne entgegen und leitet sie weiter. Und Michael: Viel Erfolg!'*

Neben dem Bericht prangt ein Foto von mir. Ich bin sprachlos. Wieder mal. Mischa wieder mal nicht. Sie ist völlig aus dem Häuschen.

„Wie geil!!! Wann hast du das denn geplant? Dafür war also das Foto! Wie geil!!!"

„Naja, wir wollen doch möglichst viele Menschen erreichen, oder? Bei Facebook habe ich auch schon einen Aufruf gestartet. Er wurde schon zwanzigmal geteilt."

Ich bin immer noch sprachlos. Nicht nur, dass in halb Hamburg Plakate mit meiner Emailadresse hängen, jetzt habe ich auch noch meinen eigenen Zeitungsaufruf! Es würde mich nicht wundern, wenn als Nächstes Kai Pflaume ins Zimmer marschiert und mich in seinen Wohnwagen zerrt. Und da das absolut nicht auszuschließen ist, beschließe ich, erst einmal ins Bad zu gehen und zu duschen. Wer möchte denn schon völlig verschlafen und mit fettigen Haaren ins Fernsehen? Das warme Wasser tut gut und während ich mir die Strapazen der Nacht aus den Haaren wasche, lausche ich dem Radio, das ich zwischen dem ganzen Grünzeug entdeckt habe. Als ich mir gerade mit Ninas Tigerentenschwamm – du darfst ihn benutzen, aber nicht unterrum! – den Rücken schrubbe, meldet eine typische Gute-Laune-am-Morgen-Radio-Stimme sieben Kilometer Stau in südlicher Richtung vor dem Dreieck Nordwest. Danach verkündet sie, dass Julia aus Bielefeld von ihrem Michael gesucht wird. Meine Geschichte ist im Radio! Die Stimme erzählt auch, dass ich Plakate aufgehängt und eine Annonce in der Tageszeitung geschaltet habe. Das ist zwar so nicht ganz richtig, denn ICH habe mich bisher nur ins Krankenhaus gefeiert und sonst gar nichts. Auf jeden Fall könne sich Julia gerne beim Sender melden. Ich sollte schleunigst aus der Dusche raus und mich anziehen, Kai Pflaume kommt gleich. Frisch geduscht und gekämmt trete ich aus dem Badezimmer und renne dabei fast Nina über den Haufen. Nina gelingt es gerade noch, mir auszuweichen, aber einen Zusammenstoß mit der Sonnenblumenvase kann sie nicht vermeiden. Wieder läuft alles wie in Zeitlupe ab. Ich sehe, wie Nina gegen die Flurwand taumelt und wie die Vase von ihrem Tisch kippt. Schnell springe ich zur Vase, um das Schlimmste zu verhindern und spüre beim Versuch, sie aufzufangen, wie sich der Knoten des Handtuchs um meine Hüften löst. Die Vase fällt zu Boden, ich stolpere über den Tisch und finde mich einen Augenblick später in einem See aus Sonnenblumen, Scherben und Wasser wieder. Nina hat sich auch nicht auf den Beinen halten können und schaut mich mit entsetzten Augen an. Die Wohnzimmertür fliegt auf und während sich Mischa erkundigt, was das denn für ein Lärm war, greife ich nach meinem Handtuch, das dort liegen geblieben ist, wo es mich verlassen hatte. Nina schaut mich immer noch an, dann wird sie sich offenbar der Situation bewusst und wendet sich mit einem hastigen ‚Oh Gott, entschuldige!' ab. Mischa steht in der Wohnzimmertür und wendet sich ganz und gar nicht ab.

Sie schüttelt sich vor Lachen, und wäre da nicht der Türrahmen, würde sie wohl auf dem Boden herumkugeln. Wenigstens einer von uns ist die Sache nicht zum im-Boden-Versinken peinlich. Ich schlüpfe an Mischa vorbei ins Wohnzimmer und krame mir frische Klamotten aus der Reisetasche. Damit verschwinde ich wieder im Bad und ziehe mich an. Dann rupfe ich schnell ein paar Blätter Klopapier ab, um das Wasser aus dem Teppich zu saugen. Als Nina mich kniend an dem Fleck herumwerkeln sieht, drückt sie mir wortlos einen Wischlappen in die Hand.
Kurze Zeit später sitze ich frisch bekleidet und noch einmal frisch gekämmt am Frühstückstisch. Da hocken wir nun alle drei und kauen unsere Brötchen. Nina kaut schweigend und starrt die Milchpackung an, ich kaue schweigend und tue so, als würde ich an etwas anderes denken als den Vorfall im Flur. Mischa kaut grinsend und schaut abwechselnd zu Nina und zu mir.
„Hattest du eigentlich warmes Wasser?", fragt sie mich.
„Ja, na klar. Wieso?"
„Nur so."
Nina fixiert konsequent ihre Milch. Mischa muss ebenfalls mit sich kämpfen, nicht zu lachen. Hier läuft offensichtlich ein Witz auf meine Kosten, den ich nicht verstehe.
„Was denn?"
Jetzt können Mischa und Nina nicht mehr an sich halten.
„Mikey, du bist soo süß!"
Manche Sachen werde ich wohl nie verstehen. Auf jeden Fall ist die Stimmung jetzt wieder gelöst, und ich habe Gelegenheit, mich bei Nina für die Aufrufe zu bedanken.
„Wie gesagt, wir wollen doch viele erreichen!", antwortet sie und schafft es, mir in die Augen zu schauen, ohne dabei zu lachen.
„Und wie sieht unser Plan für heute aus?", frage ich.
„Du schwingst dich ans Telefon und wir gehen shoppen!"
Na dann! Sie haben es sich verdient. Ich werde den Vormittag über also auf mich allein gestellt sein. Nur ich, Ninas Telefon und eine Menge Hamburger Schmidts.

Dann mal los!

Die Telefonaktion erweist sich leider als Flop. Keine der Hamburger Schmidt-Familien kennt eine Julia, die aus Bielefeld nach Hamburg gezogen ist. Zwischen zwei Schmidts klingelt plötzlich das Telefon.

„Hallo?"

Es ist Nina.

„Mick, bei der Zeitung hat sich eine Frau gemeldet. Der Redakteur hat mir ihre Telefonnummer gegeben."

Nina gibt mir die Nummer durch, und nachdem sie mir dreimal viel Glück gewünscht und dann aufgelegt hat, wähle ich mit klopfendem Herzen die mögliche Nummer zum Glück. Ich höre, wie sich die Verbindung aufbaut und dann eine freundliche Stimme, die mir berichtet, dass die person, die ich calle, at present not available ist. Mist. Und was nun? Vielleicht sollte ich die Auskunft anrufen? Da werden Sie geholfen! Gesagt, getan, und kurze Zeit später habe ich eine engagierte Frau an der Strippe, die mir verrät, dass die Telefonnummer zu einem oder einer J. Bergheimer in der Mühlenstraße 16 gehört. Warum die Nummer nicht zu erreichen ist, kann die nette Dame mir nicht erklären. Immerhin habe ich jetzt eine Adresse. Aufgeregt laufe ich zur Haustür, trampele dabei zum dritten Mal in den immer noch feuchten Fleck neben der Badezimmertür und verlasse das Haus. Nina hat mir den Weg zur nächsten U-Bahn-Station erklärt, und ich war sogar fähig, ihn mir zu merken. So sitze ich nun mitten in Hamburg in einer U-Bahn und fahre in Richtung Mühlenstraße. Mir gegenüber sitzt ein älterer Herr und liest eine Zeitung. Er scheint gerade auf Seite 22 zu sein, denn er schaut immer wieder über den Zeitungsrand zu mir herüber und lächelt mir zu. Ich lächle zurück. Jetzt weiß ich, wie sich Stars fühlen, wenn sie irgendwo U-Bahn fahren. Am Hauptbahnhof muss ich umsteigen und eine halbe Stunde später stehe ich in der Mühlenstraße. Die Nummer 16 ist schnell gefunden, die Eingangstür steht glücklicherweise auf. Nach drei Etagen Treppenhaus stehe ich in einem Altbauflur vor der Wohnung von J. Bergheimer und I. Peters. Mehr verrät mir das Türschild leider nicht. Kein Schmidt. Aber vielleicht wohnen hier ja Freunde von ihr, die sie so lange aufnehmen, bis sie was Eigenes gefunden hat. Ja, so wird es sein. So oder so ähnlich. Ich drücke den Klingelknopf, aber es scheint niemand zuhause zu sein. Dann werde ich halt heute Abend noch einmal wieder kommen. Ich setze mich auf die Treppe und bringe meine beiden Mitfiebererinnen per SMS auf den neuesten Stand. Danach mache ich mich auf den Weg zurück in die Stadt. Mischa hatte mir geantwortet, dass die beiden sich mit mir zum Mittagessen treffen wollen, um weitere Schritte zu planen. Wir einigen uns darauf, dass ich heute Nachmittag einige Anwaltskanzleien in der Innenstadt abklappere, während Nina und Mischa die Kanzleien am Stadtrand abtelefonieren. Und gegen 18 Uhr werde ich es dann noch einmal bei Herrn oder Frau Bergheimer versuchen. Irgendwie habe ich das Gefühl, dass mir diese Wohnung weiterhelfen wird. Vier Stunden und einige enttäuschende Kanzleibesuche später stehe ich wieder in der Mühlenstraße vor dem Haus mit der Nummer 16. Diesmal ist die Eingangstür verschlossen. Ich drücke auf die Bergheimer/Peters-Klingel und habe diesmal mehr Glück. Ein Summen öffnet mir die Tür, und während ich langsam Stufe für Stufe hinter mich bringe, höre ich mein Herz immer lauter und schneller pochen. Als ich aus dem Treppenhaus in den Flur abbiege, ist die Wohnungstür noch geschlossen. Auf mein Klopfen hin öffnet sie sich, und dahinter kommt eine junge Frau zum Vorschein, die mich überrascht anschaut.

„Hallo?"

„Hi! Ähm, wohnt Julia hier?"

„Du bist Michael, oder? Ich kenn dein Bild aus der Zeitung. Woher hast du denn diese Adresse?"

„Von der Auskunft. Ich hab Julia auf dem Handy nicht erreicht. Und wer bist du?"

„Ich bin Ilka, komm doch rein! Julia ist noch nicht da."

Volltreffer! Ich habe sie tatsächlich ausfindig gemacht! Genau genommen habe ich es Ninas unglaublichem Einsatz zu verdanken, dass ich so weit gekommen bin. Ich betrete das Ziel meiner Reise. Hier werde ich nun also auf sie warten. Wie wird sie reagieren? Was wird sie denken? Und was werde ich sagen? Ich hatte den ganzen langen Tag, die ganze verdammte Reise Zeit, mir darüber Gedanken zu machen, was ich ihr sage, wenn ich sie treffe, und habe es nicht getan. Jetzt stehe ich einer Ilka gegenüber, die zwar ein bisschen überrumpelt wirkt, mir aber erzählt, dass sie eine alte Freundin von Julia ist und ihr Unterschlupf gewährt, bis sie eine eigene Wohnung gefunden hat. Hab ich's mir doch gedacht! Ilka führt mich in ein Zimmer, welches sie mir als Julias Zimmer vorstellt. Sie habe noch was zu tun und ich könne hier auf sie warten. Und da sitze ich nun in einem roten Ledersitzsack und betrachte das Zimmer meiner Traumfrau. Es ist nicht besonders groß. An der linken Wand steht ein großes, schwarzes Bett mit – die Farbe verfolgt mich! – pinker Bettwäsche, an der rechten Wand ein großes, schwarzes Regal mit allerlei Kästen und einem kleinen Fernseher. Der Teppich ist beige und kuschelig, die Wände sind weiß. Am Fenster neben dem Bett sind rote Vorhänge angebracht. Das Zimmer wirkt alles in allem nicht unbedingt gemütlich, dafür sehr modern. Jetzt habe ich noch ein paar Minuten Zeit, mir etwas Intelligentes zu überlegen, mit dem ich ihr erkläre, warum ich ihr 400 Kilometer weit gefolgt bin. Mein Blick wandert durch das Zimmer. Neben dem Fernseher sitzt ein kleiner Teddy, endlich mal was Persönliches. Ich stehe aus dem Sitzsack auf, was gar nicht so einfach ist, und mache mich daran, die CD-Sammlung zu erkunden, die ich im Regal entdeckt habe. Als ich mir gerade die Titelliste einer CD durchlese, höre ich plötzlich, wie sich ein Schlüssel im Haustürschloss umdreht. Jemand kommt herein und kommt auf Julias Zimmer zu. Mein Herz beginnt, schneller zu schlagen. Die Zimmertür öffnet sich, und es tritt eine Frau herein, die ich nicht erwartet hätte.

Es ist Jenny, die ich in der Karaoke-Bar kennengelernt habe. Ich weiß absolut nicht, was ich denken oder sagen soll.
„Hi", sagt sie deutlich nervös. Diesmal ist ihre Kleidung ein wenig länger, der Ausschnitt dafür noch ein wenig tiefer. Sie ist etwas dezenter geschminkt und hat ihre dunklen Haare hinten zusammengebunden. Sie sieht auch bei Tageslicht verdammt gut aus. Aber warum zum Teufel bin ich hier? Und wo ist Julia?
„Mich hast du hier bestimmt nicht erwartet, oder?"
„Ähm… Richtig."
„Naja… Ich hab dein Bild heute Morgen in der Zeitung gesehen und wollte dich unbedingt wiedersehen, nachdem uns dein Schießhund vertrieben hat."
„Was hat sie?"
„Sagen wir mal so: Sie hat uns deutlich gemacht, dass du zu ihr gehörst, und auf Zickenkrieg hatten meine Mädels keinen Bock."
Mischa hat also wieder das Alphatier markiert.
„Sie meint das eigentlich gar nicht so."
Doch, das tut sie und eigentlich weiß ich das ganz genau.
„Auf jeden Fall dachte ich, du würdest zu ihr gehören, bis ich heute Morgen die Zeitung aufgeschlagen hab."
„Und dann hast du mich hergelotst? Hast du der Zeitung gesagt, dass du Julia bist?"
„Ja schon, aber ich dachte, du würdest erst mal anrufen. Woher hast du überhaupt die Adresse?"
„Von der Auskunft."
„Und dann bist du extra hergekommen?"
„Ich bin dafür hunderte Kilometer quer durch Deutschland gefahren. Natürlich bin ich extra hergekommen!"
„So hatte ich das nicht geplant. Tut mir leid."
„Das war 'ne ganz schön linke Nummer."
„Hey komm, du setzt auch Himmel und Hölle in Bewegung, um deine Julia wiederzufinden!"
Will sie mir damit sagen, dass sie genauso hinter mir her ist wie ich hinter Julia? Sie kann doch wohl einen Flirt im Ka-

raokeschuppen nicht mit echten Gefühlen vergleichen! Jenny macht einen Schritt auf mich zu.
„Bist du sehr enttäuscht?"
Eigentlich müsste ich sehr enttäuscht sein, ja. Und wütend. Aber andererseits schlägt mein Herz immer noch schnell und während mein Blick zwischen ihren Augen und ihrem Körper hin- und herwandert, merke ich, dass ich gar nicht so richtig enttäuscht sein will. Jennys Mut und ihr Auftreten imponieren mir. Sie macht einen weiteren Schritt auf mich zu.
„Es tut mir leid."
„Ich bin nicht enttäuscht. Also, eigentlich schon, aber irgendwie auch nicht."
„Ich freu mich, dich wiederzusehen."
Jenny steht jetzt direkt vor mir und schaut mich mit ihren großen, dunklen Augen an. Auf meinen Schultern finden sich plötzlich ein Engelchen und ein Teufelchen ein. Das Teufelchen sagt mir, dass da direkt vor mir eine mördersexy Frau steht, einen Schritt von ihrem Bett entfernt. Das Engelchen schwenkt ein großes Transparent mit Julias Bild. Je länger ich Jenny in die Augen schaue, desto lauter wird das Teufelchen und desto zurückhaltender das Engelchen. Schließlich wendet sich das Engelchen mit einem resignierenden ‚Mach doch, was du willst' von mir ab und überlässt dem Teufelchen das Feld. Dieses lässt mich meine Hände auf Jennys Hüften legen. Jenny hat das Signal natürlich verstanden und streicht mir ihren Händen um meine Schultern. Langsam führt sie ihre Lippen immer dichter an meinen Hals und während ich mich darauf vorbereite, sie nun gleich zu küssen, schubst sie mich auf den Sitzsack.
Von da an habe ich das Gefühl, Teil eines Films zu sein. Jenny zieht eine CD aus dem Regal und kurze Zeit später kommt leichter Jazz aus den Boxen. Schritt für Schritt kommt sie wieder auf mich zu. Sie bleibt vor dem Sitzsack stehen und lässt ihre Hüften kreisen. Schon fällt ihr Oberteil und gibt den Blick frei auf einen schwarzen BH und ein Bauchnabelpiercing. Geschmeidig entledigt sie sich ihrer

Hose und Strümpfe und steht nun im schwarzen BH und schwarzem String vor mir. Deutlich spüre ich, wo sich bei mir gerade das Blut zusammenzieht. Jenny öffnet derweil ihre Haarspange. Die langen braunen Haare fallen ihr über die Schultern. Dann dreht sie sich um und legt sich auf meinen Schoß. Nun spüre ich von drei Seiten den Sitzsack und von der vierten, der entscheidenden Seite Jennys warmen Körper. Ihre Hand streicht über meinen Oberschenkel und ihre Lippen über meinen Hals. Kaum hat ihre Zunge mein Ohrläppchen erreicht, beugt sie sich nach vorne. Während ich nach Luft schnappe, öffnet Jenny gekonnt ihren BH, und ich sehe staunend, dass ihr Bauchnabel nicht der einzige gepiercte Körperteil ist. Jenny kniet sich vor den Sitzsack und öffnet meine Hose. Während sie mir die Hose und die Socken auszieht, meldet sich das Engelchen noch einmal zu Wort. Es entschuldigt sich höflich für die Störung und möchte wissen, ob ich das auch wirklich will. Es kriegt aber vom Teufelchen tierisch eins übergebraten, als sich Jenny wieder auf meinen Schoß setzt. Die regeln das sicher unter sich, und ich beschließe, sie von nun zu ignorieren. Jenny reibt ihren Schoß an meinem und wir küssen uns ausgiebig. Gesprochen wird kein einziges Wort, aber es ist auch kein hemmungsloses Übereinanderherfallen. Es herrscht die erregende Übereinkunft, dass wir beide genau das gleiche wollen. Und Jenny will jetzt aufstehen. Dann will ich das auch! Sie führt mich rüber zum Bett und deutet mir zu, mich hinzulegen. Als ich ihrer Aufforderung folge, hockt sie sich zwischen meine Knie und befreit mich von meinen Boxershorts. Dann küsst sie meine Brust und meinen Bauch, was mir eine Gänsehaut nach der anderen über den Körper jagt. Und ihr Kopf wandert dabei immer weiter abwärts. Ich habe noch keine Erfahrung mit Oralsex, allein der Gedanke daran lässt es mir abwechselnd heiß und kalt werden. Oben an der Decke sehe ich das Teufelchen fliegen. Es jubelt mir zu und feuert mich an. Dann schließe ich die Augen, denn Jenny ist inzwischen da angekommen, wo ich es gehofft hatte.

In meinen Ohren höre ich immer noch die Jubelrufe des Teufelchens und ein stöhnendes Kichern von Jenny. Dann passiert es. Der Striptease, das Vorspiel auf dem Sitzsack und die Fellatio sind zu viel für den kleinen Mick. Ich kann gerade noch ‚Stopp!' rufen, damit Jenny ihren Kopf aus der Schusslinie bringen kann, und dann passiert es. Mitten auf das rote Laken. In so einer Situation kommt man sich als Mann verdammt blöde vor. Und zum zweiten Mal liege ich heute in einem hochpeinlichen Moment nackt vor einer Frau und suche nach Worten.
„Wow", meint Jenny. Sie scheint nicht böse auf mich zu sein. Ganz im Gegenteil, sie grinst mich an, greift unter ihren Nachttisch und zieht eine Packung Taschentücher hervor. Während sie mein Malheur aufwischt, sehe ich, wie das Teufelchen mich achselzuckend anschaut. Es ist die Art von Blick, mit dem Christiane mich damals gefeuert hat. Das Engelchen scheint regelrecht darauf gewartet zu haben, jetzt wieder auf der Bildfläche zu erscheinen, um mir ins schlechte Gewissen zu reden. Was ich denn für ein Schürzenjäger sei und dass mir dieses Missgeschick ganz recht geschehe. Vor lauter Verunsicherung vergesse ich total, Jenny beim Saubermachen zu helfen. Das ist die gerechte Strafe dafür, dass ich Julia untreu geworden bin. Aber wieso eigentlich? Ich bin schließlich niemandem Rechenschaft schuldig! Jenny überrascht mich. Sie steht auf, legt eine neue CD ein und kommt dann wieder zu mir ins Bett. Sie setzt sich direkt auf mich drauf. Ich bin kein Maxi-Michel, der sofort danach gleich wieder kann! Schon gar nicht nach so etwas! Aber das scheint Jenny auch nicht zu erwarten.
„Was hältst du davon, wenn du dich bei mir so lange revanchierst, bis du wieder kannst, und dann machen wir weiter?"
Jackpot! Die Frau ist ja der Hammer! Und sie fordert eiskalt ihre Befriedigung. Ich will sie nicht noch einmal enttäuschen.
„Wenn du mir sagst, wie du es am Liebsten magst."
„Fang einfach mal an, dann sehen wir weiter."
Und das mach ich dann auch!

Kapitel 10

„Wo warst du?"
Ich habe es nicht geschafft, unter meine Decke zu krabbeln, ohne Mischa aufzuwecken. Es ist vier Uhr morgens und ich hatte gerade den besten Sex meines Lebens. Aber kann ich das Mischa in unserer Situation unter die Nase halten? Wir befinden uns schließlich auf MEINER Liebesmission. Besser nicht.
„Ich war noch unterwegs."
„Wie, du warst noch unterwegs? Wo denn?"
„In der Mühlenstraße war nichts, die wollten mich nur ärgern."
„Und dann warst du wo?"
„Mischa, ich bin müde."
„Glaub ich dir sofort. Egal. Sag mir, wo du warst!"
„Okay, in der Mühlenstraße war doch was. Ich hab Jenny wieder getroffen. Ja, die Jenny mit den dicken Titten aus der Karaoke-Bar. Es war ihre Wohnung und sie hat mich da hin getrickst. Und als ich bei ihr im Zimmer war, ist sie über mich hergefallen."
„War's denn wenigstens schön?"
„Es war der Hammer!"
Batz, kriege ich Mischas Kissen ins Gesicht geschmettert.
„Na, dann gute Nacht!"
Gute Nacht? Ist sie sauer?
„Bist du sauer?"
Keine Antwort.
„Bist du sauer, Mischa?"
Immer noch keine Antwort.
„Okay dann halt nicht. Gute Nacht."
Sie hat überhaupt keinen Grund, eingeschnappt zu sein. Was soll der Kindergarten? Außerdem kann ich auch einfach so da liegen. Mal sehen, wer den längeren Atem hat!
„Mischa?"
Nichts.

„Ich weiß, wir sind auf der Suche nach Julia, aber... Ich wusste gar nicht, was da abging... Jetzt sei doch nicht böse... Mischa!"
Immer noch keine Antwort. Und ich bin mir sicher, dass sie noch wach ist. Allmählich weiß ich nicht mehr, was ich noch sagen soll.
„Mischa! Jetzt hab mich wieder lieb!"
„Ich hab dich lieb, du Esel. Aber du hättest dich mal melden können zwischendurch."
„Das ging nicht."
„Und ich will nicht wissen, warum nicht!"
„Okay, okay, ich sag nichts mehr. Ich werde die letzte Nacht mit ins Grab nehmen."
„Ja, und das sehr bald, wenn du dich nochmal von irgendwelchen Tussis flachlegen lässt."
„Ich hab mich nicht flachlegen lassen, Jenny hat..."
„Laaaaa Laaa Laaaaaa!!!"
„Ich sag nichts mehr."
„Willst du denn wissen, was heute sonst noch passiert ist, oder ist dein Blut noch nicht wieder dahin zurückgewandert, wo es wirklich gebraucht wird?"
„Doch, ich bin aufnahmefähig."
Aber hundemüde...
„Also... Du hast 167 neue Emails, die du alle morgen durchlesen kannst. Glaub ja nicht, dass wir das für dich getan haben! Aber wenn du hörst, was jetzt kommt, willst du die gar nicht mehr lesen!"
„Na?!"
„Heute..."
Ja?
„...hat..."
Ja?
„...uns..."
Ja ja ja?
„...jemand..."
Manno!
„...angerufen!"

„Julia?!?"
„Nein."
„Mist."
„Ein Mann vom Radio. Und der hat einen Anruf von einer Julia Schmidt gekriegt, die denkt, dass sie die gesuchte Frau sein könnte."
„Cool! Warum habt ihr mich nicht gleich angerufen?"
„Ich HABE dich angerufen, Don Porno. SECHS MAL!"
„Oh..."
„Ja. Oh. Aber egal... Sie ist in Kiel, und wenn du willst, können wir morgen zu ihr fahren. Thore Liebknecht weiß schon Bescheid und nimmt uns für eine Nacht bei sich auf."
„Das heißt, ich sehe sie morgen?"
„Ja."
„Haa! Du bist so gut!"
„WIR sind so gut. Nina und ich."
„Ihr seid sooo gut!"
Ich kann mich nicht mehr halten und falle Mischa um den Hals. Was die beiden alles für mich auf die Beine gestellt haben, ist unglaublich! Sie sind die allerallerbesten!
„Mikey, ich brauch Luft!"
„Sollst du haben!"
Und kaum habe ich es gesagt, klebe ich ihr wieder am Hals.

Nach einer viel zu kurzen Nacht wache ich von einem Geräusch auf. Jemand ist im Badezimmer und duscht. Ich steige aus meinem Schlafsack und taste mich im Dunkeln durch den Flur. Auf mein Klopfen an der Badezimmertür reagiert niemand, also öffne ich vorsichtig die Tür. Mischa kann es nicht sein, die liegt in ihrem Schlafsack, und sollte ich Nina nackt unter der Dusche erwischen, wäre das nur gerecht. Vorsichtig nähere ich mich der Dusche, greife nach dem Duschvorhang und ziehe ihn ein wenig zur Seite. Unter der Dusche steht Julia, vollkommen bekleidet. Obwohl die Dusche läuft, ist sie trocken. Jeans, T-Shirt, Schuhe: alles trocken. Merkwürdig. Julia sieht mir direkt in die Augen.

Dann senkt sie ihren Blick und steigt aus der Wanne. Auf dem Weg zur Badezimmertür dreht sie sich noch einmal um und sagt ‚Auf Wiedersehen'. Genau wie damals auf der Straße, als ich sie nach ihrem Namen gefragt habe. Ich kann ihr nicht antworten, bringe kein Wort heraus. Als ich ihr in den Flur nachlaufe, ist sie verschwunden. Das Licht in Ninas Wohnung schimmert auf einmal rötlich. Ich gehe zu Mischas Schlafsack, um sie zu wecken. Um ihr zu erzählen, was ich gerade erlebt habe. Sanft streiche ich über ihren Kopf und flüstere ihren Namen. Sie murmelt etwas vor sich hin und dreht sich dann zu mir. Aber das ist nicht Mischa, das ist Jenny. Und Jenny fragt mich, warum ich denn schon gehen will. Als ich an mir herunterschaue, merke ich, dass ich nackt bin. Eben im Badezimmer war ich noch angezogen. Was ist hier los? Jenny zieht mich dicht an ihren Körper. ‚Bleib bei mir, bitte!' Dann höre ich Mischas vertraute Stimme: ‚Mikey, steh auf! Mikey!'
„Mikey, steh auf! Mikey!"
Langsam erwache ich aus meinem Traum. Wo bin ich? Ach ja, Ninas Wohnung, keine Julia, keine Jenny, alles in Ordnung.
„Mikey, alles klar mit dir?"
„Ja, alles in Ordnung."
„Du hast meinen Namen gerufen, ganz laut."
„Ich hab geträumt. Du warst plötzlich nicht mehr da."
Und das war noch nicht mal das Problem!
„Aber ich bin da. Und ich bin dir auch nicht mehr böse. Du brauchst keine Angst haben!"
„Das ist gut."
Diesmal behalte ich die Einzelheiten besser für mich.
„Wie spät ist es?"
„Gleich halb acht. Wir können noch ein bisschen schlafen."
„Nein ich mag nicht mehr, ich muss irgendwas tun."
„Dann tu was. Ich schlaf weiter."
Ich könnte mich um meine Mails kümmern. Wenn ich am Computer sitze, dürfte das Mischa eigentlich nicht beim Schlafen stören. Mal schauen, wer mir alles geschrieben hat.

Die Ausbeute ist ähnlich ernüchternd wie beim letzten Mal: 173 Nachrichten, darunter circa zwanzig Spams, achtzig blöde Kommentare und ungefähr genauso viele Glückwünsche, Ermunterungen und Schreib-mir-ob-du-Erfolghattest's. So richtig hilfreich ist keine. Aber das ist ja auch gar nicht mehr nötig, denn morgen fahren wir nach Kiel und dann werde ich SIE sehen. Was heißt morgen – in ein paar Stunden! Inzwischen ist es schon neun Uhr: Zeit, aufzustehen. Wir haben heute viel vor! Ich streichele Mischa über den Kopf und zucke kurz zusammen. Es sieht alles genauso aus wie in dem Traum, nur dass das Zimmer nicht so rötlich schimmert. Mischa murmelt auch etwas und dreht sich dann zu mir um.
„Noch fünf Minuten..."
„Wie du meinst. Ich geh duschen!"
Das Badezimmer ist leer und ich springe fröhlich unter die Dusche. Dieser Tag wird mein Tag!

Zwei lange Stunden müssen vergehen, bis wir endlich in Ninas Auto sitzen und uns auf den Weg nach Kiel machen, zum Ziel unserer Reise, zur Erfüllung unserer Mission, zu meiner Julia. Wir wissen endlich, wo sie sich aufhält und, als wäre das allein nicht genug, scheint auch noch die Sonne. Und dann kommt, was kommen musste. Die Autos vor uns bremsen, schalten ihre Warnblinker an und bleiben stehen. Stau. Großartig. Wo ist der Verkehrsfunk, wenn man ihn mal braucht? Der Mann im Radio kann offenbar Gedanken lesen, denn er meldet sich prompt zu Wort: ‚Vorsicht auf der A7 Richtung Flensburg. Ein Unfall hinter Neumünster Süd, die Fahrbahn ist vorläufig gesperrt.'
„Das ist doch nicht wahr!"
Nina ist auch sauer. Dann folgt eine Reihe wilder Flüche und Schimpfworte von uns dreien auf das Radio. Wir sind uns einig: Die haben Schuld. Es ist keine vier Kilometer her, dass wir an der letzten Ausfahrt vorbeigefahren sind. Hätten Sie es auch nur zwei Minütchen früher durchgegeben, wür-

den wir jetzt nicht mitten im Hochsommer in einem kleinen, schwarzen Ford Fiesta irgendwo in der schleswig-holsteinischen Provinz festsitzen. Und warum zum Teufel scheint eigentlich so plötzlich die Sonne? Gestern hat's noch geregnet. Irgendjemand dort oben mag mich nicht und scheint seit Monaten ausschließlich damit beschäftigt zu sein, mir genau das vor Augen zu führen. Penner!
Während ich mit meiner Welt hadere, hat Mischa für sich einen anderen Zeitvertreib gefunden. Im Auto rechts neben uns fahren zwei Männer und Mischa legt ihre ganz große Show aufs Parkett. Es beginnt mit einem kleinen Winken. Als die beiden angebissen haben, wird das Winken ausgelassener. Schließlich schwenkt sie ihre Arme so wild, wie es ein Fiesta eben zulässt. Die Männer lachen. Ich mache mich so klein wie möglich. Zu Beginn der Fahrt hatte ich noch dagegen protestiert, hinten sitzen zu sollen. Nun bin ich froh, die Rückbank für mich allein zu haben. Auch in einem so kleinen Auto kann man sich hinten quer legen, wenn es die Situation erfordert. Nina schaut Mischas Treiben entspannt zu, während Mischa immer wieder eine Schippe drauflegt. Inzwischen wirft sie ständig Küsse zu unseren neuen Nachbarn herüber und als danach von vorne nichts mehr zu hören ist, vermute ich mal, dass sie nun ihre übrigen Reize spielen lässt. Ein bisschen die Lippen befeuchten, ein bisschen am Dekolleté zupfen. Manchmal frage ich mich, ob da wirklich zwei Personen in diesem Menschen schlummern. Ich bin froh, dass wir keine Waffeln an Bord haben, die sie sich aus dem Ausschnitt knabbern könnte. Wir haben nur Gummibärchen und die liegen hinten bei mir, und da bleiben sie auch. Ich halte die Tüte mit beiden Händen fest. Vorne ist Partytime! Nina ist nun auch ins Spiel eingestiegen und von beiden Vordersitzen wird heftigst nach rechts geflirtet. Die Mädels kichern und glucksen, doch plötzlich schlägt die Stimmung um. Mischa schreit auf.
„Aah!! Fahr los, fahr los!!!"
„Wohin denn? Wohin denn?"

Was ist los? Schnell setze ich mich wieder aufrecht hin. Im Auto neben uns winkt der Beifahrer fröhlich grinsend mit einer roten Polizeikelle. Mischa und Nina kreischen und versuchen, ihre Gesichter zu bedecken. Ich weiß ja nicht, was sie gemacht haben, aber die beiden Polizisten scheinen es lustig gefunden zu haben, denn sie lachen. Ich auch. Hunderte von Autos, und meine Fahrgemeinschaft sucht sich ausgerechnet die Jungs von Cobra 11 aus. Die Polizisten steigen aus. Nun lache ich nicht mehr. Von unserem Beifahrersitz tönt ein ‚Scheiße, scheiße, scheiße'. Einer der Polizisten klopft an unser Fenster. Nina kurbelt es herunter.
„Guten Tag, die Damen."
Hey, ich bin auch noch da! Aber eigentlich will ich mit der Sache auch gar nichts zu tun haben. Der Blick des Polizisten wandert durch das Auto und bleibt schließlich an mir hängen. Er lächelt. Aber in dem Lächeln steckt eine Menge Schadenfreude und auch ein bisschen Mitleid. Das kann man ihm auch nicht verübeln, denn schließlich habe ich mich gerade noch wie ein kleines Kind auf der Rückbank verkrochen und sehe nun wahrscheinlich so aus, als hätte man dieses Kind beim Kaugummiklauen erwischt. Dabei hab ich doch gar nichts getan! Der Beamte konzentriert sich wieder auf Nina und Mischa.
„Wo soll's denn hingehen?"
„Ohne meinen Anwalt sag ich gar nichts", entgegnet Nina. Ist sie immer noch dabei, mit dem Polizisten zu flirten. War das gerade ein Zuzwinkern? Oh mein Gott, gleich muss sie pusten. Darüber scheint sich der Polizist auch gerade seine Gedanken zu machen, entschließt sich aber dann, Nina zu verschonen.
„Lassen Sie doch bitte in Zukunft die anderen Verkehrsteilnehmer in Ruhe, ja?"
„Ja", versprechen Mischa und Nina kleinlaut. Sie sind sich wohl bewusst, dass sie dem Alkoholtest gerade nochmal von der Schippe gesprungen sind. Die Ordnungshüter steigen wieder in ihr Auto und Mischa und Nina blicken starr nach vorn. Blöderweise befinden wir uns immer noch im

Stau, ohne Vor und Zurück. Also haben wir auch keine Chance, aus dem Blickfeld der Polizei zu gelangen.
„Spaßbremsen", entfährt es Nina. Dann lachen wir. Ein schneller Blick zur Seite verrät uns, dass die Polizisten inzwischen mit anderen Dingen beschäftigt sind.
Der Stau löst sich Gott sei Dank – obwohl ich mit dem ja eigentlich immer noch auf Kriegsfuß stehe – bald auf, so dass wir endgültig aus dem Blickfeld der Obrigkeit entwischen können. Wir verbringen die restlichen Kilometer singend und lachend und erreichen nach einer halben Stunde Kiel. Nun müssen wir nur noch Thores Wohnung finden. Und Julia. Ersteres sollte eigentlich kein Problem sein. Zu Letzterem bleibt festzuhalten, dass bisher keinen von uns der Mut verlassen hat. Wir haben eine heiße Spur und sind ihr dicht auf den Fersen.

Thore zu finden ist leicht. Er wohnt an der größten Straße, die Kiel auf den ersten Blick zu bieten hat, in einem schicken, großen, roten Haus im dritten Stock ohne Fahrstuhl. Er steht in seiner Wohnungstür und strahlt uns an.
„Halli-hallo! Schön, dass ihr da seid! Ich bin schon ganz gespannt, was ihr mir so zu erzählen habt!"
Da haben wir es, das Liebknecht'sche ‚ganz'. GANZ gespannt ist er, der Thore. Und ich hab mal GANZ und gar keine Lust, ihm von unserer GANZ supermegatollen Fahrt zu erzählen. Das geht ihn nämlich GANZ und gar nichts an. Aber irgendwie halt doch, schließlich schlafen wir bei ihm. Für das grinsende ‚Halli-hallo' hätte er trotzdem eins auf die Fresse verdient. GANZ doll.
„Hallo, Thore."
Thore und ich geben uns die Hand. Mischa hat das gleiche vor, landet aber kurzerhand in Thores Begrüßungsumarmung.
„Schön, dass ihr da seid!"
Ja. Das hat er schon gesagt. Nina hat ihre Tasche schnell in beide Hände genommen, was eine Begrüßung leider unmög-

lich macht. Sie schiebt sich mit der Tasche als Prellbock in die Wohnung. Da sind wir nun. Thore führt uns durch sein Reich: großer Flur, kleine Küche, kleines Bad, geschlossene Schlafzimmertür. Und ein schönes Wohnzimmer. Sehr schön sogar. Thore bittet uns, Platz zu nehmen.
„Möchtet ihr was trinken? Alkohol hab ich aber keinen da."
„Aber in vino veritas!", rufe ich, um den künftigen Lateinlehrer anzusprechen, und setze noch einen drauf: „Veni. Vidi. Vinci."
„Vici."
Klugscheißer. Kaum angekommen, will ich so schnell wie möglich wieder raus. Thore lehnt sich in seinem Sessel zurück. Er trägt einen roten Pullunder, ein blaues Hemd, eine dunkle Stoffhose und gelbe Spongebob-Socken. Geht's noch?
„Was passiert denn nun?", fragt er mich.
„Das weiß ich nicht. Die Frage müsste ich weitergeben."
An Mischa.
„Also... Der Radiosender hat für dich und Julia für heute Abend ein Treffen organisiert: Schickes Restaurant, leckeres Essen, der Rest liegt in deiner Hand."
„Und wann geht's los?"
„Heute Abend, 20 Uhr, die Adresse hab ich irgendwo stehen."
„Ist das spannend!"
Nina klatscht aufgeregt in die Hände und wir hüpfen alle vier aufgeregt auf unseren Sesseln herum. Dann fragt mich Mischa, was ich denn heute Abend anziehen will.
„Ich wollte mein Glücks-T-Shirt anziehen, das gelbe mit dem schwarzen Streifen vorne drauf."
„Damit siehst du aus wie'n Briefträger! Oder wie die Biene Maja."
„Gar nicht wahr!"
„Wohl!"
„Gar nicht!"
„Zieh's mal an."
„Ja, mach ich auch."

Damit gehe ich in den Flur, hole das T-Shirt aus meiner Tasche und ziehe es an. Als ich ins Wohnzimmer zurückkomme, schütteln alle drei den Kopf. Dann halt nicht... Mischa steht auf, nimmt mich an die Hand und zieht mich hinter sich her zu meiner Tasche. Die kippt sie aus und verschafft sich einen Überblick über meine Klamotten.
„Das da!"
Sie zieht ein dünnes weißes Shirt mit langen Ärmeln und ein dunkelblaues T-Shirt aus dem Stapel.
„Das ist schick. Anziehen!"
„Jawohl!"
Frisch angekleidet trete ich wieder vor die Stil-Jury. Hole ich mir hier gerade tatsächlich Stylingtipps von einem Mann, der Spongebob-Socken trägt? Das Outfit wird für gut gefunden, ich fühle mich bereit für den Abend.
„Nur mit den Haaren müssen wir noch irgendwas machen", meint Nina.
Mischa zuckt mit den Schultern und schaut sie an.
„Das ist dein Part."
Jetzt nimmt mich Nina an die Hand und führt mich ins Bad. Sie zaubert eine Tube Gel hervor und durchwuschelt mir die Haare. So gestylt könnte ich bei Popstars vorsingen. Wenig später sitze ich prima herausgeputzt auf Thores Sofa.
„Wie spät ist es eigentlich?"
„Kurz vor zwölf."
„Warum bin ich denn jetzt schon ausgehfertig?"
Nachdenkliches Schweigen.
„Lasst uns bitte bis heute Abend zusammen die Zeit vertreiben!"
Ich will bitte nicht bis halb acht in dieser Wohnung bleiben.
„Wir könnten in die Stadt", schlägt Nina vor.
Gute Idee. Wir verlassen die Wohnung und verbringen den Tag in der Kieler Innenstadt. Gegen Nachmittag verlässt uns Thore, weil er noch einmal in die Uni muss. Ist mir nur recht! Als Nina gerade ein paar neue Röcke anprobiert und in die Umkleide verschwindet, sind Mischa und ich für einen Moment unter uns.

Nun ist es an der Zeit, eine Frage loszuwerden, die mir auf dem Herzen liegt, seit wir Hamburg verlassen haben.
„Mischa?"
„Na?"
„Bist du mir ernsthaft böse wegen der Sache mit Jenny?"
„Ja."
„Tut mir ehrlich leid."
„Lass uns nicht mehr davon reden, okay?"
Das war nicht die Antwort, auf die ich gehofft hatte. Nina kommt zurück und führt uns einen roten Wickelrock vor.
„Sieht gut aus", meint Mischa.
„Ja, sieht gut aus", meine ich auch.
Ich lege Mischa eine Hand auf die Schulter und streichle ihr den Nacken. Sie schaut mich an und lächelt ein bisschen.
„Ja, ich hab dich noch lieb."
Dafür muss ich sie kurz in den Arm nehmen.
„Aber tu das NIE wieder!"
„Nein. Bestimmt nicht."
Dann wenden wir uns wieder Nina zu, die sich entschlossen hat, den Rock zu kaufen. Und auch wenn wir zwischendurch nicht mehr daran geglaubt haben: Irgendwann neigt sich der Nachmittag seinem Ende entgegen und mein Rendezvous mit Julia rückt in greifbare Nähe. Es ist 18 Uhr, wir sind alle vier wieder in Thores Wohnung und warten darauf, dass die Zeit vergeht. Ich habe Nina noch einmal durch meine Haare geschickt, nun muss nur noch die Zeit vergehen. Der Minutenzeiger an Thores Wanduhr springt mit einem Klick auf eine Minute nach sechs. 89 Klicks später ist es endlich halb acht. Jetzt wird es ernst.

Kapitel 11

Zwei Minuten vor acht erreiche ich das kleine, romantische Restaurant und stehe mit zitternden Knien und schweißnassen Händen vor der Tür, hinter der ich Julia treffen werde.

Sie ist es tatsächlich. Durch die Fensterscheibe habe ich sie drinnen sitzen sehen. Blumen! Ich hätte Blumen mitnehmen sollen. Vergessen. Egal. Endlich am Ziel! Jetzt nur nichts Dummes anstellen. Ich greife entschlossen nach der Türklinke. Ha! Entschlossen! Entschlossen sieht anders aus. Was ich mache, ist mich an der Türklinke festzuklammern und in Gedanken von fünf runterzuzählen, bis ich mich traue, die Tür auch zu öffnen. Und doch stehe ich kurze Zeit später im Restaurant, nur wenige Schritte von ihr entfernt. Sie sitzt an einem Tisch in der Mitte des Raumes, und sie sieht unglaublich gut aus. Ihr Gesicht und ihre Haare schimmern im Kerzenschein. Ich hatte befürchtet, dass ich mir in diesem Moment über so vieles Gedanken machen würde. Wie sehe ich aus? Reißverschluss zu? Mundgeruch? Doch darüber denke ich nun nicht nach. Alles, was ich sehe, ist sie. Und während ich langsam auf sie zugehe, fallen mir die ganzen kleinen Einzelheiten ihres Gesichts auf, die mich schon zuhause fasziniert haben.
„Hi", sagt sie und reicht mir ihre Hand.
„Hi", sage ich und nehme ihre Hand in meine. Nicht zu lang, nur ganz kurz, dann setze ich mich. Mein Herz schlägt mir bis zum Hals.
„Wo ist dein Bärchen-Shirt?"
„Das hab ich zuhause gelassen. Ich habe mir freigenommen."
„Was machst du hier?"
Die Frage ließ sich natürlich nicht vermeiden. Am Besten, ich rücke gleich mit der Wahrheit raus.
„Ich suche dich, und jetzt habe ich dich gefunden."
Ich bin hin und weg vor Glück, und all meine Aufregung hat sich gelegt. Statt eines Kloßes im Hals habe ich Schmetterlinge im Bauch. Und die schmettern, was das Zeug hält. Julia strahlt mich mit großen Augen an.
„Wow."
Mehr sagt sie nicht. Muss sie auch gar nicht.
„Was machst du in Kiel?", frage ich. Ich finde, jetzt ist sie mal dran mit erzählen.

„Ich habe einen neuen Job. Ich brauchte mal einen Tapetenwechsel."
„Arbeitest du nicht mehr bei einem Anwalt?"
Julia lächelt.
„Woher weißt du, dass ich bei einem Anwalt gearbeitet hab?"
„Naja... Ich bin dir gefolgt, um zu sehen, wo du arbeitest."
Ob es so klug war, ihr das zu erzählen? Sie hält mich womöglich für einen Stalker!
„Aha..."
Sie schaut mich tatsächlich etwas skeptisch an.
„Und woher weißt du, wo du mich suchen musstest? Das hast du gar nicht erzählt."
„Betriebsgeheimnis. Bitte glaub nicht, dass ich ein Wahnsinniger bin!"
Sie lächelt.
„Doch, der Gedanke kam mir kurz in den Sinn."
„Aber ich bin ganz lieb!"
„Das kam mir danach in den Sinn."
„Und nun sitzen wir hier."
„Ja, nun sitzen wir hier."
„Ja."
„Und nun?"
„Ich weiß nicht. Erzähl mir von dir!"
„Was weißt du denn schon? Ich heiße Julia, ich bin 27 Jahre alt, wohne in Kiel und wurde neulich im Radio gesucht. Was willst du noch wissen?"
„Alles. Warum der Tapetenwechsel?"
„Ich musste einfach weg. Weißt du, es funktioniert nicht, wenn dein Ex dein Chef ist."
Moment. Wenn dein Ex dein Chef ist? Timm war dein Chef! Mischas Timm!!! Oder vielleicht der andere?
„Wie heißt denn dein Ex-Chef?"
„Ist das wichtig? Wollen wir nicht über was Anderes reden als über unsere Ex-Partner?"
„Heißt dein Ex Timm?"
Julia scheint überrascht.

„Hat ER dir verraten, wo ich bin? Ist er ein Freund von dir?"

Mischas Timm.

„So was Ähnliches. Er wollte mir nicht genau verraten, wo du bist. Nur, dass du irgendwo im Norden bist."

„Timm weiß ganz genau, wo ich bin. Meine Eltern wohnen in Kiel. Ich weiß ja nicht, wie gut ihr euch kennt, aber er ist ein Arsch."

„Wieso?"

„Weil er die ganze Zeit eine Freundin hatte. Vor einem Jahr hat das zwischen uns beiden angefangen. Er hat mir von ihr erzählt, wie sehr er sich mit ihr langweilt und wie peinlich sie ihm manchmal ist. Und dann hat er mir versprochen, sich von ihr zu trennen. Scheißkerl."

Ja! Scheißkerl!

„Julia, diese Freundin ist meine beste Freundin. Und sie ist der Grund, warum ich es überhaupt bis hierher geschafft habe."

„Was?!?"

Julia schaut mich erschrocken an. Wir wissen beide nicht, was wir sagen sollen, denn das hat wohl keiner von uns kommen sehen. Ich muss hier raus, muss das erstmal verdauen. Und ich muss es Mischa sagen.

„Ich muss los."

„Nein, bitte nicht! Du hast mich so lange gesucht und willst jetzt gehen?"

„Ich glaube nicht, dass das mit uns was wird, wenn ich weiß, dass du und Timm…"

„Ich bin da nicht stolz drauf. Was glaubst du denn, warum ich weggegangen bin?"

„Ich muss los."

„Nein, musst du nicht. Nicht so!"

Sie wühlt in ihrer Tasche und kramt einen Stift heraus, mit dem sie eine Telefonnummer auf ihre Serviette schreibt. Dann reißt sie den Zipfel der Serviette ab und reicht ihn mir über den Tisch.

„Ruf mich an!"

„Ich weiß nicht..."
„Bitte!"
Ihr ist es wirklich ernst mit mir. Ihr Blick ist gar nicht mehr selbstbewusst und taff. Sie will tatsächlich nicht, dass ich aufstehe und dieses Restaurant verlasse. Das müsste mich eigentlich total glücklich machen. Ich wäre am Ziel meiner Reise und die Reise hätte sich gelohnt. Wenn Timm nicht so ein Arsch wäre. Ich nehme den Serviettenzipfel und stehe auf.
„Ich weiß es nicht."
Mehr kann ich im Moment nicht sagen, denn ich weiß es wirklich nicht. Dann gehe ich. Draußen schaue ich noch einmal durch das Fenster ins Restaurant. Julia sitzt am Tisch und hat ihr Gesicht in ihren Händen vergraben. Ich würde am liebsten sofort wieder hineingehen und sie in den Arm nehmen. Aber ich kann nicht. Ich betrachte die Nummer auf dem Serviettenzipfel. Julias Handynummer. Ich ziehe mein Portmonee hervor und stecke den Papierfetzen zwischen Geldscheine und Kassenbons. Es ist eine warme Spätsommernacht. Eigentlich müsste es doch jetzt regnen.

„Du bist schon wieder da?", fragt Thore, als er mir die Tür öffnet.
„Ja."
„Ist nicht so gut gelaufen?"
„Nein."
„Du weißt ja: Andere Mütter..."
Schnauze. Irgendwann sage ich Thore einmal richtig die Meinung. Aber nicht heute Abend.
„Wo sind die Mädels?"
„Die sind in der Stadt."
Wortlos gehe ich an Thore vorbei wieder hinaus aus der Wohnung. Im Treppenhaus rufe ich Mischa auf ihrem Handy an. Lautes Gelächter im Hintergrund, sie sind wohl in einer Kneipe.

„Mikey? Was ist mit deinem Date? Warum rufst du mich jetzt an?"
„Wo seid ihr?"
„Keine Ahnung, hab vergessen, wie der Laden heißt."
„Können wir uns treffen?"
„Was ist denn los?"
„Das mag ich dir nicht am Telefon erzählen. Treffen wir uns in der Stadt?"
„Klar! In zwanzig Minuten am Alten Markt?"
„Ja. Bis gleich!"
„Bis gleich!"
Wo ist der Alte Markt? Ich und mein Orientierungssinn stehen auf einem Kieler Bürgersteig und schauen planlos die Straße hinunter. Mit einem kraftlosen ‚Ich pack's heut eh nicht' überredet mein Orientierungssinn meine Sparsamkeit und lässt meine Augen nach einem Taxi Ausschau halten. Geld sollte heute Abend keine Rolle spielen, und so teuer wird es schon nicht werden. Hinter der nächsten Kreuzung finde ich auch schnell ein Taxi, steige ein und lasse mich zum Alten Markt kutschieren. Nun bin ich natürlich viel zu früh da, setze mich auf eine Steinstufe und warte darauf, dass Mischa zu mir kommt. Da kommt sie auch schon. Nina ist nicht bei ihr.
„Na du!", ruft sie über den Platz.
„Na! Wo hast du Nina gelassen?"
„Die ist da drüben in der Pizzeria, wir sind mit ein paar von ihren Freundinnen unterwegs. Du klangst so, als wolltest du mit mir allein reden."
„Ja, das stimmt auch."
Mischa setzt sich neben mich auf die Stufe und streicht mir über den Rücken.
„Und? Wie ist es gelaufen?"
Wie soll ich das bloß sagen?
„Mikey, nun spann mich doch nicht so auf die Folter! Hast du sie getroffen?"
„Ja."
„Und!?"

„Und mich mit ihr unterhalten."
Mischa schaut mir in die Augen. Sie hat inzwischen verstanden, dass ich ihr nichts Gutes berichten werde.
„Was ist denn?"
Ich merke, wie sich die Worte an meiner Kehle festklammern, um bloß nicht ausgesprochen zu werden. Sie haben sich zu einem festen Kloß verbunden, der sich einfach nicht lösen will. Hätte es nicht irgendein anderes Problem geben können? Warum Mischa?
„Nun sag schon."
Mischas Stimme ist jetzt ganz sanft und leise. Es hilft alles nichts, es muss raus.
„Timm hat dich betrogen."
„Was?"
„Mit Julia. Deshalb ist sie weggegangen."
Mischa sagt nichts mehr. Ich auch nicht. Wir sitzen nebeneinander auf dem Kieler Marktplatz. Um uns herum tönt Musik und Lebensfreude aus Kneipen und Restaurants. Lange sitzen wir da und sagen nichts. Ich lege meinen Arm um Mischa und sie schmiegt sich an meine Schulter. Eine einzelne Träne rollt über ihre Wange, dann noch eine. In meinen Augen beginnen sich auch ein paar Tränen zu sammeln. Noch einen kurzen Moment, dann schwappen sie übers Augenlid. Man kann die Sekunden runterzählen: Drei, zwei, eins, dann sitzen wir dicht aneinander geschmiegt da und weinen.
„Eigentlich müsste es doch jetzt regnen", schluchzt Mischa plötzlich.
„Ja, eigentlich müsste es das", schluchze ich.

Teil 2

Auf der Flucht

Kapitel 12

Schweigend sitzen wir zu viert am Frühstückstisch. Es ist Samstag. Nina hatten wir gestern Abend noch zu uns gerufen und ihr alles erzählt, dann sind wir zum Hafen gegangen und haben lange schweigend aufs Wasser hinaus geschaut. Irgendwann meinte Mischa, sie wolle nach Hause und schlafen. Während die Frauen sich im Badezimmer bettfertig machten, habe ich schnell Thore auf den neuesten Stand gebracht. Und nun sitzen wir am Tisch und schauen stumm auf die Brötchen, die keiner von uns wirklich essen mag. Ich schaue mir Thore an. Er mag sonderbar sein, aber im Grunde ist er ein lieber Kerl, lässt uns einfach so bei sich schlafen. Mischa ist die erste, die das Schweigen bricht.
„Lasst uns frühstücken!"
Doch anstatt zu frühstücken, steht sie auf und geht zum Telefon.
„Darf ich mal telefonieren?", fragt sie Thore mit dem Hörer in der Hand. Thore nickt, und Mischa verschwindet in den Flur. Sie lässt die Tür allerdings auf und so können wir Zeuge ihres Gesprächs werden:
„Ich bin's."
Kurze Pause.
„Wie geht's dir?"
Kurze Pause.
„Was machst du eigentlich die ganze Zeit, wenn ich nicht da bin?"
Längere Pause.
„Wir haben Julia gefunden."
Ganz kurze Pause.
„Arschloch!"
Damit legt sie auf und kommt zurück an den Tisch.
„Kann ich mal die Brötchen haben?"
Stille. Das war taff. Zu taff. Nina reicht ihr den Brotkorb.
„Jetzt macht doch nicht solche Gesichter", sagt Mischa.
Machen wir aber. Und du wirst es uns nicht ausreden können.

Mischa nimmt sich ein Brötchen und fängt an, es wie wild aufzuschneiden. Und es kommt, wie es kommen musste: Sie schneidet sich dabei in die Hand. Doch statt des erwarteten Fluchens lässt sie Brötchen und Messer auf den Tisch fallen, stützt ihre Ellenbogen auf und vergräbt ihr Gesicht in den Händen. Dann weint sie. Der ganze Zorn, die ganze Enttäuschung und Bitterkeit entladen sich endlich. Ich stehe auf, beuge mich über sie und schlinge meine Arme von hinten um ihre Schultern. Mischa hat etwas so viel Besseres verdient. Aber das sage ich ihr jetzt nicht. Dafür ist es noch zu früh.
„Du hast was viel Besseres verdient."
Thore. Ich weiß, er meint es gut. Mischa schaut hoch, sieht erst zu Thore und dann zu mir. Ich zucke fast ein bisschen zusammen, als ich sie sehe: Ihre Augen sind rot und aufgequollen, Tränen haben sich mit Wimperntusche vermischt und lange dunkle Bahnen auf ihr Gesicht gezeichnet. Die Nase ist vollkommen verrotzt und an der linken Wange klebt ein bisschen Blut von der Hand.
„Hab ich auch", schnieft sie zu mir hoch. Ich nicke nur.
„Und jetzt geh ich mich waschen."
Mischa steht auf und geht ins Bad. Als sie offenbar einen Blick in den Spiegel geworfen hat, erschallt ein erschrecktes ‚Oh, mein Gott!'. Thore ist derweil aufgestanden, zieht einen Erste-Hilfe-Koffer aus dem Schrank hervor und stellt ihn auf den Tisch.
„Pflaster oder Verband?", ruft er in Richtung Bad.
„Gips!"
„Hab ich nicht. Verband muss reichen."
Mischa kommt zurück an den Tisch.
„Ein Pflaster tut's auch."
Dr. Liebknecht schlüpft in ein paar Gummihandschuhe, zieht eine kleine Sprühflasche mit Desinfektionsmittel aus dem Koffer und bepflastert nach sorgfältigem Besprühen den kleinen Schnitt in Mischas Handinnenfläche. Die schaut ihm dabei zu, sagt aber nichts. Nina und ich auch nicht. Wir schauen uns an und denken uns unseren Teil. Drei Personen

im Raum sind sich wortlos darüber einig, dass diese 4er-WG so schnell wie möglich aufgelöst werden muss. Die vierte trägt Spongebob-Socken.

Eine Stunde später sitzen Mischa, Nina und ich wieder in dem kleinen, schwarzen Fiesta und lassen Kiel hinter uns. In den letzten 24 Stunden ist so viel passiert, dass mein Kopf noch nicht ganz hinterhergekommen ist. Was mich betrifft, war die Mission grundsätzlich erfolgreich: Wir haben Julia gefunden. Und es wurde noch besser: Sie hat tatsächlich Interesse an mir. Und dann die Katastrophe. Ich weiß wirklich nicht, wie die Sache weitergehen soll. Sollte ich besser einen Strich unter die ganze Angelegenheit machen? Andererseits würde Mischa es doch bestimmt nicht wollen, dass ich ihretwegen auf meine Traumfrau verzichte. Das Piepen meines Handys reißt mich aus meinen Gedanken. ‚Sie haben eine Nachricht von Jenny'. Nein, nicht das noch. Ohne die Nachricht zu öffnen, stecke ich das Handy wieder ein. Mischa dreht sich zu mir um.
„War sie es?"
„Nein."
„Dann war SIE es?!"
„Ja."
Bald erreichen wir wieder Hamburg und kurze Zeit später Ninas Wohnung. Gesprochen haben wir nicht viel während der Fahrt. Nina war mit Fahren beschäftigt und Mischa und ich mit uns selbst. Mischa ist wieder die erste, die etwas sagt.
„Ich hätte nicht gedacht, dass es so ausgeht."
„Ich auch nicht. Ganz bestimmt nicht. Wenn er nicht so stark und ich nicht so schwach wäre, würd' ich ihm eine reinhauen."
Mischa lächelt mich an.
„Ich weiß. Mein tapferer Mick!"
„So kann ich ihm nur das Auto zerkratzen."

„Wir können ihn mitten in der Nacht anrufen", schlägt Nina vor.
Mischa schaut uns auf einmal ernst an.
„Wir könnten ihm ne tote Katze ins Büro schicken."
„Mischa!"
Nina ist entsetzt. Ich schwanke noch, ob ich den Vorschlag ernst nehmen soll. Mischa setzt noch einen drauf.
„Wir könnten ihm SEINE Katze tot ins Büro schicken!"
„Mit so was macht man keine Scherze", meint Nina schockiert.
„Doch!", entgegnen Mischa und ich wie aus einem Mund.
Dann müssen wir lachen. Ninas entsetztes Gesicht ist einfach zu komisch.
„Aber wir müssen uns rächen. Soviel steht fest!"
Armer Timm! Wenn er es nicht so verdient hätte.
„Ich werde ihn so richtig fertigmachen!"
Mischa springt auf und setzt sich an Ninas Computer.
„Ich werde ihn so RICHTIG fertigmachen."
Sie geht ins Internet und öffnet ihr Emailpostfach. Unter der Rubrik ‚Entwürfe' wird sie fündig.
„Da! Schaut euch das mal an!"
Im Mailanhang öffnet sie die Datei ‚sexi_schatzi.jpg.'. Auf dem Bild erscheint ein halbnackter Timm, nur mit einer knallroten Lack-Hotpants und einer Polizeimütze bekleidet. Mit der einen Hand schwingt er eine Polizeikelle, in der anderen hält er ein Glas.
„Wieso macht ihr solche Bilder?!?"
„Das war nach einer Halloweenfeier letztes Jahr. Timm war einer von den Village People."
Mischa speichert das Bild, schließt ihren Emailaccount und loggt sich gleich wieder ein. Diesmal allerdings nicht unter ihrem eigenen Namen.
„Du hast Timms Passwort?"
„Hannelore. So heißt seine Mutter. Timm kann nur ganz langsam tippen. Wenn man ihm dabei zusieht, hat man sein Passwort schnell raus. Dafür hat er ja schließlich seine Sekretärin."

Ja, dafür auch. Zielsicher klickt sich Mischa in Timms Adressbuch, markiert alle Einträge und zehn Sekunden später hat jeder von Timms Freunden, Kollegen und Mandanten eine Mail mit Foto im Anhang. Hoch lebe das Internet! Die Rachsucht hat Mischa und Nina voll erfasst.
„Und was machen wir jetzt?"
„Ich geh erstmal aufs Klo."
Ich habe mich schon geschickter aus solchen Situationen gezogen, aber erstens ist mir nichts Besseres eingefallen und zweitens muss ich wirklich. Im Flur fällt mein Blick auf meine Jacke, in der immer noch mein Handy auf mich wartet. Ich habe eine Nachricht von Jenny und drei Alternativen: Ich kann das Handy weiter ignorieren und immer wieder daran denken, ich kann die SMS einfach löschen und mich den Rest meines Lebens fragen, was wohl drin gestanden hat, und ich kann die Nachricht lesen und dann weitersehen. Alternative Nummer drei erscheint mir am Attraktivsten und so sitze ich einen Moment später mit meinem Handy auf Ninas Klo. Der Zimmerbrunnen plätschert leise vor sich hin. *‚Lieber Mick! Ich weiß ja nicht, wie deine Suche gelaufen ist, aber ich muss dir noch sagen, dass ich dich sehr gern wiedersehen möchte. Seit wir uns zum ersten Mal gesehen haben, gehst du mir nicht mehr aus dem Kopf. Du fehlst mir. Kuss! Jenny'*
Plötzlich erscheint mir das Ignorieren viel verlockender. Zu spät. Ich lese die SMS noch ein paarmal durch, beende, weswegen ich eigentlich im Bad bin, und stecke mein Handy dann wieder in die Jackentasche. Ich muss erstmal eine Nacht darüber schlafen. Oder zwei...
Im Wohnzimmer ist die Stimmung zum Glück wieder gestiegen. Als ich das Zimmer betrete, steht Nina gerade auf dem Balkon. Mischa sitzt auf dem Sofa.
„Was macht ihr?"
Kaum habe ich die Frage gestellt, brüllt Nina einen Tarzanschrei in die Nachbarschaft und kommt dann zurück ins Zimmer.
„Hey Mick! Wahrheit oder Pflicht?", fragt sie.

„Och nöö…"

„Nun komm schon, das haben wir früher ständig gespielt", lacht Mischa.

Ja. Früher. Als wir noch in einem Alter waren, wo man Wahrheit oder Pflicht gespielt hat.

„Biiitte!"

Da sind sie wieder, die blauen und die Bambi-Augen. Wenigstens ist diesmal kein Publikum dabei.

„Okay, ich gebe mich geschlagen. Wahrheit."

„Wie war dein erstes Mal?"

Mischa fängt sofort an zu lachen. Sie weiß über mein erstes Mal Bescheid, weiß, dass es auf genau der Klassenfahrt in der neunten Klasse war, in der ich damals so abgefüllt wurde. Es war mit Katharina, ich fand sie supersexy und als sich die halbe Klasse nachts heimlich in den Dünen traf, haben sich ein paar von uns tierisch betrunken. Unter anderem auch Katharina. Ich war nicht so betrunken wie sie, aber angetrunken genug, um mutig genug zu sein, die Gelegenheit beim Schopf zu packen. Sie und ich entfernten uns von der Gruppe, um uns, wie sie meinte, die Beine zu vertreten. Als wir außer Sicht- und Hörweite der anderen waren, küsste sie mich plötzlich und fummelte an meiner Hose. Schnell zogen wir uns aus und legten uns in den Sand. Sie hatte sogar ein Kondom dabei. In dem Moment war ich stolz wie Bolle, dass sie das alles mit mir geplant hatte, aber ein paar Monate später erfuhr ich, dass sie IMMER ein Kondom dabei hat, für den Fall, dass sie irgendwer irgendwo spontan flachlegt. Zögernd drang ich in sie ein, aber als ich langsam sicherer wurde, wurden meine Stöße heftiger. Zu heftig für Katharina. Gerade als ich sie fragen wollte, ob ich alles richtig mache, kotzte sie in die Dünen. Darauf war ich natürlich nicht gefasst. Ich zog mich wieder an und half ihr, ihre Hose auch wieder anzuziehen. Dann ging ich mit ihr ans Meer, damit sie sich waschen konnte. Am nächsten Morgen habe ich mich dann Mischa anvertraut. Das Kondom liegt wahrscheinlich heute noch auf Sylt, und Katharina und ich haben seitdem nie wieder miteinander gesprochen. Mein erstes

Mal war also die totale Katastrophe, obwohl ich heute darüber lachen kann. Nur müssen nicht unbedingt mehr Leute davon wissen als nötig.
„Mein erstes Mal? Hmm... Es war in der neunten Klasse, sie ging in meine Klasse und was sie in den Dünen von Sylt mit mir gemacht hat, werde ich nie vergessen."
Das war nicht mal gelogen. Nina scheint sich mit dieser vagen Aussage zufrieden zu geben. Ich bin dran!
„Mischa, Wahrheit oder Pflicht?"
„Wahrheit."
„Wenn du mich in einem Wort beschreiben müsstest, was würdest du sagen?"
„Blöde-Fragen-Steller!"
„Nee, ehrlich!"
„Ach, ehrlich?! Das war ehrlich! Mick, Wahrheit oder Pflicht?"
„Hey, eigentlich ist Nina dran und du hast auch gar nicht richtig geantwortet!"
„Och, ist schon in Ordnung", meint Nina.
„Dann Pflicht. Soll ich auch auf den Balkon?"
„Nein. Du musst trinken."
„Wie einfallsreich!"
„Du weißt ja noch gar nicht, was du trinken sollst…"
Na dann…

Kapitel 13

Nun ist es schon eine Woche her. Mein Radiowecker plärrt müde etwas vor sich hin und ich schäle mich wie jeden Morgen mühsam aus der Bettdecke. Heute sollte ich mich dringend um einen neuen Job kümmern. Was die Reise nicht verschlungen hat, wird früher oder später – eher früher – aufgebraucht sein. Aber erstmal wird geduscht. Ich krabbele aus dem Bett und schlurfe über Socken und T-Shirt von gestern Abend ins Bad. Kaum bin ich an der Badezimmertür angekommen fällt mir ein, dass ich ja eigentlich auch noch ein bisschen weiterschlafen könnte. Doch ich habe mir den Wecker ja nicht aus Spaß gestellt. Also: Marsch ins Bad! Mit Schwung trete ich ein und erstarre in einem Schrei. Und damit bin ich nicht der Einzige. Mischa schreit auch. Sie steht splitternackt in meinem Badezimmer und cremt sich ein. Nur dass ihr vor Schreck die Creme aus der Hand gefallen ist. Ohne einen weiteren Blick mache ich auf der Stelle kehrt und gehe zurück ins Schlafzimmer. In all den Jahren hatte ich Mischa noch nie nackt gesehen. Ich kenne ihre Brüste im BH, im Bikini und mit Biene-Maja-Flügeln dazwischen, aber ganz nackt ist neu. Und die Brüste waren ja auch nicht das Schlimmste. Obwohl... Schlimm war es ja nicht, nur... peinlich...

Mischa ist für die Zeit bei mir eingezogen, bis sie was Neues für sich gefunden hat. Das hatte ich heute Morgen irgendwie nicht mehr auf dem Zettel. Heieiei... Ich mache erstmal Frühstück. Einen Augenblick später taucht Mischa frischgecremt und angezogen in der Küche auf.

„Dann sind wir jetzt wohl quitt", meint sie und setzt sich. Oh ja, der Zwischenfall mit den Sonnenblumen.

„Das sind wir dann wohl."

Schon die zweite Frau Schröder, die ich nackt im Bad überrascht habe. Gott, mach, dass mir zumindest die Oma erspart bleibt! Und wenn es denn unbedingt weitergehen muss, dann bitte mit Mischas Schwester oder ihre Kusine. Schröders Familienfeiern haben immer ein bisschen was von einem Modelcontest, nur dass man sich mit allen toll unterhalten kann und die meisten von ihnen einen gehörigen Sprung in der Schüssel haben. Im positiven Sinn, versteht sich.

„Und was haben wir heute vor?", reißt mich die vertraute Schüsselsprungstimme aus meinen Gedanken.

„Ich werde mir heute einen Job suchen."

„Ich dachte, dass wolltest du gestern schon machen."

„Ja, da ist mir was dazwischen gekommen."

„Ich dachte, dir wär vorgestern was dazwischen gekommen."
„Nein vorgestern war ich bei meinem Voodoo-Yogi, der dich mit einem Fluch belegt hat, mir nicht mehr mit der Jobsucherei auf die Nerven zu gehen."
„Scheint ja toll zu funktionieren, dein Fluch!"
„Vielleicht hat er sich mit dem Datum vertan."
„Ich wüsste, wie wir das Problem lösen könnten!"
„Na?!"
„Such dir'n Job!"
„Du klingst wie meine Mutter."
„Gar nicht. Und übrigens heißt es gar nicht Voodoo-Yogi. Yogis gibt's nämlich nur im Hinduismus."
„Jetzt klingst du wie mein Vater."
„Mi-cha-el!"
Jetzt klingt sie wie Oma.
„Ich gebe mich geschlagen."
„Dann komm mal in die Gänge! Hü!"
Von dem Moment an, als sie bei Timm aus- und mir eingezogen ist, hat sie mir Feuer unterm Hintern gemacht. Räum auf, lass dir die Haare schneiden, such dir einen Job. Sie will auf andere Gedanken kommen, weg von Timm, weg vom Schmerz. Aber muss sie sich denn ausgerechnet auf mich konzentrieren? Kann SIE nicht meine Wohnung aufräumen, wenn es SIE so stört? Warum lässt SIE sich keine neue Frisur verpassen? Warum sucht SIE mir keinen… Naja, wir wollen mal nicht übertreiben.
Eine gute Stunde später sitze ich bei Manuel, meinem neuen Stammfrisör.
„Na, mein Bärchenmann, was kann ich denn heute Schönes für dich tun?"
„Wird mal wieder Zeit für was Neues."
Daraufhin wirbelt il mio figaro herum und greift nach einer rosa Fernbedienung. Augenblicklich ertönt im Salon der Refrain von ‚Eine neue Liebe ist wie ein neues Leben'.

„Ist das nicht schnuckelig? 300 MP3s, für jeden Gast die passende Musik!" Klick. Yyy M C A!!!' Klick. ‚Ich will keine Schokolaaade…'
„Darf ich mir was wünschen?"
„Was immer du willst."
„Florian Silbereisen."
Klick.
„Nein, war nur Spaß! Himmel, du hast Florian Silbereisen da drauf?! Mach mal irgendwas Entspannendes."
Klick. Tschaikowsky. Ich weiß nicht, ob es wirklich Tschaikowsky ist, aber es klingt zumindest klassisch, und während ich mich im Sessel zurücklehne, massiert Tschaikowsky-oder-so mein Trommelfell und Manuel meinen Hinterkopf. Umgekehrt wäre es wohl weniger schön. Dann vibriert mein Handy: ‚ Sie haben eine Nachricht von Jenny'. Als ich das das letzte Mal ignorieren wollte, hat's auch nicht funktioniert, deshalb versuche ich es diesmal gar nicht erst. *‚Hey fremder Mann! Warum antwortest du nicht. Ich will dir echt nicht auf die Nerven gehen, aber kannst du dir vorstellen, wie ich mich seit einer Woche fühle? Ich werde mich nicht mehr bei dir melden, es liegt jetzt ganz bei dir. Jenny'* In meinem Kopf macht es ‚Klick. Määnner sind Schweine…' Von außen werde ich weiterhin von Klassik und Manuel bearbeitet.
„Ärger mit den Frauen?"
Volltreffer. Das gehört wohl zu seinem Beruf.
„Ja, das kann man so sagen."
Und dann erzähle ich ihm alles. Von Julia und Mischa und Nina und Jenny und Thore und Timm. Sogar vom Krankenhaus. Danach geht es mir besser.
„Schreib ihr", meint mein neuer Therapeut.
„Wem?"
„Am besten beiden. So! Wir sind fertig!"
Ich sehe wieder gut aus. Bussi links, Bussi rechts und zurück auf die Straße. Ich werde ihnen schreiben, und zwar jetzt gleich. An Jobsuche ist jetzt eh nicht zu denken.

Liebe Jenny,
mein Date ist leider nicht so gelaufen, wie ich mir das vorgestellt habe. Das wird dich wahrscheinlich nicht interessieren und wenn, dann wird es dich wahrscheinlich sogar freuen. Schließlich scheint es ja wohl so zu sein, dass du dich...

Neuer Versuch.

Hallo Jenny,
bitte entschuldige, dass ich mich jetzt erst melde. Die letzte Woche war eine sehr schwere Zeit für mich. Die Frau, die ich gesucht habe, hatte ein Verhältnis mit dem Freund meiner besten Freundin und dann willst auch du mir einfach nicht aus dem Kopf gehen...

Das ist es auch nicht.

Hallo Jenny,
bitte entschuldige, dass ich mich jetzt erst melde. Bei mir läuft gerade Einiges durcheinander. Ich will dir keine Hoffnungen machen. Du wirst sicher bald einen...

Nein, verdammt!

Hallo Jenny,
bitte entschuldige, dass ich mich jetzt erst melde. Leider kann ich dir im Moment nicht viel sagen, nur dass ich zu durcheinander bin, um einen klaren Gedanken zu fassen. Und weil ich es nicht zulassen will, dass du dir weiter Hoffnungen machst, die ich nicht erfüllen kann, ist es wohl besser, wir halten keinen weiteren Kontakt.
Es tut mir leid!
Mick

Mit dieser Entscheidung bin ich eigentlich nicht ganz einverstanden. Dafür denke ich noch zu oft an sie. Aber ich glaube, so ist es besser. Für sie auf alle Fälle und für mich wahrscheinlich auch. Nun zu Brief Nr. 2...

*Liebe Julia,
ich möchte, dass du weißt, dass ich es nicht bereut habe, dir nachgereist zu sein. Du bist die schönste und tollste...*

Schwachsinn.

*Liebe Julia,
ich möchte, dass du weißt, dass ich ständig an dich denken muss. Ich habe so sehr gehofft, dich zu finden und war so froh, dich schließlich gefunden zu haben. Was zwischen dir und Timm gelaufen ist, ist mir persönlich egal, aber Timms Freundin, die ihm so peinlich ist, ist der wichtigste Mensch, den es in meiner kleinen Welt gibt. Ich kann nicht bei dir sein, ohne daran zu denken, wie es ihr im Moment geht. Sie würde mir wahrscheinlich widersprechen und mir in den Hintern treten, damit ich meine Bedenken über Bord werfe und zurück zu dir fahre, aber das kann ich nicht. Das kann ich erst, wenn ich weiß, dass sie über die Sache hinweg ist. Ich hoffe, du kannst mich verstehen. Ich weiß nicht, ob du so lange warten kannst. Ich würde es dir nicht verübeln, wenn nicht.
Alles Liebe!
Michael*

Jennys Brief schicke ich an die Mühlenstraße 16 in Kiel. Den Serviettenschnipsel mit Julias Telefonnummer habe ich gut verwahrt und die Nummer gehört laut Telefonbuch Heinz und Friedel Wagner in Kiel. Vielleicht Oma und Opa? Und da ich jetzt sowieso nochmal zum Briefkasten muss, kann ich mich auch gleich, wie es ja eigentlich mal geplant war, auf Jobsuche begeben. Auf zu neuen Abenteuern!

Meine Abenteuer führen mich heute in drei Kneipen, von denen keine an einem Kellner ohne jegliche Erfahrung interessiert ist, und in eine Videothek, wo leider auch kein Bedarf an Aushilfen besteht. Nun stehe ich nach wie vor arbeitslos auf dem Marktplatz und kann nicht verhindern, dass mein Blick am Bücherwurm hängen bleibt. Bin ich so tief am Boden, dass ich der Leseratte beim Bücherpacken helfe? Nein. Ein klares Nein. Und bevor der letzte Stolz in mir verschwindet, entdecke ich den hoffnungsvollen Schriftzug ‚Pizza Blitz Neueröffnung' direkt links neben dem Bücherwurm. Warum nicht? Der Mann, der mir müde am Pizzeriatresen gegenüber steht, kommt mir irgendwie bekannt vor. Ich kann mich nur nicht erinnern, woher.
„Hallo. Ich wollte mal fragen, ob Sie vielleicht einen Pizzafahrer suchen."
„Da müssen Sie den Chef fragen."
„Und wo find ich den?"
Ohne noch einmal aufzublicken greift der Mann nach dem Telefon, wählt eine Nummer und reicht mir den Hörer. Am anderen Ende meldet sich eine Männerstimme.
„Si?"
Oh, ein Italiener!
„Hallo, mein Name ist Mick Baumann. Ich wollte mal fragen, ob Sie vielleicht einen Pizzafahrer suchen."
„Jau, dat könn wa wohl noch brauchen. Hömma, hast du'n Wagen?"
Nix Italiener, Feinstes Bochum, oder so ähnlich, ich kann die Dialekte immer so schlecht unterscheiden.
„Oh. Wagen? Nein, leider nicht. Aber einen Führerschein."
Toll, du Held, das ist ja wohl auch das Mindeste!
„Jau. Mach nix. Wir ham noch ein Dienstauto. Komma am Montagabend vorbei, dann machn wa dat fettich."
„Jau", passe ich mich an.
„Tu den Peter ma deine Nummer und so geben, woll!"
„Jau."
„Gut. Tschüss denn!"
„Tschüß! Bis Montag!"

Tadaa! Mikey hat einen neuen Job!
„Bist du Peter?"
„Warum?"
„Wenn du Peter bist, dann soll ich dir meine Telefonnummer geben."
„Ja."
„Ja. Hast du mal Papier oder so?"
„Oder so?"
Mann! Nerv mich nicht!!!
„Hömma! Papier und Stift."
„Ja."
Und nur kurze Zeit später habe ich einen Pizza-Blitz-Flyer und einen schmierigen Kugelschreiber in den Händen und kritzele meine Nummer in die Lücke zwischen Pizza und Pasta. Wieso kommt mir Peter nur so bekannt vor? Stolz und doch auch ein wenig skeptisch mache ich mich auf den Heimweg. Dort werde ich von Mischa erwartet.
„Und, was gefunden?", fragt sie kauend, weil sie gerade von einem Schokokuss abgebissen hat.
„Ich habe einen Job!"
„Als was?"
„Als Pizza-Blitz!"
„Was?! Du lässt doch sogar die zum Aufbacken verbrennen!"
„Deswegen bin ich ja auch der Fahrer. Mit Firmenwagen!"
„Firmenwagen? Na da bin ich ja mal gespannt! Und was verdienst du?"
„Das weiß ich noch gar nicht."
„Aha. Und wann musst du arbeiten? Auch nachts?"
„Das weiß ich auch noch nicht."
„Aha."
„Nix aha! Das wird bestimmt gut."
„Hmm.
„Nix hmm."
„Nö nö…"
„Du bist doof."

„Ach ja? Wer von uns beiden weiß denn nicht, wann er wo für wie viel Geld arbeiten wird?"
„Wo weiß ich!"
„Glückwunsch!"
„Du bist immer noch doof."
„Die Frage hatten wir schon."
„Das war keine Frage."
Und klatsch habe ich den Schokokuss im Gesicht. Ihre Art, sich geschlagen zu geben. Da sie das Gesicht schnell genug zur Seite gedreht hat und mein Arm zu viel Schwung drauf hatte, klatsche ich ihr den für mich bereit gestellten Schokokuss dummerweise genau aufs Ohr. Die weiße Creme klebt ihr an der Ohrmuschel, am Hals und vor allem in den Haaren. Mit einem lauten ‚Essenschlaaacht' greifen wir uns jeder so viele Schokoküsse, wie wir tragen können und die Schlacht beginnt. So lange wir denken können, haben wir damit die jeweils zuständige unserer Mütter auf jeder unserer Geburtstagsfeiern zur Verzweiflung gebracht. Einfach keine Schokoküsse zu kaufen, war keine Lösung, denn dafür opferten wir bereitwillig unser Taschengeld. Es ging dann einmal sogar so weit, dass mein Vater sich mit einem waghalsigen Sprung vor unser neues Sofa in die Flugbahn eines heranschnellenden Kusses warf und sich dabei den Arm brach. Wir Kinder nahmen das damals leider nicht wahr und nutzten das sich am Boden krümmende Objekt fortan als Zielscheibe, was wiederum seine Laune nicht verbessert hat. Die Strafe bestand darin, dass meine Eltern mich am nächsten Morgen um vier Uhr aus dem Bett zogen, mir einen Lappen in die frischgebacken zehnjährige Hand drückten und sich dann mit einem entsetzlich ernst klingenden ‚Und wehe, um acht finden wir noch einen einzigen Klecks im Wohnzimmer' wieder in ihr Schlafzimmer verzogen.
Es ist schön, Mischa wieder so ausgelassen zu erleben. Sie ist eine klasse Frau. Wir liegen lachend und schokoschaumverschmiert auf meinem nicht lachenden, schokoschaumverschmierten Teppich und halten uns die Bäuche, wie früher.

„Lass uns ein Baumhaus bauen!"
Auch wie früher. Wir gehen ins Bad, waschen uns, gehen raus und fahren mit dem Bus zu Mischas Eltern. Dort haben wir früher ständig Baumhäuser gebaut, aber weil es nur zwei geeignete Bäume gab, mussten wir eines immer abreißen, bevor wir ein neues bauen konnten. Und so wurden der eine Baum zum Wohnbaum, der von uns tapfer gegen alle geschwisterlichen Bedrohungen verteidigt wurde, und der andere zum Experimentierbaum, wo alle herumbasteln durften. Das Wohnbaumhaus müsste heute noch da stehen. Mischas Geschwister hatten es irgendwann von ihr geerbt und in Ehren gehalten.

„Ela! Micky! Das ist ja mal 'ne Überraschung! Kommt rein!"
Mischas Mama schließt uns in die Arme und schiebt uns ins Wohnzimmer. Sie ist die einzige Person auf der Welt, die mich Micky nennt. Anfangs habe ich es gehasst, denn Micky heißen nur Mäuse mit schwarzen Füßen und weißen Handschuhen, aber ab einem gewissen Alter steht man über den Dingen.
„Och Kinder, ich hab ja gar nicht aufgeräumt! Und die Fenster sehen ja aus! Da muss ich dringend bei!"
„Das kann Mikey doch übernehmen", schlägt Mischa vor und grinst mich an. NEIN, das wird Mikey nicht tun. Mama Schröder sieht ihre Älteste fragend an.
„Und wieso sollte er das tun?"
„Ja, warum sollte ich das tun?"
„Naja, du putzt doch so gern Fenster."
„Nein, tu ich nicht. Weißt du doch."
Mischas Mutter setzt sich zu uns aufs Sofa und keiner von uns weiß, welches Thema wir anschneiden könnten. Nach einer Weile legt ihre Mutter Mischa die Hand aufs Knie.
„Und? Wie geht's dir?"
DAS ist garantiert nicht das richtige Thema. Mütter…

„Wir wollen ein Baumhaus bauen", sagt Mischa, und wer sie kennt, weiß, dass sie mit den Tränen kämpft.
Und weil sie gerade von den beiden Menschen umgeben ist, die sie am besten kennen, muss sie auch nichts weiter sagen. Nach und nach verliert Mischa den Kampf gegen die Traurigkeit und dann bricht es aus ihr heraus. Sie schmiegt sich an ihre Mutter und weint. Lange. Dann steht sie auf, nimmt meine Hand und wir gehen ein Baumhaus bauen. Wie früher.

Kapitel 14

„Das ist das Dienstauto?!?"
Fassungslos stehe ich an meinem ersten Arbeitstag als Pizza-Blitz vor einem kleinen, quietschgrünen Auto. Die Bezeichnung Auto wird ihm nicht ganz gerecht, es ist eher eine Art motorisiertes Dreirad, und in leuchtend roter Schrift prangt ‚Willst du Pizza wie der Blitz, rufe schnell den Pizza-Blitz'. Hömma, wer sich das wohl ausgedacht hat! Stolz steht mein Chef neben mir und erklärt mir in seinem Kauderwelsch, dass ich mit dem Ding liebevoll umgehen muss und nie Vollgas geben darf, sonst explodiere der Motor.
„Ach so, ne Uniform hamma auch! Und ich bin übrigens der Jupp."
„Mick, angenehm."
Dann gibt der Jupp dem Mick seine Arbeitskleidung. Sie reicht nicht ganz an den plüschigen Schick von Tinas Bärchen-Shirt heran, aber das macht die Sache für mich nicht angenehmer. Auf meiner Brust prangt nun auf quietschdreiradgrünem Stoff ein rotes ‚Willst du Pizza wie der Blitz...'-Banner. Hinten stehen der zweite Teil und die Pizza-Blitz-Telefonnummer. Jetzt bin ich also fertig gerüstet für meinen ersten Arbeitstag. Ich freu mich drauf. Glaub ich... Jupp erklärt mir dann noch den Ablauf der Bestellung. Was mich

betrifft, bedeutet das, dass ich von Peter einen Stapel Pizza kriege und eine Lieferroute. Das werde ich schon schaffen. Ich schnappe mir meinen ersten Stapel, gehe zu meinem Pizza-Mobil und packe die Kisten hinten in den Kofferraum. Dann quetsche ich mich hinters Steuer. Es gibt weder eine Rückbank noch einen Beifahrersitz. Auf geht's: Zimmermann, Löwenstraße 45. Die kenne ich. Mein Pizza-Mobil trägt mich mit seinen drei Gängen tapfer durch den Nachmittagsverkehr. Ein wenig Sorgen macht mir das Lenkspiel: Die Räder reagieren erst, wenn man das Steuer ein ganzes Stück gedreht hat. Ich fühle mich ein bisschen wie in einem Traktor, den man tiefer gelegt und dem man einen Vorderreifen geklaut hat, nur mit weniger PS. Und quietschgrün. Und eigentlich ganz und gar nicht wie ein Traktor. Eher wie ein Mofa, ein Traktor-Mofa. Ich sollte ihm vielleicht einen Namen geben, dann wär's egal. Dann wär's ein Kurt oder Manni oder Fritz. Kurt ist gut. So soll mein Pizza-Mobil ab jetzt heißen.

Löwenstraße 45, wir sind da. Das Aussteigen aus Kurt ist noch komplizierter als das Einsteigen, denn meine Beine klemmen unter dem Lenkrad fest. Aber schließlich schaffe ich es, mich zu befreien, klettere aus dem Wagen und hole die erste Kiste aus dem Kofferraum. ‚Ding-Dong, Pizza-Blitz!' rufe ich fröhlich in die Sprechanlage, und mir wird Einlass gewährt.

„Wird ja auch Zeit...", werde ich an der Wohnungstür empfangen.

„Entschuldigen Sie bitte."

„Was kostet das?"

„Acht neunzig."

„Zeig mal!"

Ich öffne den Karton und der Kunde und ich sehen, dass der gesamte Belag auf eine Seite der Pizza gerutscht ist. Ich habe wohl ein paar Kurven zu schnell genommen. Wenn das meine Pizza wäre, würde ich sie dem Liefer-Heini um die Ohren hauen. Erst recht, wenn er so ein dämliches T-Shirt trägt.

„Für vier nehme ich sie."
„Wie bitte?"
„Für vier nehme ich sie. Du kannst damit auch wieder zu deinem Chef fahren und mir eine neue bringen."
Es ist meine erste Tour an meinem ersten Arbeitstag. Mist...
„Einverstanden."
Der Mann drückt mir vier Euro in die Hand und schließt die Tür. Ich zücke mein Portmonee, nehme einen Fünf-Euro-Schein und stecke ihn in mein Dienstportmonee. Die Kasse muss ja stimmen. Ich sollte schleunigst die übrigen Kartons kontrollieren. Und die sehen leider nicht viel besser aus. Doch ich habe Glück: Der nächste Kunde hat Mitleid und nimmt seine Pizza so, wie sie ist. Jetzt bleibt nur noch eine Adresse. Schmidt, Amselstraße 12. Als ich mich zum dritten Mal aus Kurt zwänge, stehe ich vor einem großen, alten, teuren Haus mit Statuen im Garten. Die werden meine Pizza bestimmt nicht annehmen, verdammtes Spießerpack. Seufzend nehme ich die letzte Kiste und mache mich auf den Weg zur Haustür. Schmidt. Vielleicht stehe ich ja grad vor Julias Haus! Also, ihrem früheren Haus. Dem Haus ihrer Eltern. Das würde ja bedeuten, dass ich gerade meinen Vielleicht-irgendwann-Schwiegereltern Pizza bringe. Die Tür öffnet sich und ein Mann Mitte fünfzig steht dahinter. In einem der hinteren Zimmer höre ich zwei Frauen reden. Die eine Stimme, das könnte sie sein. Das kann doch nicht sein!
„Pizza-Blitz, hallo! Mir ist leider ein kleines Missgeschick mit der Pizza passiert."
Der Mann in der Tür betrachtet seine verrutschte Bestellung, lächelt dann und bezahlt.
„Ob ich wohl mal kurz Ihre Toilette benutzen dürfte?"
Ich muss nicht, aber ich will ins Haus und schauen, ob sie es ist.
„Ja, natürlich. Kommen Sie rein!"
Andererseits... Was, wenn sie es wirklich ist? Will ich sie wirklich sehen?
„Äh... Doch nicht... Geht schon... Ich muss auch weiter..."

Schnell drehe ich mich um und lasse Familie Schmidt hinter mir. So schnell es eben geht steige ich in meinen Kurt und gebe Gas. Auf dem Armaturenbrett tauchen zwei alte Bekannte von mir auf. Das Teufelchen hat die Arme verschränkt und schaut mich vorwurfsvoll an.
„Tolle Leistung, du Schisser! Jetzt weißt du's nicht und wirst nächtelang wach liegen."
„Vielleicht", verteidigt mich der Engel, „aber vielleicht ist es besser, wenn er erst mal 'ne Nacht drüber schläft."
„Und was macht er dann?"
„Dann sieht er mal weiter."
Ich nehme an dem Gespräch nicht weiter teil, sondern versuche mich aufs Fahren zu konzentrieren. Zwischen meinen Hirngespinsten ist inzwischen ein heftiges Wortgefecht darüber entbrannt, ob ich nun ein jämmerlicher Feigling bin oder nicht. Ich hoffe, der Engel gewinnt.

„Na toll! Jetzt weißt du's nicht und wirst nächtelang nicht schlafen können."
„Habt ihr euch irgendwie abgesprochen?"
Mischa schaut mich verdutzt an.
„Mit wem sollte ich mich denn absprechen?"
„Ach, egal... Was mach ich denn jetzt?"
Der Engel hat verloren, haushoch! Mischa schlägt grübelnd die Stirn in Falten. Auf ihrer Schulter entdecke ich das Teufelchen, ebenso nachdenklich. Dann haben beide eine Idee:
„Wir finden es heraus. Wir schleichen uns heran und gucken durch die Fenster, wie damals mit den Fernbedienungen."
Mischa und ich sind früher mit einer Kiste Fernbedienungen losgezogen und haben den Leuten in der Nachbarschaft durchs Wohnzimmerfenster die Programme oder die Lautstärke verstellt. Es hat einen Heidenspaß gemacht, bis mein Vater uns auf die Schliche gekommen ist. Da war der Spaß dann vorbei. Und heute sind wir voll strafmündig und ich glaube nicht, dass es erlaubt ist, abends durch anderer Leute Gärten zu kriechen.

„Das ist keine gute Idee."
„Das wird lustig!"
„Vielleicht haben die Kameras. Damit hab ich mal ganz blöde Erfahrungen gemacht."
„Das wird lustig!!!"
Zwei Stunden später sitzen wir im Auto von Mischas Mutter in der Amselstraße in sicherer Entfernung zu Haus Nr. 12 und warten auf einen Schub Mut. Es war wirklich keine gute Idee, obwohl wir beide extra nur schwarze Klamotten angezogen haben. Zum Glück konnte ich Mischa davon abhalten, uns auch noch die Gesichter schwarz anzumalen. Wir sind ja nicht bei den Marines! WÄREN wir bei den Marines, müssten wir jetzt nicht so nervös sein. Dann wäre es ein Kinderspiel. So bleibt ein gewisses Restrisiko. Und was heißt hier REST? Ganz großes Wenn-wir-erwischt-werden-sind-wir-am-Arsch-Risiko! Wir hätten uns doch die Gesichter färben sollen! Mischa wäre mein Platoon Commander und ich der arme Private Baumann, der nur seine Befehle befolgt. Bei Misserfolg käme Mischa vors Kriegsgericht und ich würde abkommandiert zum Latrineschrubben. Der Mut hat inzwischen unser Auto erreicht und von Mischa Besitz ergriffen. Sie klopft mir aufmunternd aufs Bein, grinst und steigt aus. Ich steige hinterher. Dann schleichen wir im Dunkeln auf die Auffahrt von Nr. 12. und schauen uns vorsichtig um. Leise nähern wir uns dem Küchenfenster. Ich kann deutlich spüren, wie mein Herz bis in den Hals hinauf pocht. In der Küche ist niemand zu sehen, aber aus einem Zimmer auf der anderen Seite schimmert Licht.
„Wir müssen einmal ums Haus gehen", raune ich meinem Commander zu. Und dann tappen wir im Dunkeln durch Schmidts Blumenbeet in Schmidts Garten. Wir haben sie doch nicht mehr alle! Vor uns an der Häuserwand sind große Fenster, hinter denen sich scheinbar das Wohnzimmer befindet. Ich krabbele hinter einen Busch und versuche, einen Blick ins Haus zu werfen. Drei Personen kann ich entdecken: Herrn Schmidt, den ich ja schon kennengelernt

habe, eine ältere Frau, wahrscheinlich seine Frau, und eine jüngere Frau, die ich leider nur von hinten sehen kann. Das könnte sie sein. Ich krieche noch ein wenig weiter um den Busch herum, um besser sehen zu kennen, doch die junge Frau müsste sich schon umdrehen. Plötzlich raschelt es neben mir. Erwischt! Verloren! Latrine schrubben! Doch es ist nur Mischa.

„Und? Kannst du was erkennen?"
„Ich weiß nicht. Sie müsste sich umdrehen."
„Wir könnten was gegen die Scheibe schmeißen. Eine Eichel oder kleine Steine oder so."
„Nein, das werden wir nicht."
„Oder wir könnten... Oh mein Gott..."
„Was denn?"
„Pssst..."
„Was denn?"
„Psssst... Da..."
„Oh mein Gott..."

Vor Schmidts Wohnzimmerfenster trottet ein großer, schwarzer Hund schwanzwedelnd über die Terrasse. Wir haben ein Problem. Das ist bestimmt ein Familienhund, ein ganz lieber. Sonst wäre er ja auch angebunden. Vielleicht ist es ja auch kein Er, sondern eine Sie. Obwohl das bei Hunden ja eigentlich egal ist, glaube ich. Unser Problem wird größer, denn der Hund hält erst schnüffelnd seine Nase in die Luft und läuft dann in unsere Richtung. Mischa und ich halten den Atem an. Keine zehn Meter trennen uns noch von ihm. Immerhin wedelt er immer noch mit dem Schwanz, noch fünf Meter, drei, einer, dann steht er direkt vor uns und schaut uns an. Aufstehen können wir nicht, dann würde man uns entdecken, und so sitzen wir auf Augenhöhe. Eine derartige Situation scheint für uns alle drei neu. Das Schwanzwedeln hat aufgehört und ich wünsche mir mehr denn je, eine anständige Nahkampfausbildung durchlaufen zu haben. Verdammter Zivildienst! Mischa fasst sich ein Herz und streckt ihre Hand aus.

„Braver Hund. Lieber Hund. Wie heißt du denn?"

Ja, genau. Braver Hund. Friss uns nicht!
Der Hund beschnüffelt Mischas Hand und wedelt weiter mit dem Schwanz. Ich greife nach einem Ast und schwenke ihn vor der Hundeschnauze. Dann werfe ich ihn weg.
„Los! Hol!"
Der Vierbeiner schaut dem Stock nach und dreht dann den Kopf zu mir. Zwei große, schwarze Knopfaugen sagen ‚Och nö...' Mischa hebt den Zeigefinger und beschwört den Hund mit einem langen ‚Siiiitz!' Es funktioniert. Bello macht Sitz, und Mischa und ich schleichen zurück durchs Blumenbeet. Als wir die Auffahrt erreicht haben, rennen wir los. Nach ein paar Metern werden wir eingeholt und bellend und schwanzwedelnd umsprungen. Zumindest brauchen wir wohl keine Angst mehr haben, gefressen zu werden. Hinter der nächsten Kurve haben wir das Auto erreicht. Mischa springt hinters Steuer, und ich hechte zur Beifahrertür. Doch Bello ist schneller. Kaum habe ich die Tür geöffnet, springt er ins Auto und Mischa auf der anderen Seite genauso schnell wieder heraus. Jetzt haben wir ein GANZ anderes Problem.
„Los, Mick! Greif ihn und zieh ihn aus dem Auto!"
„Warum denn ich? Ich fass den nicht an!"
„Scheiße! Was machen wir denn jetzt."
„Dann fahren wir ihn halt zurück."
„Und dann?"
„Das kriegen wir schon irgendwie hin."
Mischa setzt sich wieder ans Steuer und fährt mit dem Auto langsam zum Haus der Schmidts. Ich laufe nebenher. Dort versuchen wir, auf das Tier einzureden, dass es bitte, bitte aus dem Auto steigt. Keine Chance. Schweren Herzens geben wir auf, und ich läute an Familie Schmidts Tür. Zum Glück ist mir eine gute Geschichte eingefallen, mit der ich erklären kann, warum ihr Hund in unserem Auto sitzt. Im Flur geht das Licht an und durch die Milchglasscheibe kann ich sehen, dass sich eine zierliche Person der Haustür nähert. Auf einmal wünsche ich mir gar nicht mehr, dass dies

Julias Haus ist. Die Tür geht auf und eine junge Frau schaut mich an. Sie ist es nicht.

„Hallo. Ich bin gerade an ihrem Haus vorbeigefahren und dann lief mir ihr Hund vors Auto. Keine Sorge, es ist nichts passiert, aber als wir nachschauen wollten, ist er ins Auto gesprungen und kommt da nun nicht mehr heraus."

Die Geschichte ist gut. Glaubhaft. Sie schaut mich zögernd an.

„Tut mir Leid, wir haben keinen Hund."

„Aber er kam aus ihrer Auffahrt."

„Meinen Sie nicht, ich wüsste Bescheid, wenn ich einen Hund hätte?"

„Doch, natürlich. Könnten Sie vielleicht trotzdem kurz mitkommen? Vielleicht kommt er Ihnen ja bekannt vor."

„Moment. Mama! Papa! Kommt doch mal bitte mit raus. Hier ist ein Mann, der einen Hund gefunden hat. Einen Moment später steht Familie Schmidt vor Mischas Auto und betrachtet den Hund, der inzwischen auf der Rückbank liegt und sich die Hoden ableckt. Damit wäre dann auch das Geschlecht geklärt.

„Dieses Tier habe ich hier noch nie gesehen", meint Papa Schmidt, der mich scheinbar nicht wiedererkannt hat. Zum Glück!

„Und eigentlich kennen wir alle Hunde in der Nachbarschaft."

„Und nun?"

„Bringen Sie ihn doch ins Tierheim."

„Das hat doch um diese Zeit nicht mehr auf."

„Dann lassen Sie ihn einfach wieder frei."

„Meinen Sie, wir halten ihn da drin gefangen?"

Ich würde eine Menge dafür geben, wenn der blöde Köter einfach aus dem Auto stiege und sich trollte. Mischa schaut mich mit großen Kulleraugen an.

„Was, wenn er kein Zuhause hat?"

„Wir können ihn ja wohl kaum mitnehmen!"

Ein paar Minuten später sitzt Familie Schmidt wieder in ihrem Wohnzimmer und wir sitzen wieder in unserem Auto mit einem fremden Hund auf der Rückbank. Nennt man so etwas eigentlich Diebstahl? Mischa scheint Spaß an der Sache zu haben.
„Er braucht einen Namen."
„Er HAT einen Namen. Wir kennen ihn nur nicht."
„Ich bin für Günter."
„Du kannst einen Hund nicht Günter nennen!"
„Warum denn nicht?"
„Weil ganz viele Menschen Günter heißen! Und das ist doof!"
„Dann darf man einen Menschen auch nicht Hasso nennen, oder was?"
„Genau, und Bello auch nicht. Oder kennst du jemanden, der Bello heißt?"
„Mein Onkel heißt Hasso."
„Heißt er nicht!"
„Doch, kein Witz! Mein Großonkel in Duisburg heißt Hasso. Peter-Hasso Schröder."
„Du verarscht mich."
„Nein. Großes Indianer-Ehrenwort!"
„Meinetwegen, dann nenn ihn halt Günter. Er kommt sowieso morgen ins Tierheim."
„Okay, du hast ja Recht."
Den Rest der Fahrt verbringen wir schweigend, nur Günter hechelt leise vor sich hin. An einer roten Ampel streckt Mischa ihren Arm nach hinten und krault ihn zwischen den Ohren.
„Und was, wenn ich nicht will, dass er ins Tierheim kommt?"
Ob ich nun einverstanden bin oder nicht, am Abend sitzen wir in meiner Wohnung und überlegen, was mit Günter geschehen soll. Das Tierheim wird nach wie vor nicht als Alternative in Betracht gezogen.
„Lass uns morgen nochmal in dieses Wohngebiet fahren und Zettel aufhängen, ‚Hund zugelaufen'!"

„Und was, wenn sein Herrchen oder Frauchen sich beim Tierheim gemeldet hat?", werfe ich ein.
„Wir geben ihn nicht ins Tierheim."
„Nein, aber wir müssen da zumindest Bescheid sagen. Sonst ist das Diebstahl."
„Aber wir haben Günter doch nicht geklaut!"
„Nein, aber er gehört jemandem. Jemand hat also mal Geld für ihn bezahlt, und wir haben jetzt fremder Leute Eigentum."
„Eigentum???"
„Naja, irgendwie schon…"
„Eigentum???"
„Ja. Rechtlich schon."
„Aber wir gehen nicht hin. Nachher behalten die den da."
„Dann rufen wir an."
„Morgen."
„Natürlich morgen."
„Was soll denn das nun wieder heißen? NATÜRLICH morgen? Meinst du, es gibt keinen Notdienst für Hunde?"
„Nein, das glaube ich nicht."
„Wir werden ja sehen!"
Gesagt, getan, steht Mischa auf und blättert im Telefonbuch.
„Hier, Tierheim: 15241."
„Viel Erfolg!"
Den hat sie aber nicht. Es meldet sich nur ein Anrufbeantworter.
„Ja, Schröder hier, guten Tag! Mir ist in der Amselstraße ein Hund zugelaufen. Männlich, schwarz, bisschen mehr als kniehoch, schwarze Knopfaugen. Falls ihn jemand sucht, Sie erreichen mich unter 0175 – 25 47 692. Tschüß!"
„Na, was sagt der Notdienst?"
„Klappe!"
Günter zeigt sich von der ganzen Aufregung höchst unbeeindruckt. Er liegt auf meinem Teppich und schlabbert sich wieder an den Eiern. Was wäre, wenn Männer das auch könnten? Würden wir…?
„Das würdest du auch gern können, oder?"

„Quatsch!"
Am nächsten Morgen werden wir von Günter geweckt. Winselnd läuft er zwischen Bett und Haustür hin und her.
„Mischa, dein Hund muss raus."
„Aber ich bin noch sooo müde."
„Und wenn er in die Wohnung macht?"
„Ist doch nicht meine Wohnung."
Na warte! Ich steige aus dem Bett, gehe auf Mischas Seite und greife nach ihrem Bein."
„Nicht kitzeln! Kitzeln gilt nicht!"
„Wer hat denn was von kitzeln gesagt?", frage ich und ziehe sie mitsamt der Decke aus dem Bett.
„Das ist gemeeein!"
„Das ist DEIN Hund, der sich hier die Beine zusammenkneift. Und wir können ihm ja wohl keinen Knoten reinmachen."
„Ist ja gut."
„Du gehst mit dem Hund und ich mache Frühstück, einverstanden?"
„Einverstanden."
Mischa wuselt sich aus der Bettdecke und knotet mein altes Springseil, das wir gestern aus dem Schrank gesucht haben, an Günters Halsband. Nicht, dass er uns auch noch wegläuft! Ich mache Frühstück. Zwei Schalen, zwei Löffel, Cornflakes und Milch. Das muss genügen. Günter kriegt eine Portion Würstchen aus der Dose. Hund und Aushilfsfrauchen sind schnell wieder da, völlig durchnässt.
„Das ist das widerlichste Wetter seit der Arche Noah. Wir haben doch Sommer, verdammt! Und das nennst du Frühstück machen?!"
„Weißt du, dass man von zu viel Nörgeln Falten unter den Augen kriegt?"
„Weißt du, dass man für blöde Bemerkungen aufs Maul kriegt?"
„Frühstück?"
„Ja."
„Cornflakes?"

„Ja. Milch?"

„Ja."

Nach dem Frühstück machen wir einen Stapel Hundzugelaufen-Zettel und fahren dorthin, wo wir Günter gefunden haben. Dort bekleben wir Stromkästen, Bäume und Zäune.

„Und was machen wir, wenn sich niemand meldet?", fragt Mischa.

„FALLS sich niemand meldet! Das werden wir dann schon sehen."

„Nicht ins Tierheim!"

„Nein. Nicht ins Tierheim. In China käme er in die Wurst."

„Das ist nicht lustig."

„Wonach schmeckt eigentlich Hund?"

„Nicht lustig. Komm Günter, hör nicht auf den Onkel! Der ist böse."

„Du kannst ihn ja adoptieren, wenn ihr euch so gut versteht."

„Ich glaube, das mach ich auch. Hoffentlich meldet sich keiner!"

Also doch! Mischa will den Hund tatsächlich behalten. Hoffentlich meldet sich jemand! Stunden später sind alle Zettel ausgehängt. Jetzt müssen wir noch Hundefutter kaufen, und dann harren wir der Dinge, die da kommen mögen. Und Mischa hat noch eine Neuigkeit für mich:

„Ich hab eine Wohnung gefunden!"

„Hey! Coole Sache! Wo denn?"

„Gegenüber."

„Wo gegenüber? Hier gegenüber?"

„Ja. Als ich vorhin mit Günter draußen war, hab ich Sascha getroffen."

„Wer ist Sascha?"

„Hallo? Deine Nachbarin!"

„Sascha ist aber kein Mädchenname."

„Ist es wohl! Und sie heißt so. Außerdem geht's hier um mich."

„Stimmt. Und du ziehst bei ihr ein?"

„So ist es. Krass, du weißt nicht, wie deine Nachbarin heißt!"
„Sascha heißt sie. Und außerdem geht's hier um dich."
„Stimmt."
„Wann ziehst du ein?"
„Wenn ihre Mitbewohnerin ausgezogen ist. Übermorgen."
„Übermorgen?"
„Übermorgen. Und Günter darf auch mit."
„Das ist klasse!"
„Wir werden Nachbarn!"
„Sekt?"
„Champagner!"
Wir schlüpfen schnell in unsere Schuhe und laufen zum Supermarkt. Weil der keinen Champagner hat, gibt's halt doch ein Fläschchen Sekt und dann ab zurück nach Hause.
„Lass uns in meine neue Wohnung gehen!", schlägt meine neue Nachbarin vor. Wir klingeln und kurze Zeit später sitzen wir mit Sascha und ihrer Nochmitbewohnerin in deren Küche und stoßen an. An der Tür haben wir noch schnell gebetet, dass die beiden ihre WG im Guten auflösen. Unsere Gebete wurden erhört, die Mitbewohnerin zieht zum Studieren nach Hamburg. Wir geben ihr Ninas Nummer. Die Flasche Sekt ist verdammt schnell leer, was alle bedauern.
„Ich werd mal schauen, was ich drüben noch hab", sage ich und gehe in meine Wohnung. Dort erwartet mich eine böse Überraschung: Günter hat meine Bettwäsche zerfetzt. Er liegt in der Zimmerecke und kaut auf meinem Kopfkissen.
„Böser Hund! Böser, böser Hund!"
Doch darum mag ich mich jetzt nicht kümmern. Viel lieber durchstöbere ich den Schrank nach Alkohol, finde eine Flasche, nehme den bösen Hund am Halsband und ziehe ihn in Saschas Wohnung. Sie soll mal gleich sehen, worauf sie sich da eingelassen hat.
„Wer bist duuu denn?", werden wir empfangen. Und da sie ja schon weiß, wer ich bin, ist klar, wer gemeint ist. Sascha stürzt sich auf Günter, knuddelt und streichelt ihn, dass die letzten Bettdeckenfussel aus seinem Fell fliegen. Ab über-

morgen habe ich wieder meine Ruhe! Wir öffnen den Wein und genießen den Abend.
„Sag mal, musst du heute gar nicht zur Arbeit?"
Verdammt! Natürlich muss ich zur Arbeit! Nein, nein, nein!
„Mischa, wie viel hab ich getrunken?"
„Ich weiß nicht. Drei Gläser, glaube ich."
Das ist zu viel zum Pizzafahren.
„Ich melde mich krank."
Ich renne zurück in meine Wohnung und rufe Hömma-Jupp an. Der ist gar nicht begeistert.
„Hömma, ich hab fest mit dich gerechnet, woll. Wer soll denn nu dat Pizza fahren?"
„Ich kann im Moment echt nicht."
„Und wat is mit morgen?"
„Morgen wird's wohl gehen."
„Jau. Dann machet gut, woll. Erhol dich ma gut!"
„Jau. Tschöss!"
„Tschöss!"
Geschafft! Heute ist frei. Hoch die Tassen!

Kapitel 15

„Na, geht's wieder?", fragt mich Peter, die Pizzatresenkraft.
„Passt schon. Ist viel los heute?"
„Da drüben."
Damit wären alle Gesprächsthemen abgearbeitet, kein böses Nachspiel wegen gestern. Ich schnappe mir meine Lieferungen und mache mich auf in meinen Kurt. Drei große Pizzen, drei Adressen, auf geht's!
Pizza und Adresse Nummer 1 führen mich in ein schickes Wohngebiet: Spielstraße, Doppelhaus an Doppelhaus, Hecke an Hecke. Zwei Jugendliche überholen mich auf ihren Fahrrädern, zeigen auf mein ‚Auto' und lachen. Statt weiterzufahren lassen sie sich immer wieder zurückfallen und überholen mich erneut. Sind wir lustig!

Zum Glück erreiche ich bald mein Ziel – wer hätte es gedacht: ein Doppelhaus. Eine junge Frau im Bademantel öffnet mir. Hallooo… Sie möchte die Pizza sehen, bevor sie sie bezahlt. Was ist mit den Menschen los in dieser Stadt? Kein Vertrauen mehr in ehrliche Lieferdienste. Ich öffne ihren Karton und präsentiere die Ware, eine große Pizza Hawaii mit extra Käse. Sie sieht zufrieden aus, hat aber kein Geld.
„Schaaatzi, hast du noch Geld da?", ruft sie nach hinten. Zu mir sagt sie nichts. Warum auch? Wenn Schaaatzi auch im Bademantel rumläuft, will ich lieber nicht wissen, wobei ich gerade gestört habe. Und ich will auch nicht darüber nachdenken, ob die Pizza ins Geschehen eingebunden werden soll. Aber mein wirrer Geist ließ sich noch nie besonders gut bändigen. Schaaatzi kommt die Wendeltreppe runter. Ich sehe erst Socken, die in Pantoffeln stecken, und dann einen Bademantel. Dann seh ich nichts mehr, denn die Haustür ist im Weg. Ich bin ja mal gespannt, wie Schaaatzi von vorne aussieht, damit ich meine Pizzafantasie weiter ausschmücken kann. Klatsch, den Belag auf die Brust geschmiert, schmatz, die Ananas aus dem Bauchnabel geknabbert… Oder so… Manche Leute sind echt schräg. Als ich den Schatz dann sehe, traue ich meinen Augen kaum: Es ist Timm. Mischas Ex Timm. Im Bademantel. Arschloch-Timm. Polizeimützen-Timm mit seiner neuesten Eroberung. Timm. Was soll ich tun? Weglaufen? Ihn schlagen? Ihn fragen, warum? Er steht direkt vor mir und schaut unsicher aus seinem Mantel, ist wohl genauso überrascht wie ich.
„Mick!"
„Timm!"
Und damit schmettere ich ihm die Hawaii-extra-Käse mitten ins Gesicht. Ich schaue noch einen kurzen Moment zu, wie die Pizza von da über den Bademantel zu Boden fällt und blicke in Timms tomatenverschmiertes Gesicht. Augenblicklich drehe ich mich um und gehe. Lass ihn bitte nicht hinter mir herkommen und mich verprügeln! Bitte, bitte

nicht! Nein, niemand kommt hinter mir her. Damit hat er nicht gerechnet! Ich bin ein Held! Ha! Und ich brauche bestimmt einen neuen Job. Wenigstens hab ich so morgen Zeit, Mischa beim Umzug zu helfen. Aber vielleicht steckt Timm die Sache auch weg wie ein Mann und geht nicht bei meinem Chef petzen.

Doch, tut er. Jupp schaut mich mit knallrotem Kopf an, als ich zurück in die Pizza-Blitz-Zentrale komme. Ja, es ist wahr. Nein, ich bin nicht ‚völlig verrückt geworn'. Ja, ich brauche mich hier nie wieder blicken zu lassen. Tschö. Ich werde zum zweiten Mal in diesem Jahr im hohen Bogen gefeuert. Arbeiten ist ein Arschloch und wohl irgendwie nicht mein Ding! Wie es Christiane wohl geht? Mir fällt der Tag ein, wo ich sie und ihren komischen Freund... Oh mein Gott! Jetzt weiß ich, wo ich den Peter vom Pizzatresen schon mal gesehen habe! Oh Christiane, bitte nicht! Wäre heute ein besserer Tag, hätte ich tierisch Lust, der Sache auf den Grund zu gehen. So gehe ich nur nach Hause und lege mich in die Badewanne.

Mischa werde ich nichts davon erzählen. Nichts von Timm, nichts von Peter und auch nichts von meinem Rauswurf. Ich setze mich einfach in die Wanne. Eigentlich will ich nie wieder jemandem etwas sagen müssen. Doch dann klingelt das Telefon.

„Mischa?"

Niemand da. Ich müsste also selbst rangehen. Aber da mich keine zehn Pferde aus dieser Wanne holen könnten, beschließe ich, das Klingeln zu ignorieren. Leider ist der Anrufer hartnäckig. Erst nach zwanzigmal Klingeln gibt er auf. Ich lasse mich zurück in die Wanne gleiten, nachdem mich neuneinhalb Pferde bereits in eine wütende Gleichsteig-ich-aus-und-brüll-ins-Telefon-Hocke gezogen hatten. Jetzt habe ich wieder meine Ruhe und hoble mir die Hornhaut von der Hacke. Das hat heute irgendwie was Besinnliches. Doch das Telefon klingelt erneut. Mit einem lauten ‚Maaaann' steige ich aus der Wanne und laufe tropfend durch die Wohnung.

„Baumann."

„Hallo? Michael? Hier ist Gisela Liebknecht. Stör ich dich gerade?"

„Öhm... Ehrlich gesagt... Was gibt's denn?"

„Michael, wir haben ein GANZ großes Problem mit unserer Studienfahrt."

„Mit der Camarguefahrt?"

„Genau. Herr Stache hatte einen Unfall, nichts Schlimmes, aber..."

Den Rest kann ich nicht verstehen, weil sich gerade in diesem Moment, als ich pudelnackig in meiner Wohnung stehe und mit Frau Liebknecht telefoniere, etwas an der Haustür regt. Ein Schlüssel dreht sich im Schloss, und während Mischa ein nichtsahnendes ‚Mick, zieh dir was an, ich bring Besuch mit!' in die Wohnung ruft, werfe ich mich hinter die Couch. Frau Liebknecht scheint verwirrt.

„Michael?"

„Ich bin noch da. Können Sie in zehn Minuten nochmal anrufen?"

„Aber warum denn?"

„Mikey? Wo steckst du?"

„Im Wohnzimmer. Aber nicht reinkommen!"

„Nicht reinkommen?", fragt Frau Liebknecht.

„Nicht reinkommen?", fragt Mischa und steckt ihren Kopf durch die Wohnzimmertür.

„Mikey, bist du nackt?"

„Pscht... Frau Liebknecht, rufen Sie bitte in zehn Minuten nochmal an!"

Damit lege ich auf. Unter Mischas Kopf erscheint nun auch der ihres Besuchs.

„Oh. Hallo, Herr Nachbar!"

„Hallo."

„Wir wollten noch ein paar von Mischas Sachen holen, aber wir können ja nachher wiederkommen."

Der zweite Kopf verschwindet wieder. Mischa schaut mich fragend an.

„Warum telefonierst du nackt mir Frau Liebknecht? Hast du deinen Pizza-Job an den Nagel gehängt und machst jetzt Telefonsex? Dafür musst du dich aber doch nicht auszuziehen, Hase, ist ja kein Video-Chat!"
„Ja. Nein. Ich meine: Den Pizzajob hab ich wirklich nicht mehr, aber das hat damit nichts zu tun."
„Dann werd ich dir mal 'ne Chance geben, dich wieder anzuziehen."
Mischas Kopf verschwindet ebenfalls aus der Tür, doch gerade als ich mich aus der Deckung des Sofas wage, wird sie wieder aufgestoßen und ein weiterer Hausbewohner stürmt ins Zimmer. Laut bellend läuft Günter auf mich zu und springt an mir hoch. Vielleicht hat er gerade erkannt, dass ich auch ein Rüde bin, und nun will er mir die Rangordnung streitig machen. Mistvieh!
„Hilfeee!!!"
Mischa kommt augenblicklich ins Zimmer gelaufen. Günter hat mich inzwischen in die Zimmerecke gedrängt. Verzweifelt versuche ich, mein Gemächt zu schützen, während er immer noch kläffend an mir hochspringt. Mischa ist schnell bei mir und zieht Günter von mir weg.
„Was hast du denn? Er freut sich doch nur, dich zu sehen."
„Ja, das sagst du!"
„Günter, nicht beißen! Der schmeckt eh nicht!"
"Nimm ihn einfach weg!"
Mischa nimmt ihn schließlich weg, und ich flitze in mein Schlafzimmer und ziehe mir etwas an. Und schon klingelt das Telefon wieder. Das können keine zehn Minuten gewesen sein. Weil ich Frau Liebknecht gut genug kenne, um zu wissen, dass sie keine Ruhe geben wird, gehe ich ans Telefon.
„Hallo, Frau Liebknecht!"
„Michael, ist alles in Ordnung bei dir?"
„Ja, alles wieder bestens. Was kann ich denn für Sie tun?"
„Michael, wir haben ein Problem mit der Studienfahrt."
„Ja, ich weiß, das haben Sie schon gesagt. Ein GANZ großes."

„Herr Stache ist krank geworden. Er kann nicht mitkommen."
„Schlimm?"
„Inzwischen nicht mehr ganz so schlimm. Michael, uns fehlt eine männliche Aufsichtsperson."
Und das soll ich werden? Mit Frau Liebknecht auf Studienfahrt???
„Und da haben Sie an mich gedacht?"
„Falls du Lust hast! Die Schule bezahlt dir alles: Bus, Campingplatz, Verpflegung und ein Taschengeld."
„Muss ich das sofort entscheiden? Wann geht's denn los?"
Frau Liebknecht lacht.
„Nein, das musst du nicht sofort entscheiden, aber in drei Wochen geht's los."
„Ich mach's!"
„Du wolltest doch nochmal darüber nachdenken."
„Nein, ich mach's!"
„Oh, das ist fein! Ich werd dir ein paar Unterlagen schicken, die du unterschreiben musst."
Und so wurde ich vom nackten Pizza-Service-Gefeuerten zur Aufsichtsperson einer Studienfahrt befördert.
„Ich werde mit Frau Liebknecht nach Frankreich fahren", erkläre ich Mischa.
„Ist nicht dein Ernst!"
„Herr Stache ist krank und ich werde für ihn einspringen."
„Weißt du, was mir grad eingefallen ist?"
„Na?"
„Weißt du noch, was Frau Liebknecht uns damals im Auto erzählt hat?"
„Na?"
„Da fahren 20 Frauen mit und nur 3 Männer. Und Frau Liebknecht."
„Da bin ich ja mal gespannt!"
„Ja. Ich auch…"

Kapitel 16

Drei Wochen später stehe ich um fünf Uhr morgens am Bielefelder Busbahnhof. Ich sollte zwar eigentlich erst in einer Stunde da sein, aber das hatte ich nicht mehr auf dem Schirm. Eine Stimme in mir war sich gestern Abend total sicher, dass ich um fünf hier sein sollte. Jetzt stehe ich hier. Frau Liebknecht hat für die Fahrt 13 Stunden gerechnet, sodass wir heute Abend ankommen werden. Eigentlich wollte ich es vermeiden, als Erster am Treffpunkt zu sein. Ich kenne doch niemanden, und niemand kennt mich. Und so warte ich halt darauf, dass sich jemand in meine Nähe stellt, der auch so aussieht, als wolle er mit dem Bus nach Frankreich fahren. Wahrscheinlich jemand Weibliches. Wahrscheinlich 18, 19 Jahre alt. Wahrscheinlich im besten körperlichen Zustand, den Frauen überhaupt je erreichen! Und ich bin ihre Aufsicht, Herr Baumann. Das kauf ich mir ja nicht mal selber ab! Ich werde mich duzen lassen, ganz locker.
Um halb sechs werde ich schließlich erlöst: die ersten Teilnehmer meiner Reisegruppe sind da. Von Frau Liebknecht keine Spur, aber es ist ja auch noch ein bisschen Zeit. Vier Mädchen kommen herangeflip-flopt und ziehen jede einen Koffer hinter sich her. Sollte ich sie ansprechen? ‚Hallo! Ich fahr auch mit, ich bin der Mick.', könnte ich sagen oder so was in der Art. Nervös nehme ich einen Schluck aus meiner Colaflasche und verschlucke mich prompt. Ich fange furchtbar an zu husten und merke, wie sich die Kohlensäure ihren Weg durch meinen Rachen bahnt. Nicht durch die Nase! Nicht durch die Nase! Hust! Sprotz! Voll durch die Nase! Die vier Mädchen schauen mich angewidert an, während ich versuche, den Schwall dunkelbrauner Flüssigkeit, der aus meinen Nasenlöchern quillt, mit den Händen aufzufangen, damit ich mir mein T-Shirt nicht einsaue. Eines der Mädchen fasst sich schließlich ein Herz, kramt eine Packung Taschentücher hervor und reicht mir eines. Ich nehme dankend nickend an und mache mich sauber.

Anschließend stelle ich mich vor. Sie sollen wissen, mit wem sie es hier zu tun haben.
„Hallo, ich bin Mick. Ich bin euer Reisedings… Betreuer… Mitfahrer… Frau Liebknecht hat mich gefragt, ob ich mitkommen möchte, weil Herr Stache ja krank geworden ist."
„Hallo."
Mehr sagen sie nicht. Wir stehen am Busbahnhof, ich immer noch schniefend, sie auffällig gelangweilt, und warten darauf, dass die Zeit vergeht. Das tut sie dann auch irgendwann: Frau Liebknecht erscheint.
„Hallo, Michael!"
„Hallo, Frau Liebknecht!"
„Ach, nenn mich doch Gisela!"
„Hallo, Gisela!"
Die Mädchen drehen sich angeätzt weg. Gisela wendet sich an sie.
„Daisy, wo habt Ihr denn den Rest gelassen?"
Daisy antwortet nicht, zuckt nur mit den Schultern. Da taucht auch schon ein großer Teil des Rests am anderen Ende des Platzes auf. Mit der einen Hand schleppen sie ihr Gepäck, mit der anderen Hand winken sie uns zu. Irre ich mich, oder entdecke ich in der einen oder anderen Hand eine Bierflasche? Ich irre mich nicht. Dieser Teil unserer kleinen Reisegruppe hat deutlich bessere Laune, und ich bin jetzt auch nicht mehr der einzige Hahn unter Hühnern. Frau Liebknechts Begrüßungsgrinsen verrät unterdrücktes Entsetzen. Bierflaschen gleich zu Beginn einer Fahrt hätte es zu ihrer Zeit nicht gegeben, nicht einmal zu meiner. Ich fühle mich merklich wohler und werde nun auch von Gisela vorgestellt. Sie hat sich offenbar dafür entschieden, dass ich mit ‚Herr Baumann' angesprochen werden soll.
„Ihr dürft mich aber auch gern Mick nennen!", korrigiere ich.
„Auch Micky?", fragt mich ein Junge mit Jägermeister-Cowboyhut.
„Nein. Mick. Nicht Micky. Mick."

Die Gruppe scheint einverstanden. Gisela fragt in die Runde, ob denn auch alle alles dabei haben – Zelt, Schlafsack, Campingkocher? Ich mache im Hinterkopf jedes Mal einen Haken und freue mich, dass ich ausnahmsweise mal nichts vergessen habe. Gisela zählt durch, und es fehlen noch zwei Mädchen. Eines davon kommt gerade um die Ecke. Sie grüßt fröhlich in die Runde und steuert dann schnurstracks auf Frau Liebknecht, Gisela, zu. Diese deutet auf mich, und dann drängelt sie sich durch einen Parcours Jugendlicher auf mich zu.
„Hallo, ich bin Tanja!"
Große, erstaunlich blaue Augen schauen mich erwartungsvoll an. Was soll das? Ist sie Klassensprecherin oder was?
„Ich bin Mick", sage ich und schaue fragend zurück.
„Du bist also unser Aufpasser?"
„Äh... Ja. Und du?"
„Ich auch."
„Wie?"
„Ich mache gerade mein Referendariat."
Jetzt fällt mir auch auf, dass sie doch ein bisschen älter ist als die anderen. Sie ist ziemlich klein, hat blonde Locken, die ihr bis zu den Schultern reichen und strahlend weiße Zähne mit einer kleinen Lücke zwischen den vordersten Schneidezähnen. Plötzlich vibriert mein Handy. Ich entschuldige mich und nehme ab.
„Baumann?"
„Wieso sagst du Baumann? Du guckst doch immer, wer dich anruft."
Es ist Mischa.
„Ich war abgelenkt."
„Wie heißt sie?"
„Hier ist niemand."
„Kann man dir das glauben?"
„Was gibt's denn?"
„Nichts... Ich wollte dir nur 'ne gute Fahrt wünschen."
„Das ist ja lieb."
„Ja, ich bin immer lieb."

„Ich danke dir."
„Wie heißt sie?"
„Du bist doof. Du, ich muss los, unser Bus kommt."
„Viel Spaß!"
„Danke!"
Inzwischen sind alle, auch das letzte gesuchte Mädchen, angekommen und wir steigen in unseren Bus. Ich ergattere einen Doppelsitz ganz für mich allein und das ist gut. Schließlich werden wir länger als einen ganzen Tag unterwegs sein. Der Busfahrer stellt sich als – wie sollte es auch anders sein? – Heinz vor und befiehlt uns im Campingplatz-Kasernenton, während der Fahrt nicht zu essen oder zu trinken. Ist klar! Gerade haben wir die Stadt verlassen, da surrt mein Handy wieder. Diesmal ist es eine SMS: *‚Wie heißt sie?'* Sie heißt gar nicht. Ich werde ja wohl mal eine Frau kennenlernen dürfen, ohne mich direkt in sie zu verlieben. Außerdem hat sie eine Zahnlücke. Zugegeben, eine sehr süße Zahnlücke. *‚Manno! Ich habe niemanden, die mich abgelenkt hat. Außerdem sind hier alle unter 20 oder heißen Gisela. Kfngfldv! Mick'*, antworte ich. Das ist zwar gelogen, aber ich will meine Ruhe! Unerwartet steht Tanja neben mir im Gang.
„Deine Freundin?"
Oh Gott! Sie wird doch wohl nicht mitgelesen haben? Bitte nicht!
„Ja. Nein. EINE Freundin."
„Wie viele hast du denn?"
„Meine beste Freundin!"
„Achso."
Damit geht sie nach vorn zu Frau Liebknecht. Sie wechseln ein paar Worte, die ich auf meinem Platz in der Mitte des Busses nicht verstehen kann, dann geht Tanja zurück zu ihrem Platz hinten im Bus. Mein Handy surrt wieder: *‚Na dann ist ja alles gut! Lldbevwn!!! Mischa'*. Ja, alles bestens! Ich lehne den Kopf an die Fensterscheibe und merke, was ich vergessen habe. Ein Kissen und ein Buch. So bleibt mir nichts anderes übrig, als mir die Landschaft anzuschauen.

In der Reihe hinter mir plärrt ein MP3-Player, fünf Reihen dahinter liest eine Frau ein Buch, die mir die ganze Studienfahrt ganz schön verkomplizieren könnte. Bloß nicht wieder verlieben! Ich muss doch irgendwann mal zur Ruhe kommen.

Der Bus fährt auf der Autobahn Richtung Süden. Mir ist langweilig. Neben der Autobahn erstrecken sich einige Hügel. Ich sehe Kühe. Und noch mehr Kühe. Einen Bauernhof. Eine Autobahnausfahrt. Wieder Kühe. Noch einen Bauernhof. Dann Pferde. Und wieder Kühe. Deutschland ist ja so eintönig… Bald schlafe ich ein.

Lauter Gesang aus den hinteren Reihen weckt mich schnell wieder auf. Ich hatte mich zum Schlafen auf meinem Doppelsitz so gut es eben ging zusammengerollt und muss mich dringend ausstrecken. Mein linkes Bein ist eingeschlafen, das rechte tut einfach nur weh, und mir ist tierisch warm. Jetzt ein paar Schritte laufen zu können, wäre himmlisch. Ich drehe mich um und schaue nach, wer da eigentlich singt. Es ist der Jägermeister-Hut und ein paar von den Mädchen. Ich könnte ja mal aufstehen und mich zu Tanja setzen, dann hätte ich ein wenig Bewegung. Ja, das mache ich. Sie hat mit dem Lesen inzwischen aufgehört, also störe ich sie bestimmt nicht.

„Na!", sage ich, als ich mich neben sie setze.

„Na! Gut geschlafen?"

„Nein, furchtbar unbequem."

„Du sahst aber ganz zufrieden aus."

„Ach ja?"

„Ja."

„Wie lange bist du denn schon an der Schule?"

„Seit einem Jahr."

„Und was machst du sonst so?"

„Hm… Ein bisschen Sport. Und du?"

„Ja… Ich auch."

Eiskalt gelogen.

„Und hast du einen Freund?"

Die Frage ist mir einfach so rausgerutscht. Viel zu plötzlich, viel zu direkt. Tanja wirkt auch etwas überrumpelt.
„Michael!"
Der Tonfall passt irgendwie nicht. Viel zu laut, viel zu eindringlich.
„Mi-cha-el!", ruft sie und rüttelt an meiner Schulter.
„Mi-cha-eeel!"
Langsam komme ich zu mir. Neben meinem Doppelsitz steht Frau Liebknecht und rüttelt an meiner Schulter.
„Mi-cha-eeel, aufwachen! Wir machen eine Pause."
Verschlafen blinzle ich sie an und murmele, dass ich gleich komme. Frau Liebknecht gibt sich mit der Antwort zufrieden und lässt mich in Ruhe wach werden. Mir ist tierisch warm, mein rechtes Bein tut weh, das linke ist eingeschlafen. Moment mal... Ich drehe mich schnell um, aber Tanja sitzt nicht mehr hinter mir. Es singt auch niemand. So sind mir aus meinem Traum nur die Schmerzen geblieben. Seufzend steige ich aus dem Bus und trotte gemächlich den anderen hinterher zum Rasthof. Ich bin wohl nicht der Einzige, der eben aus dem Schlaf gerüttelt wurde. In der Raststätte angekommen kaufe ich mir einen großen Kaffee und ein Stück Apfelkuchen mit Schlagsahne und fühle mich dadurch gut 30 Jahre älter. Mit einem fröhlichen ‚Huhu!!!' winkt mich Frau Liebknecht an ihren Tisch. Gisela... Tanja ist auch da. Gisela isst ebenfalls Apfelkuchen – Toll, wir haben was gemeinsam!!! – und bei Tanja gibt's aufgeplatzte Würstchen mit Senf. Sobald ich Platz genommen habe, führt uns Gisela in die GANZ aufregende Beschaffenheit der deutschen Mittelgebirge ein. Ich will einfach nur in Ruhe meinen Apfelkuchen essen, und Tanja sieht auch nicht besonders interessiert aus. Ich glaube, Tanja und ich werden auf dieser Fahrt die jungen, coolen Betreuer sein und Gisela die Mutti. Mama Schlumpf sozusagen. Mama Schlumpf, die von Papa Schlumpf sitzengelassen wurde, weil er die Schnauze voll von ihr hatte und es vorzog, stattdessen mit all seinen Kindern im Wald zu leben. Und Mama Schlumpf hat einen Thai-Chi-Kurs gemacht, ihre Wände gelb gestri-

chen und lebt jetzt ihr eigenes Leben – im Körper von Gisela.
Ich könnte natürlich das Gespräch an mich nehmen und Tanja ein paar Fragen stellen, aber mein letzter Traum hat ja gezeigt, wohin das führt, also halte ich den Mund und esse meinen Kuchen. Doch als der Kuchen aufgegessen ist und Gisela immer noch erzählt, halte ich es nicht mehr aus.
„Und was machst du sonst so, wenn du nicht mit auf Studienfahrt fährst?", frage ich die mir noch unbekannte Referendarin. Tanja lächelt mich dankbar an. Sie scheint froh zu sein, dass ich bei unseren Gesprächsthemen am Tisch mal die Initiative übernommen habe.
„Mal dies, mal das. Und ich züchte Hunde."
„Wow! Was für Hunde?"
„Tolle Hunde! Labradore."
„Wie viele hast du?"
„Im Moment eine Mama und acht kleine."
„Oooh.... Und wer passt jetzt auf die auf?"
„Mein Freund."
Damit wäre DIE Frage geklärt. Ist wohl auch besser so.
„Und wie alt sind die Kleinen?"
So kommen wir ins Plaudern. Über ihre Hunde und über meinen Günter. Er ist zwar nicht MEIN Günter und seit unserem Zusammentreffen im Wohnzimmer ist nichts mehr, wie es mal war, aber das behalte ich für mich. Ich erzähle ihr die Story, wie ich Günter kennengelernt habe.
„Und wieso treibst du dich nachts in fremden Gärten rum?"
Mist. Die Sache hat einen Haken. Ich habe eine Katze gesucht? Meine Oma? Das Nachbarskind? Ich hab mich verlaufen? Betrunken?
„Wir haben jemanden ausspioniert."
Ehrlich währt am Längsten.
„Und wen?"
Ehrlich währt genau genommen immer nur bis zur nächsten Lüge.

„Die Nachbarn meiner Eltern. Mein Bruder war zu Besuch und ich hab mit seiner kleinen Tochter Cowboy und Indianer gespielt."
Ich habe keinen Bruder, und der hat schon gar keine Tochter, und mit der hab ich schon überhaupt niemals Cowboy und Indianer spielen können. Aber dieses ‚Missverständnis' werde ich irgendwann schon noch aufdecken. Oder auch nicht. Tanja stellt sich bestimmt gerade vor, wie ich als kinderlieber, indianergesichtiger Superonkel mit meiner süßen, kleinen Nichte auf dem Kriegspfad entlangschleiche. Gut, meine Nichte war Mischa, nicht mehr ganz so klein und süß, und auf dem Kriegspfad waren wir als US Marines, aber der Rest der Geschichte kommt ungefähr hin. Warum also Illusionen zerstören? Hugh!
Als ich die Indianer-Günter-Geschichte bis zum Letzten ausgeschmückt und vorgetragen habe, ist unsere Pause auch schon vorbei und wir gehen zurück zu unserem Bus.
Vor der Abfahrt verschwinde ich noch einmal kurz auf die Toilette, damit nicht ausgerechnet meinetwegen gleich der nächste Rastplatz angefahren werden muss. Offenbar war meine Pinkelpause aber zu lang, denn als ich zurück zum Parkplatz komme, ist der Bus nicht mehr da. Verdammter Mist! Aufgeschreckt wie ein Äffchen, dem seine Banane geklaut wurde, laufe ich über den Platz. Keine Spur von unserem Bus! Man hat mich vergessen und keiner hat's gemerkt! Und ich weiß noch nicht mal, wo ich bin. Das letzte, was mir einfällt, sind Kühe und dann Schlaf und dann diese Raststätte. Gut, da könnte ich nachfragen, wo ich bin. Ein Problem weniger. Aber das Hauptproblem bleibt: Ich bin hier und alle anderen irgendwo anders. Frau Liebknecht! Ich muss Frau Liebknecht anrufen! Ihre Nummer habe ich zum Glück in meinem Handy gespeichert. Und damit schlägt mir das nächste Problem mitten ins Gesicht: Mein Handy ist in meiner Jacke, und meine Jacke liegt im Bus, der auf dem Weg nach Frankreich ist. Dann bleibt mir nur zu hoffen, dass man früher oder später auf mein Fehlen aufmerksam wird und umdreht.

Also setze ich mich auf den Bordstein und warte. Nach einer Stunde Warten gehe ich mir in der Raststätte ein Eis kaufen. Gleich neben dem Eingang steht eine Telefonzelle. Ich reiße den Hörer von der Gabel und rufe die Auskunft an. Die Handynummer von Gisela Liebknecht in Bielefeld, bitte. Haben Sie nicht? Dann bitte die Festnetznummer, danke. Leider erreiche ich nur den Anrufbeantworter. Hm. Eine Chance habe ich noch. Mischa! Wenn nichts mehr geht, geht Mischa. Und Mischa erreiche ich auch sofort. Sie verspricht, die Handynummer zu organisieren und sagt, ich solle sie in einer Viertelstunde noch einmal anrufen. Das mache ich auch und sie hat es tatsächlich geschafft. Nachdem ich Mischa vor Freude fast durchs Telefon gekrabbelt wäre, rufe ich bei Frau Liebknecht an. Leider geht sie nicht ran, aber ich kann ihr eine Nachricht nach dem Piep hinterlassen und sitze dann wieder hilflos auf dem Bordstein – diesmal immerhin mit einem Eis.

Doch als das Eis aufgelutscht ist, kehrt die Unruhe zurück. Ich wurde vergessen. Ich erinnere mich an Mischas und meine letzten Autobahnerfahrungen. An Raststättentoiletten und an Silke, die Fernfahrerin, die mir ihre Brüste auf den Schoß gedrückt hat. Was würde ich jetzt dafür geben, wenn jemand wie Silke bei mir wäre und mich mit einem Truck hinter dem Bus herfahren würde! Fast zwei Stunden ist meine fatale Pinkelpause jetzt schon her. Dann ist es jetzt wohl an der Zeit, dass ich mein Schicksal wieder selbst in die Hand nehme. Wenn ich hier weiter sitzenbleibe und auf Hilfe warte, kann ich ja gleich warten, bis der Bus auf der Rückfahrt hier wieder vorbeikommt. Und selbst dann müsste ich ja irgendwie auf die andere Seite der Autobahn kommen, und hier ist weit und breit keine Brücke in Sicht. Vielleicht gibt es in der Nähe ja einen Rehtunnel? Hätte natürlich was Idyllisches: Hand in Huf mit Bambi unter der großen, fiesen Autobahn durchhüpfen, hinein in den Sonnenuntergang. Oder in den Regenbogen. Schönes Bild, so friedlich... Ein Auto rast vorbei. Nicht in meiner Fantasie, sondern ganz real, direkt an meinem Bordstein.

Man sollte sich nicht Tagträumen hingeben, wenn man die Füße quasi auf die Autobahn ausstreckt! Seufzend stehe ich auf. Ich brauche ein Schild, auf dem steht, wo ich hin will. Und einen Stift, mit dem ich das auf das Schild draufschreiben kann. Verdammt, ich habe aber auch überhaupt gar nichts dabei! Marsch, zurück in die Raststätte.

„Verzeihung, hätten Sie vielleicht irgendein Stück Pappe für mich?", frage ich die träge Frau an der Kasse. Sie scheint ihre besten Tage deutlich hinter sich zu haben. Aber wenn dich deine besten Tage an die Kasse eines Raststättenbistros geführt haben, dann bist du vielleicht auch froh, dass sie vorbei sind. Dann kannst du dein Schicksal nur noch annehmen und das Beste daraus machen oder eben müde an der Kasse hängen und 6,90 für einmal Currywurst mit Pommes kassieren. Während ich all das denke, hat sich meine Kassen-Ische scheinbar immer noch nicht entschieden, ob sie meine Frage verstanden hat.

„Wie, Pappe?"

„Ich hab meinen Bus verpasst und jetzt muss ich per Anhalter hinterher."

„Hier halten keine Busse. Das is' ne Raststätte."

„Haben Sie 'ne Pappe?"

„Ich schau mal."

Sie schaut mal. Verschwindet in der Küche und bringt mir eine kleine Wurstpappe.

„Haben Sie nichts Größeres?"

„Nee."

„Haben Sie einen Stift?"

Sie atmet tief durch. Sonderwünsche stehen offenbar nicht im Arbeitsvertrag. Ich atme auch tief durch und versuche, die Situation mit lahmen Beteuerungen aufzulockern.

„Sie kriegen ihn auch wieder" höre ich mich sagen und ringe mir ein dümmliches Grinsen ab. Gib dir einen Ruck, gute Frau, und hilf mir aus der Patsche! Sie tut's – und reicht mir einen Kugelschreiber. Ich ahne, dass es zwecklos ist, nach einem Edding zu fragen, und nehme den Schreiber an. Dann kritzele ich das Ziel meiner Reise auf die Pappe: Frankreich.

Das sollte fürs Erste reichen. Auf einer Wurstpappe ist noch weniger Platz, als ich gedacht hätte. Mein Ziel ist jetzt ein großes ‚Frank' mit einem kleinen ‚reich'. Den Kugelschreiber stecke ich mit voller Absicht ein und stelle mich wieder an meinen Bordstein. Nach fünf Minuten hält auch schon ein Auto an.

„Nach Frankreich?", werde ich vom Fahrer gefragt. Auf dem Beifahrersitz seines Mini-Vans sitzt eine Frau, hinten sehe ich einen Jungen und ein Mädchen. Der Junge ist etwa neun, das Mädchen zwei, drei Jahre jünger.

„Ja, ich war mit einem Reisebus unterwegs und wurde bei der Pinkelpause vergessen."

„Mama, der Mann hat ‚pinkeln' gesagt!"

Mama ignoriert den Moralapostel von der Rückbank und nickt mir stattdessen zu: „Sie können gern mitfahren. Wo genau wollen Sie denn hin?"

„In die Camargue."

„Oh, das ist genau unsere Richtung. Wir wollen nach Avignon."

Sagt mir nichts.

„Aha."

„Steig ein! Hinten ist noch ein Platz frei", ruft der Vater.

Das Mädchen steigt aus, so dass ich hinten auf den mittleren Platz rücken kann. Dann sitze ich eingezwängt zwischen zwei Kindersitzen. Mister Pinkeln-sagt-man-nicht mustert mich mit kritischem Blick. Die Mutter dreht sich noch einmal zu mir um.

„Ich bin Sabine, das ist mein Mann Bernd, und das sind unsere Kinder Tommy und Annika."

Das ist ein Scherz, oder?

„Dann sind Sie Pippi-Langstrumpf-Fans?"

„Ja."

Freeeaks…

„Und wer bist du?", schaltet sich Bernd ins Gespräch ein.

„Ich bin Mick."

„Micky Maus!", plärrt Annika.

„Nein, einfach nur Mick", antworte ich.

„Micky Maus! Micky Maus!", kräht jetzt auch Tommy. Wer solche Namen hat, sollte lernen, die Schnauze zu halten, wenn er nervt. Sabine dreht sich wieder um.
„Wenn ihr damit nicht aufhört, dann hören wir die CD nicht weiter!"
CD? Etwa Pippi Langstrumpf?
„Was hören wir denn?"
Wir hören Bibi Blocksberg. Eene-meene-eins-zwei-drei, komm herbei Kartoffelbrei! Hex-Hex! Als die CD endlich zu Ende ist, zückt Mama ein Harry-Potter-Buch.
„Soll ich euch was vorlesen?"
Nein! Bitte nicht!
„Jaaa!", freuen sich die Bälger.
Sabine zieht alle Register. Sie liest alle Rollen mit verschiedenen Stimmen und arbeitet mit rhetorischen Pausen, um den Spannungsbogen zu verstärken. Das könnte an sich eine spannende Sache sein, würde es ihr nicht an schauspielerischem wie rhetorischem Talent fehlen. In den Filmen hat Professor Dumbledoore nie so geleiert. Dann wäre Hogwarts auch nicht Hogwarts, sondern die sozialwissenschaftliche Fakultät der Fachhochschule Duisburg, falls es so etwas gibt. Schnarch… Annika fällt ihre Mutter plötzlich ins Wort.
„Mama, mir ist schlecht."
Sabine unterbricht ihre Märchenstunde.
„So richtig schlecht?"
Das Kind nickt.
„Musst du dich übergeben?"
Annikas Antwort kommt prompt und unmissverständlich: Sie kotzt sich auf den Schoß. Ihren Kuschelhasen versucht sie, noch rechtzeitig in Sicherheit zu bringen, doch der Versuch misslingt. Sie schafft es zwar, ihn zur Seite zu werfen, aber er kriegt noch eine volle Ladung Erbrochenes ab, bevor sie ihn aus der Gefahrenzone befördern kann. Zur Seite. Dahin, wo ich sitze. Ich kriege gerade noch den Arm hochgerissen, damit mir das Tier nicht mitten ins Gesicht klatscht. Warme Tropfen spritzen mir ins Gesicht und auf

mein T-Shirt. Und in meiner Ellenbeuge klemmt das vollgekotzte Stück Plüsch.

„Ooah, ist das eklig!", kreischt Tommy, während Bernd in aller Ruhe rechts ran fährt. Annika und ich steigen aus. Das Mädchen bricht in Tränen aus und wird von Mama in den Arm genommen. Wenn mein Kind sich von oben bis unten vollkotzt, würde ich es ganz sicher nicht in den Arm nehmen. Da gäb's erst mal 'ne schöne Selterdusche. Oder ich würde das verschmutzte Kind quer über die Windschutzscheibe legen und die Scheibenwaschanlage laufen lassen. Hauptsache sauber! Aber was weiß ich schon, ich habe ja keine Kinder! Und Annika ist ein gutes Argument dafür, dass das sicher noch eine Weile so bleiben wird. Inzwischen ist sie so weit wiederhergestellt, dass Sabine auf den Gedanken kommen kann, mir auch etwas von der Zewa-Rolle anzubieten, mit deren Hilfe sie ihr Kind von seinem Inneren befreit. Dankbar greife ich zu und säubere mich. Dann geht die Fahrt weiter und wir erfahren, wie es Harry Potter gelingt, den Schnatz zu fangen. Bernd drückt ab jetzt nur noch sehr sparsam aufs Gas, vermutlich um den Sitzpolstern und der Belegschaft der Rückbank eine weitere Belastungsprobe zu ersparen. Das Reisetempo nimmt Liebknecht'sche Züge an, und ich setze mein heute Morgen begonnenes Hobby fort: Kühe zählen. Eins, zwei, drei, vier... Bei der einundzwanzigsten Kuh ist das Harry-Potter-Kapitel zu Ende und Sabine legt wieder Bibi Blocksberg auf. Bei Kuh fünfundfünfzig erreichen wir die französische Grenze. Dreizehn Kühe später machen wir eine Pause und vertreten uns die Beine. Zum Glück findet sich auf dem Rastplatz ein Toilettenhäuschen, denn das wünsche ich mir schon seit dreizehn Kühen. Bernd muss mir hoch und heilig versprechen, nicht ohne mich weiterzufahren, und ich mache mich erleichtert auf den Weg, mein Geschäft zu erledigen. Leider erfüllt sich hier Mischas Prophezeiung: ‚Mikey', hatte sie gesagt, ‚wenn du in Frankreich auf eine öffentliche Toilette musst, dann mach dich auf was gefasst!'

Sie hatte im Fernsehen gesehen, dass es bei unseren Nachbarn noch einige Stehtoiletten gibt, bei denen man sich über ein Porzellanloch im Boden hockt, zielt und zu treffen hofft. Und nun stehe ich hilflos vor einem solchen Exemplar. An der Wand sind metallene Griffe angebracht. Ich stelle mich breitbeinig über das Porzellan, halte mich an den Griffen fest und gehe vorschriftsmäßig in die Hocke. Gerade entspanne ich mich ganz allmählich, um einen Versuch zu starten, da öffnet sich die Tür und ein älterer Herr tritt. Er nickt mir freundlich zu und schaut dann höflich zur Wand. Dennoch scheint es für ihn nicht ungewöhnlich zu sein, im gleichen Raum mit jemandem zu sein, der gerade sein großes Geschäft erledigt. Offenbar ein Franzose. Ich, von klein auf Deutscher und an Toilettenkabinen gewöhnt, bin weniger entspannt. So kann ich nicht. Nach offenbar angemessener Wartezeit räuspert sich der Franzose, und ich kann im Grunde auch nicht weiter die Beine zusammenkneifen. Und es gelingt! Ratlos schaue ich mich um und suche nach der Spülung. Der Einheimische deutet auf ein Seil, das über mir von der Decke hängt, hebt einen Zeigefinger und meint: „Attention!"
Ich nicke ihm dankbar zu, ziehe an dem Seil und erhalte eine Fußdusche. Aus einer Düse wird Wasser über die gesamte Porzellanfläche gesprüht, während das Loch von unten leer gesaugt wird. Wie bei der Deutschen Bahn. Mir ist ein Rätsel, wie man dieser Fontäne entgehen kann, wenn man sich nicht ohne zu spülen aus dem Staub machen will. Aber es ist ja zum Glück nur Wasser, ich wurde heute schon mit Schlimmerem eingeferkelt. Als ich das Toilettenhäuschen verlasse, höre ich hinter mir, wie der Franzose die Tür abschließt. Was mag er nun über mich denken? Les Allemands...
Zurück im Auto werde ich von meinen Gasteltern fröhlich empfangen.
„Na, Stehklo-Erfahrung?", fragt Bernd.
„Mhm."
„Dann können wir ja weiter!"

Ja, wir können weiterfahren. Hex-Hex!
Eine Stunde später bin ich erlöst. Wie aus dem Nichts taucht plötzlich unser Bus am Fahrbandrand auf. Steht einfach da, auf einem französischen Standstreifen.
„Stopp!", rufe ich Bernd zu. „Das ist mein Bus!"
Bernd fragt noch einmal nach, ob ich mir sicher sei, und hält an. Ich steige aus, bedanke mich vielmals fürs Mitnehmen, winke noch einmal Tommy und Annika und laufe dann an der Leitplanke entlang zurück zum Bus, an dem wir ein gutes Stück vorbeigefahren sind.
Am linken Vorderreifen treffe ich Heinz, der mir genervt zubrummt, dass wir einen Platten und keinen ‚Scheiß-Reservereifen' dabei haben und mich zurück in den Bus schickt. Offenbar hat er mich nicht kommen sehen und denkt, ich wäre gerade erst ausgestiegen. Also tue ich, wie mir befohlen wurde, und steige wieder ein. Vorne in der ersten Reihe schaut mich Gisela mit großen Augen an.
„Michael! Wo kommst du denn her?!"
Sie haben mich also noch nicht mal vermisst. Ich kläre die Geschichte auf und gebe mir nicht die geringste Mühe, Vorwürfe zu unterdrücken. An Gisela prallt allerdings jede Kritik ab.
„Naja, jetzt bist du ja Gott sei Dank wieder da!", sagt sie lächelnd und erzählt mir dann, das der Bus schon seit über eine Stunde hier steht und auf den ADAC wartet, der wohl einen Ersatzreifen vorbeibringen soll. Ich setze mich beleidigt über so wenig Anteilnahme auf meinen alten Platz und werde mit großem Applaus von den umliegenden Plätzen empfangen. Die hätten ja auch ruhig mal was sagen können! Wenig später kommt der ADAC und bringt uns einen Reifen. Wäre ich eine Viertelstunde später gekommen, hätte ich den Bus nicht mehr erwischt. Als sich das Fahrzeug gerade wieder in Bewegung setzt, tippt mir das Mädchen, das heute Morgen so laut ihren MP3-Player gehört hat, auf die Schulter.
„Sie haben da was hinterm Ohr. Sieht ein bisschen aus wie Kotze!"

Kapitel 17

Wir sind da! Endlich erreicht unser Bus den Campingplatz in Les-Saintes-Maries-de-la-Mer, direkt an der französischen Mittelmeerküste. Wir laden aus und erhalten den Auftrag, zuerst die Zelte aufzubauen. Das klappt soweit auch ganz gut, nur die Heringe weigern sich, in der knochentrockenen Erde zu verschwinden. Wäre ich ein Hering, würde ich das wohl auch nicht wollen. Schließlich hole ich mir einen Eimer Wasser und versuche, den Boden an meinem Stellplatz für die Heringe etwas geschmeidiger zu machen. Das bringt aber gar nichts, und mit diesem Problem bin ich nicht der Einzige. Mühsam gelingt es mir, die Haken wenigstens bis zur Hälfte in den Boden zu prügeln. Ich hatte mir für den Zweck extra einen Gummihammer mitgenommen, worauf ich ziemlich stolz bin. Mein Erfolg bleibt auch nicht unbemerkt. Alle anderen kommen zu mir und bitten mich um Hilfe oder wollen sich meinen Hammer ausleihen. Meine erste Tat als Gruppenbetreuer: ich sorge dafür, dass alle Zelte im Boden verankert sind. Ganze sechs Zelte habe ich sogar ganz allein gesichert. Als gegen 21 Uhr alle Schlafsäcke, Taschen und Isomatten verstaut sind, sammeln wir uns in der Mitte unseres kleinen Zeltdorfes. Unser Dorf sieht toll aus! Auf der einen Seite steht Giselas großes, rotes Zelt, wo auch die meisten Vorräte lagern. Anscheinend traut sie uns nicht. Daran schließt sich ein kleines, blaues Zelt an, das Tanja gehört. Dann kommen sieben Zelte der Mädchen und zwei für die Jungen und schließlich mein grünes, welches den Abschluss eines Halbkreises bildet. An der offenen Seite habe ich mit den Jungs unser Gruppenzelt aufgebaut, in dem wir bei Regen oder Sturm in Ruhe essen oder uns sonst irgendwie beschäftigen können. Meine zweite Betreuertat. Im Moment sieht das Wetter gut aus, die Sonne strahlt über den abendlichen Himmel. Nach 14 Stunden Bus und 84 Heringen fühle ich mich einigermaßen erledigt. Zum Abendbrot gibt es Spaghetti und danach ist das Programm für heute zu Ende. Dachte ich...

„Frau Liebknecht, dürfen wir zum Strand?"
„Nein. Nur unter Aufsicht. Und ich glaube kaum, dass Herr Baumann oder Frau Delpe noch Lust dazu haben."
„Doch, haben wir", meint Frau Delpe und knufft mich in die Seite. „Oder nicht?"
„Hmm", knurre ich und nicke. Es gibt Schlimmeres. Zehn Personen machen sich auf den dunklen Weg zum Strand. Ich stapfe vorne weg, Tanja bildet die Nachhut, damit wir niemanden verlieren. Am Strand angekommen überraschen mich die Schüler mit erstaunlichem Organisationstalent. Während ein Teil Handtücher ausbreitet verschwindet der andere Teil im nahegelegenen Gestrüpp. Mein Betreuersinn schlägt kurz Alarm, aber was soll schon passieren? Wir sind hier mutterseelenallein. Die Waldläufer kommen auch schnell wieder und schleppen kleine Zweige und Äste in die Mitte des Handtuchkreises, während die anderen Becher, Saft und Kekse aus einer Tasche kramen. Gerade als alle Platz genommen haben, tauchen noch sechs weitere Jugendliche auf.
„Wo kommt ihr denn her?", frage ich.
„Von da", sagen sie grinsend und zeigen auf den Holzsteg.
„Und Frau Liebknecht hat euch erlaubt, allein herzukommen?", frage ich.
„Öhm... Ja?!"
„Also, nein?", fragt nun Tanja, die ja in der Befehlskette offiziell über mir steht.
„Eigentlich nein", geben die Neuankömmlinge zu.
Tanja überlegt.
„Naja, zurückschicken können wir euch ja wohl kaum."
Sie nimmt ihr Handy und ruft Gisela an, um ihr zu berichten. Das Gespräch endet mit einem ‚Gut, dann klären wir das morgen' und Tanja klingt nicht so, als wäre es ein großes Problem.
„Dann können wir also in Ruhe feiern!", meint der Junge, der heute Morgen den Jägermeisterhut getragen hat.
„Gibt's hier irgendwo ein Bier?", fragt ein Mädchen. Der Betreuer in mir erschrickt, der Mick in mir bekommt Durst.

„Nein, das hat Gisela mir weggenommen", meint der Hut-Junge.

„Ihr dürft sie auch duzen?", frage ich und als mich fünfzehn Augenpaare verständnislos anschauen, merke ich, dass sie das garantiert NICHT dürfen.

„Wer macht denn nun das Feuer an?", frage ich und räuspere mich. Das lenkt die Aufmerksamkeit von mir weg, und ich verbringe die nächsten Minuten damit, die Klappe zu halten, den Jugendlichen beim Feuermachen zuzuschauen und den einen oder anderen Namen aufzuschnappen. Als das Feuer schließlich brennt, zieht Tobi – so heißt der mit dem Hut – eine Gitarre hervor und beginnt zu singen. Es klingt verdammt gut und ich bin fast ein bisschen neidisch auf so viel Charme und Talent. Für einen sehr kurzen Moment fühle ich mich an einen Hamburger Karaokeschuppen erinnert, in dem ich mal war. Aber das hier ist besser. Viel besser.

Der nächste Morgen beginnt früh und schrill. Ein Trillerpfeifentrillern reißt mich aus meinen Träumen. Noch im Halbschlaf greife ich nach meiner Armbanduhr: 7.55 Uhr. Ich bringe sie um. Ich brauche noch zehn Minuten, um mich endgültig aus dem Schlafsack in meine Latschen zu bewegen, dann krabbele ich aus dem Zelt. Ich bin der Erste. Außer mir befindet sich nur Gisela auf dem Platz und strahlt mir ein ‚Guten Morgen, Michael!' entgegen, gefolgt von einem ‚Oooh, da hat aber jemand noch ganz kleine Augen!' Ich schlurfe an ihr vorbei in den Waschraum. Zum Glück haben die Franzosen hier Toiletten zum Sitzen eingebaut. Ich atme tief durch und setze mich. Ein mir entwichener Pups hallt von den Wänden des vollkommen leeren Raumes zurück, und ich beschließe, mein Geschäft so leise wie möglich zu erledigen. Das gelingt mir auch über weite Strecken, und am Ende greife ich nach links und dann nach rechts und habe vergessen, mir Klopapier mitzunehmen. NEEEIN!!!

Was tun? Taschentücher habe ich keine dabei, und es ist auch niemand da, der mir helfen könnte. Das wiederum ist gut, denn eigentlich will man ja nicht, dass überhaupt jemand Zeuge eines solchen Malheurs wird. Es hilft alles nichts, ich muss mich bewegen. Vorsichtig ziehe ich Boxershorts und Jogginghose wieder hoch, aber nur so weit, dass ich damit laufen kann, ohne auf die Fresse zu fallen. Breitbeinig tapse ich zum Waschbecken, um mir ein paar Papierhandtücher zu schnappen. Dann höre ich Stimmen. Schnell springe ich in die nächstbeste Kabine und stehe plötzlich in einer Duschkabine. Na, egal... Die Stimmen nähern sich. Es sind Deutsche, also gehören sie bestimmt zu unserer Gruppe. Sie unterhalten sich lautstark über Fußball und gehen auf die andere Seite des Raumes zu den Pinkelbecken. Ich nutze die Chance, ziehe meine Hose noch ein bisschen höher und schleiche mich zum Waschbecken. Dort rupfe ich ein paar Papierhandtücher ab und drehe mich um. Vor mir steht eine Putzfrau. Sie sagt irgendwas Französisches und mir bleibt nichts weiter übrig, als sie breitbeinig mit hochrotem Kopf anzuschauen.
„Kein Klopapier?", fragt sie mich. Und ich spreche mein erstes französisches Wort, seit ich Französisch nach der zehnten Klasse abgegeben habe:
„Oui."
Sie schmunzelt und geht putzen. Ich schlüpfe schnell in die nächste Kabine und vollende meinen Toilettengang. Als ich die Kabine verlasse, begegne ich unserem Busfahrer und einem weiteren Jungen unserer Gruppe, die anscheinend dasselbe vorhaben wie ich. Ich wasche meine Hände und als ich gerade gehen will, hallt von den Wänden die brummelige Busfahrerstimme: „Hör mal, Junge, hast du da drüben Klopapier?"
Eine halbe Stunde später sind alle einigermaßen wach und sitzen beim Frühstück. Es gibt frische Baguettes mit Camembert. Es ist köstlich! Gisela verkündet unseren Tagesplan: Vormittags wollen wir einen Spaziergang durch die Stadt und die Umgebung machen und nachmittags gehen

alle zum Strand. Zweifelnde Blicke im versammelten Jungvolk. Nach Spannung klingt der Vormittag wirklich nicht. aber interessant könnte es schon werden. Und eine andere Wahl haben sie eh nicht, also setzen wir uns in Bewegung. Mitten unter den Jugendlichen fallen Tanja und ich als Aufsichtspersonen gar nicht weiter auf. Der Ort ist wirklich schön: Sehr alte Häuser, alte Straßen, eine alte Kirche, alte Franzosen. Und mittendrin die bunten Rucksäcke der Touristen. Und wir. Gisela erzählt hier und da was über die Gebäude, und alles in allem ist es eine sehr gemütliche Besichtigungstour, an der alle Beteiligten ihre Freude zu haben scheinen. Nach dem Ortskern erkunden wir das Umland.
„Guck mal wie niedlich!"
Tanja hat eine Herde Wildpferde entdeckt. Davon abgesehen ist die Landschaft eher langweilig, ein bisschen wie die Lüneburger Heide, nur wärmer. Nach zwei Stunden Fußmarsch über Felder, Wege und Wiesen wird es zunehmend windiger. Immer wieder weht uns Sand ins Gesicht und alle freuen sich, als der Ort wieder in Sicht ist.
Zum Mittag ist gemeinsames Grillen geplant, was auf allgemeine Zustimmung trifft. Gisela tut geheimnisvoll und macht sich mit zwei Schülerinnen auf den Weg ins Dorf, um dort die nötigen Lebensmittel zu besorgen, während Tanja mit einigen anderen unsere versandeten Teller und Becher abspült. Wie wir bereits gestern herausgefunden haben, findet der Sand immer seinen Weg. Geschlossene Zelte oder Geschirrboxen sind da überhaupt kein Hindernis. Eine Stunde später ist die Einkaufstruppe wieder da. Die Vorfreude aufs Grillen wandelt sich über leichte Skepsis und Ungläubigkeit zu Verwunderung, Bestürzung und schließlich Ekel. Die französischen Spezialitäten, von denen Gisela geschwärmt hat, erweisen sich in der Realität als Stiergulaschspieße, Tintenfisch und Schweineleber nebst Beilagen, die allesamt nach Knoblauch riechen. Sie sehen so merkwürdig aus, dass einem sofort aller Appetit vergeht und man sich schnell ins heimische McDonald's zurückwünscht. Am Ehesten könnte ich mich mit dem Stier anfreunden, aber

damit bin ich sicher nicht allein, und satt macht uns das allein bestimmt auch nicht. Gisela versucht, uns aufzumun-aufzumuntern:
„Ach, kommt schon! Wer in fremde Länder reist, muss sich auch der Kultur öffnen. Lasst es doch einfach auf euch zukommen und probiert es aus."
Dem Aufruf kommen wir insofern nach, dass wir gestatten, die Spezialitäten auf den Grill zu packen und abzuwarten, ob das Essen nach dem Grillen vielleicht appetitlicher aussieht. Nein, sieht es nicht. Speziell die Leber verbreitet während des Grillens zudem einen so speziellen Geruch, dass in uns nicht das kleinste bisschen Appetit aufkommen möchte – nicht einmal beim Anblick der eben noch akzeptierten und inzwischen knusprig braun gegrillten Stierstücke. Ein Schwein hat so viel Köstliches zu bieten. Warum müssen wir ausgerechnet seine Leber auf den Grill packen? Gisela scheint zu bemerken, dass der kulinarische Funke noch nicht auf uns übergesprungen ist.
„Probiert es wenigstens!"
Das hat sie schon mal gesagt. Tobi meldet sich zu Wort:
„Für zehn Euro beiß ich in die Leber!"
Der Überraschung folgt erneut Ekel und dem Ekel die Sensationsgier. Zehn Euro sind schnell zusammengesammelt und Tobi greift sich ein Stück gegrilltes Organ. Mit geschlossenen Augen und gekräuselter Nase schiebt er es sich zwischen die Zähne. Angewiderter wie anerkennender Applaus füllt das Essenszelt. Tobi schafft es, das Stück herunterzuschlucken.
„Auch mal?", fragt er mich.
„Nein danke!"
„Kommen Sie! Sie sehen hungrig aus!"
„Nein. Wirklich nicht."
„Oooohhh...", schluchzt die versammelte Truppe. Sogar Tanja und Gisela ooohen mit. Die können was erleben!
„Okay!"
Jubel.
„Aber nur, wenn Frau Delpe den Tintenfisch übernimmt!"

Noch größerer Jubel. Tanja schaut mich entsetzt an.
„Aber ich bin Vegetarierin!"
„Nein, bist du nicht", wirft Gisela ein. „Du hast doch in der Raststätte Würstchen gegessen! Das weiß ich GANZ genau!"
Das war mir auch eingefallen, aber ICH wollte Tanja nicht vor versammelter Mannschat als Lügnerin enttarnen. Aber da Frau Liebknecht das übernommen hat, muss sie wohl oder übel in den sauren Apfel beißen, besser gesagt, in den Tintenfischfuß. Tanja und ich schauen uns an, seufzen und greifen nach unserem Essen. Ein letzter böser Blick in meine Richtung, ein letztes blödes Grinsen in ihre, dann schließen wir die Augen und bringen es hinter uns. Doch das Stück Leber will sich einfach nicht herunterschlucken lassen. Immer wieder versuche ich, es mir in den Rachen zu schieben, aber mein Hals verengt sich jedes Mal. Gleich werde ich sicher anfangen zu würgen und blicke hilflos zu Tanja. Der geht es nicht besser. Mit aufgerissenen Augen schaut sie mich an, dann stürzen wir gleichzeitig aus dem Zelt, um unser Essen wieder von uns zu geben. Mir gelingt es, mein Stück Leber schlicht auszuspucken, Tanja übergibt sich komplett. Zwei Mädchen kommen aus dem Zelt und reichen ihr ein Handtuch und eine Flasche Wasser.
„Tolle Idee", brummelt sie zu mir hoch.
„Hey! Mein Essen liegt da auch!"
„Auch wieder wahr. Und du hast sogar gekaut!"
Dann wendet sie sich an die anderen.
„Zur Strafe muss nun jeder von euch was davon essen!"
Es entwickelt sich ein buntes Durcheinander von sich Mut zu redenden und sich schüttelnden Jugendlichen, die nach und nach tatsächlich jeder ein Stückchen Tintenfisch oder Schweineleber herunterwürgen. Und Tanja und ich bleiben überraschenderweise die Einzigen, die ihr Essen nicht bei sich behalten. Als zumindest die Hälfte der ekligen Sachen verputzt ist, machen wir uns über die Stierspieße her, die wirklich verdammt lecker schmecken, aber wie befürchtet längst nicht für alle reichen. Gisela hat ein Einsehen.

„Wer noch Hunger hat, darf eine von den großen Würstchendosen aufmachen."
Wir haben WÜRSTCHEN?!? Ab jetzt heißt es WIR und SIE! Wir gehen zum Vorratslager und bedienen uns an den Würstchen. Als alle satt sind und sich für den Strand fertigmachen, kommt Frau Liebknecht zu mir und Tanja.
„Wenn ihr wollt, könnt ihr euch heute Abend freinehmen und das Dorf unsicher machen. Ich pass so lange auf. Ich kenne hier ein ganz niedliches, kleines Restaurant. Ihr habt es euch verdient."
„Können wir dich denn wirklich allein lassen?", frage ich.
„Ich komm schon klar."
„Und was, wenn was passiert?"
„Es passiert schon nichts. Und wenn doch, hab ich ja eure Handynummern."
Doch bevor uns der Feierabend winkt, geht es noch zum Strand. Gisela zählt durch: 18, 19, 20, alle da! Wir können los. Am Strand packen wir uns zunächst alle in die Sonne. Ein Mädchen geht zu Gisela und fragt, ob sie schwimmen gehen darf. Sie darf. Und alle anderen auch. Nur ich habe meine Badehose natürlich nicht dabei. Und dann ziehen alle ihre Klamotten aus, bis ich um mich herum nur noch drei Badehosen, einen Badeanzug und 17 Bikinis sehe. Das ist siebzehn Mal eindeutig viel zu viel Haut für mich. Ich ziehe mein T-Shirt aus, um wenigstens ETWAS auszuziehen, und mir fällt auf, dass außer Giselas alle Bäuche um mich herum straffer sind als meiner. Mist. Aber von mir nimmt eh niemand Notiz, denn die halbnackte Horde stürmt bereits Richtung Wasser. Gisela trottet hinterher.
„Na, Badehose vergessen?"
Ich nicke. Tanja breitet ihr Handtuch neben mir aus, legt sich darauf und blinzelt in die Sonne. Dann schiebt sie ihr T-Shirt ein Stück hoch, damit der Bauch braun werden kann. Noch ein Bauch, gegen den ich beim Murmeltierlook-alike-Wettbewerb locker gewinnen würde. Seufzend drehe auch ich mein Gesicht in die Sonne und schließe die Augen. Urlaub…

Nach einer kostbaren Viertelstunde Ruhe kommen die ersten zurück aus dem Wasser und trocknen sich ab. Von ihren Handtüchern weht Tanja und mir Sand ins Gesicht. Wollt ihr nicht spielen gehen? Ja, das wollen sie tatsächlich. Beachvolleyball, mit uns.
„Frau Delpe, spielen Sie mit?"
„Ööööhhh..."
„Och, kommen Sie schon!"
„Okay, okay."
„Klasse! Sie auch, Mick?"
„Na gut."
Hoch motiviert stapfen wir zum Volleyballfeld. Jede Mannschaft erhält zwei Männer, dann werden die Frauen in zwei Gruppen aufgeteilt. Gisela spielt nicht, was weder wir noch sie besonders schade finden. Das Spiel beginnt und jetzt kommen mir die Beachvolleyball-Erfahrungen meiner Nordsee-Studienfahrt zu Gute. Das ist auch dringend notwendig, da meine Mitmänner sich als totale Volleyball-Cracks entpuppen. Trotz offensichtlicher Unterlegenheit wirke ich nicht völlig unbeholfen. Es ist schön, zu sehen, wie die Gruppe zusammenhält. Alle spielen mit, das können wirklich zwei super Wochen werden. Die Jungs lassen uns anderen sogar ab und zu eine Chance, sodass alle ihren Spaß haben. Schließlich bläst Frau Liebknecht zum Rückmarsch. Das ist wörtlich zu nehmen, denn sie hat sich extra für diesen Zweck eine kleine Trillerpfeife mitgenommen. Die Franzosen am Strand um uns herum schauen etwas irritiert auf die dicke Frau im Badeanzug, die laut mit ihrer Trillerpfeife trillert, aber offenbar nicht die Schiedsrichterin ist. Dann erhebt sich Gisela und dirigiert die Gruppe zurück auf den Holzsteg.
Abends schlendern Tanja und ich gemütlich in Richtung Dorf und suchen das niedliche, kleine Restaurant. Hunger haben wir nach den Würstchen nicht, aber gegen das eine oder andere Glas Wein ist auch nichts einzuwenden. Schließlich sind wir in Frankreich!

Das niedliche, kleine Restaurant ist wirklich sehr niedlich und verdammt klein. Fünf rustikale Tische, einfach verputztes Mauerwerk und ein steinalter Mann hinterm Tresen, der uns zur Begrüßung freundlich zunickt. Nachdem wir uns gesetzt haben, schlurft er um den Tresen herum und kommt zu uns an den Tisch.
„Bonsoir", verstehe ich noch. Alles, was danach kommt, überfordert mich. Zum Glück merkt Monsieur le Garçon, dass er auf Französisch genauso gut mit der unverputzten Wand sprechen könnte und wechselt ins Englische. Oder in das, was der Franzose für Englisch hält. Ich erlöse ihn und uns und bestelle.
„Vin, s'il vouz plait!".
Das Gesicht des alten Mannes hellt sich auf. Vin ist das Zauberwort!
„Vin rouge?"
Rotwein? Ja!
„Oui!!!"
„La carte au vin, s'il vouz plait", mischt sich nun Tanja ein.
„Lass uns erst schauen, was die hier haben und was das ganze kostet."
„La carte?", fragt der Franzose und wir nicken. Kurz darauf erhalten wir die Karten, auf der wir ‚vin', ‚rouge' und die Preise verstehen. Das reicht. Wir entscheiden uns für einen mittelteuren Rotwein und sind gespannt, ob Giselas Empfehlung gut war.
War sie. Unser Kellner bringt uns eine große Flasche Wein, aus der er uns zwei Gläser einschenkt, eine Karaffe Wasser mit zwei weiteren Gläsern und Brot. Dann holt er vom Tresen ein drittes Glas, schenkt sich selbst ein und setzt sich zu uns an den Tisch. Er hebt sein Glas und ruft uns ein fröhliches ‚À la santé' zu. Wir trinken. Der Franzose lacht, zeigt auf sich und meint: „Lucard!" Wir stellen uns vor, und nachdem er Tanja die Hand geküsst und die meine herzhaft geschüttelt hat, schwingt sich Lucard von seinem Stuhl und verschwindet hinter dem Tresen ins Nebenzimmer. Einen Moment später hören wir von dort sanfte Akkordeonklänge.

Lucard, inzwischen stilecht mit Baskenmütze bemützt, schlendert durch seine Gaststätte, setzt sich auf einen Stuhl am Fenster und spielt. Und wir hören zu, viele Gläser lang. Weit nach Mitternacht machen wir uns auf den Weg zurück ins Lager und sind uns sicher, dass wir nicht zum letzten Mal hier gewesen sind.

Der Rückweg kommt mir viel länger vor als der Hinweg, was wohl daran liegt, dass wir nie geradeaus gehen und ständig über alles Mögliche lachen müssen.

„Ich kannich mehr", meint Tanja und hakt sich bei mir unter. Ich glaube, sie hat gehörig einen sitzen.

„Hassu eigentlichemerkt, dass der micheküsst hat?"

„Ja, hab ich."

„Richticheküss! Nich nur so getan, assob... Und du has gar nix gesagt!"

„Was soll ich denn sagen?"

„Du lässeinfach zu, dass mich fremde Franzosen küssen?"

„Ja. Bei Lucard, ja!"

„Einfacheküsst hatte mich! Beim Tschüssagen gleich nochmal", lallt sie weiter.

„Mich auch!"

„Echt?"

„Tanja, wir sind in Frankreich! Da küssen sich die Menschen öfter!"

„Zuhause nich!"

„Nein! Zu Hause nicht. Da ist ja auch nicht Frankreich."

„Paul aunich!"

„Hä?"

„Paul, mein Freund…"

„Ja…"

„Der auf die Hunde aufpasst…"

„Ja…"

„Küsst mich nich mehr."

„Hmm…"

„Liebt mich gar nich mehr."

„Meinst du?"

„Weissu was: Männer sind Schweine! Alle!!! Alle Schweine!!!"
Und so torkeln wir unserem Lager entgegen, reißen uns rechtzeitig zusammen, damit wir niemanden wecken, und holen unser Zahnputzzeug. Nach dem Zähneputzen bringe ich sie noch zu ihrem Zelt. Da stehen wir nun: betrunken, gut gelaunt, mit frisch geputzten Zähnen. Es wird keinen besseren Moment geben, sie zu küssen. Aber das will ich ja eigentlich gar nicht. Wir stehen da und schauen uns an. Dann nimmt Tanja meine Hand und drückt sie.
„Das war ein schöner Abend!!"
„Ja, fand ich auch. Schöner Abend! Gute Nacht!"
„Gute Nacht!"
Und so gehe ich in mein Zelt. Ungeküsst. Gut so.

Die Trillerpfeife beendet eine kurze, traumlose Nacht. Mühsam steige ich aus meinem Schlafsack und krieche aus dem Zelt. Aus dem Zelt gegenüber kriecht Tanja. Wahrscheinlich sehe ich genauso fertig aus wie sie.
„Guten Morgen, Mick!"
„Morgen! Na, gut geschlafen?"
„Viel zu kurz!"
Wieder trillert die Pfeife. Gisela läuft putzmunter von Zelt zu Zelt und weckt die Jugendlichen. Dann kommt sie zu uns.
„Und? Habt ihr Lucard kennengelernt."
„Oh ja, haben wir."
„Hat er für euch Akkordeon gespielt?"
„Hat er."
„Und habt ihr ordentlich Wein probiert?"
„Haben wir."
„Und? Wie ist das Befinden?"
„Frag nicht."
„Na, dann mal schnell fertigmachen und frühstücken!"
Irgendwann bringe ich sie wirklich um, erwürge sie oder schmeiße sie von der nächsten Klippe. Oder beides – erst

erwürgen, dann schmeißen. Und die Trillerpfeife schmeiß ich ihr hinterher. Damit kann sie dem Teufel die Hölle heiß machen! Wir machen uns schnell fertig und gehen frühstücken. Camembert und Baguette, hoffentlich schmeckt uns das nächste Woche auch noch! Unser heutiger Ausflug führt uns zunächst nach Avignon - das ist also dieses Avignon! - und nachmittags auf ein kleines Weingut in den Bergen. Nach einer feucht-fröhlichen Weinprobe kehren wir einigermaßen erledigt auf unserem Platz zurück und machen uns über die nächsten Dosen Würstchen her. Danach gehen alle zusammen runter zum Strand. Tanja und ich fühlen uns unter den Jugendlichen so wohl, dass wir uns zum Beachvolleyball diesmal nicht lange bitten lassen. Gisela macht für uns wieder den Schiedsrichter. Es ist ein wunderschöner, sonniger Tag, alles könnte perfekt sein. Doch mein Leben wäre nicht mein Leben, wenn es mir nicht einen kleinen Strich durch die Rechnung machen würde. Das Schlimme an den vielen kleinen Strichen des Lebens ist, dass man sie nur selten kommen sieht, weil sie sich so verdammt gut verstecken. Heute tarnt sich mein Strich als Volleyball, der in einem hohen Bogen in die hintere Ecke unserer Spielfeldhälfte fliegt. Doch ich gebe ihn nicht verloren und setze zum Spurt an. Die Idee hatte ich nicht als Einziger. Auch Boris, einer unserer Jungs, hat sich auf den Weg gemacht. Da wir beide nur den Ball im Blick haben, rasseln wir mit den Köpfen hart aufeinander. Benommen von diesem Schlag taumele ich zur Seite und versuche, mich irgendwo festzuhalten. Die Erde dreht sich, Sterne flimmern und ich sehe den Boden auf mich zukommen. Kurz bevor ich endgültig stürze, kann ich zwischen all den Sternen einen Arm erkennen und greife zu. Ich spüre, wie meine Hand etwas Dünnes, Gummiartiges umklammert, und dann liege ich im Sand. Von da, wo ich eben den Arm gesehen habe, ertönt ein schriller Schrei. Als ich das Gesicht aus dem Sand ziehe, sehe ich, wie sich Daisy, das Mädchen, mit dem ich am Bielefelder Bahnhof schon Bekanntschaft gemacht habe, ihr Bikinioberteil zurecht rückt. Ich muss auf der Suche nach ihrem Arm gehörig danebengegriffen haben. Wie peinlich... Alle schauen mich an. Dann lachen sie. Gisela ist sosofort aufgesprungen und hat Daisy ein Handtuch umgelegt. Als würde das noch irgendwas nützen. Daisy schaut mich immer noch entsetzt an.

„Hose runter, dann sind wir quitt!"

Stürmischer Jubel entbrennt.

„Nein, es gibt Dinge, die wollen wir nicht sehen", meint Tanja entschieden.

Ich nicke ihr dankbar zu.

„Ach, wollen Sie nicht?", fragt Jägermeister-Tobi und guckt Tanja herausfordernd an.

„Nein, will ich nicht."

„Ich mein ja bloß. So lustig, wie Sie beide gestern unterwegs waren. Man kann ja nie wissen..."

Gespannte Stille.

„Was soll das denn nun heißen?", frage ich.

„Gar nichts. Was könnte es denn heißen?"

„Gar nichts."

„Siehst du!"

Ja, ich sehe. Ich sehe ein Grinsen auf Tobis Gesicht, das mir nicht gefällt. Vielleicht sollte ich ihn noch einmal unter vier Augen darauf ansprechen. Später am Abend habe ich meine Chance. Tobi sitzt allein hinterm Essenszelt und klimpert auf seiner Gitarre. Ich setze mich neben ihn.

„Darf ich dich mal was fragen?"

„Ja, na klar!"

„Was hast du vorhin gemeint mit dem ‚Man kann ja nie wissen'?"

Tobi grinst.

„Läuft da was zwischen dir und Frau Delpe?"

„Nein!"

„Ich verrate auch niemandem was!"

„Nein, wirklich nicht."

„Darf ich dich noch was fragen?"

„Na?"

„Würdest du gern?"

„Würde ich gern was?"
„Na komm, du weißt ganz genau, was ich meine."
„Wie kommst du auf so was."
„Naja… ich hab euch gestern Abend gesehen. Wir ihr euch gute Nacht gesagt habt. Und?"
„Du hast uns gesehen?"
„Ich verrate es niemandem!"
„Es gibt ja auch nichts zu verraten!"
Das Gespräch wird von meinem Handy unterbrochen. Wir müssen es leider vertagen.
„Ja. Mick Baumann im Urlaub."
„Wieso hab ich immer noch keine Karte in meinem Briefkasten? Tomate! Du treulose Tomate!"
„Aber wir sind doch erst seit drei Tagen hier!"
„Ja. Ich weiß. Und ich hab trotzdem keine Post. Schäm dich!"
„Gleich heute Abend schreib ich dir."
„Ja, ja. Sag mal, was ich dich noch fragen wollte…"
„Ja?"
„Wie heißt sie?"
„Oh nein!"
„Ooooh doch!"
„Warte. Ich melde mich kurz bei Gisela ab und geh runter zum Strand. Dann werd ich dir alles erzählen."
„Gisela? Seid ihr jetzt Kumpels? Wie auch immer, abgemacht. Du hast fünf Minuten!"
Ich schaffe es in vier. Und ich erzähle Mischa von mir und Tanja und dass da ja eigentlich gar nichts läuft und dass ich ja außerdem jede Nacht von Julia träum, naja fast jede, und Mischa hört sich alles an. Dann unterbricht sie mich.
„Und wo ist das Problem?"
„Naja, das Problem ist, dass ich zwischen zwei Frauen stecke!"
„Oh, à propos Frauen: Hier ist ein Brief für dich angekommen."
„Von wem?"
„J. Bergheimer, Kiel."

„Von wem?"
„Von Jenny, du Keks!"
„Hä, wieso Keks?"
„Nicht vom Thema ablenken! Soll ich ihn aufmachen?"
„Mmmm... Ja!"
Im Handy höre ich leise das Zerreißen des Briefumschlags.
„Aaalso... Lieber Mick..."
Dann höre ich nur noch die Windböe, die mir fast das Handy aus der Hand weht.
„Warte, ich versteh dich ganz schlecht."
Augenblicke später stehe ich im Sturm. Sandkörner werden stechend gegen mein Gesicht geblasen. Ich laufe in einen windgeschützten, kleinen Wald und lasse mir den Brief vorlesen. Jenny bittet mich, zu ihr zurückzukommen. Dabei war ich doch nie bei ihr. Nur die eine Nacht, und die zählt nicht.
„Ich werde ihr schreiben, wenn ich wieder zu Hause bin."
„Und was schreibst du ihr?"
„Das werde ich mir bis dahin überlegen. Ich hab ja noch ein paar Tage Zeit."
„Na..."
„Sag nicht ‚Na...'"
„Ich sag so oft ‚Na...', wie ich will! Und jetzt erzähl mir mehr von der zweiten Frau, zwischen der du steckst. Ist sie nicht sogar die dritte?"
Und so erzähle ich ihr die ganze Geschichte. Von Tanja und ihren Hunden, ihrem Freund und dem Wein, von Jägermeister-Tobi und davon, dass ich mit der ganzen Situation irgendwie überfordert bin.
„Kann man dich nicht mal zwei Wochen alleine lassen, ohne dass du dich in irgendwen verknallst?"
„Ich hab mich nicht verknallt!"
„Ha! Ich gebe dir noch drei Tage! Vielleicht solltest du ein Praktikum im Vatikan machen."
„Genau! Wo es in Rom ja bekanntlich keine schönen Frauen gibt!"
„Dann geh halt ins Kloster!"

„In das, in das du auch schon gehen wolltest? Nach der Sache mit Mark?"
„Darüber wollten wir nie wieder sprechen."
„Darüber wollest DU nie wieder sprechen."
Mit Mark ist Mischa damals an der Nordsee übel abgestürzt und hatte am nächsten Morgen Flecken auf dem T-Shirt, die entweder Majo, Zahnpasta oder Sperma waren. Das wusste sie leider auch nicht mehr genau.
„Und wie soll es jetzt weitergehen?"
„Ich weiß es nicht."
„Wie sieht sie denn das Ganze?"
„Weiß ich auch nicht."
„Hm…"
„Hmhmmm..."
„Und nun?"
„Weiß ich nicht."
„Du weißt ja echt nicht viel im Moment."
„Hm… Ich glaub, ich werd mal wieder zurück. Nicht, dass die nachher noch Suchtrupps losschicken."
„Grüß Tanja!"
„Lieber nicht."
„Dann grüß Gisela! Und schlaf schön, mein Mikey!"
„Du auch!"
„Und mach dir keinen so großen Kopf. Lass es einfach geschehen!"
„Was auch immer passiert."
„Was auch immer passiert."

Kapitel 18

Draußen, um mein kleines Wäldchen herum, tobt der Sturm. Mühsam kämpfe ich mich zurück zum Campingplatz. Auf unserem Platz herrscht das reine Chaos: Drei oder vier Zelte sind völlig zerfetzt, drei weitere sogar in die Hecke geweht, die unser kleines Dorf umschließt.

Überall flattern Zeltwände im Wind, denen offenbar das gleiche Schicksal bevorsteht. Der Sturm heult mit beachtlicher Lautstärke und es ist keine Menschenseele zu sehen. Wo sind die alle? Und wie lange war ich eigentlich weg? Es kann maximal eine Stunde gewesen sein. Die Gruppe ist wahrscheinlich unterwegs, Wandern, Wein trinken oder weiß der Kuckuck, wo die sind. Ich stehe ganz allein auf unserem Platz und fühle mich wie in einem Tornado. Was tun? Besser die Zelte retten, die noch stehen, oder die einfangen, die schon davongeweht sind. Ich entscheide mich dafür, die Zelte aus den Hecken zu befreien und zweifle gerade daran, dass das die richtige Entscheidung war, als die anderen zurückkommen. Jeder stürzt sofort zu seinem Zelt, um so viel wie möglich zu retten. Für insgesamt vier Zelte kommt jedoch jede Hilfe zu spät. Als der Sturm eine halbe Stunde später endlich nachlässt, kommen auch wir zur Ruhe und betrachten das Chaos. Als mein Blick über die zerstörten Behausungen schweift, fällt es mir plötzlich auf: Die verlorenen Zelte gehörten alle zu denen, deren Heringe ich am ersten Tag so stolz in den Boden gehauen hatte. Wohl offenbar nicht tief genug. Die anderen Zelte stehen noch. Ich selbst, fünf Mädchen und zwei unserer drei Jungen sind jetzt obdachlos.

„Dann müssen wir wohl ein bisschen zusammenrutschen" meint Gisela trocken. Das ist bei den Mädchen zunächst mal kein Problem, da einige bisher ein Zelt für sich allein hatten. Auch die beiden Jungen finden beim dritten Asyl. Damit sind eine Menge Zelte jetzt rappelvoll.

„Und wo schlafe ich? Soll ich mir den Schlafsack auf dem Klo ausrollen?", frage ich.

„Du kannst doch das Zelt meiner jungen Kollegin nehmen und sie zieht zu mir", schlägt Gisela vor und schaut Tanja erwartungsvoll an. Tanja schaut zurück, öffnet zwar den Mund, findet aber keine Worte. Dann schaut sie mich an, mit einem Blick, der ‚Hilf mir!' schreit. Doch ich kann ihr nicht helfen, denn ich will meinen Schlafsack wirklich nicht im Klo ausrollen.

Eine Stunde später habe ich alle meine Sachen aus meinem Zeltwrack geborgen und ziehe um. Tanja zieht zu Gisela. Glücklich sind wir alle nicht mit dieser Lösung, nur Gisela, die freut sich. Weitere zwei Stunden später liege ich in meinem Schlafsack, als plötzlich jemand den Reißverschluss meines neuen Schlafgemachs öffnet.
Verschlafen blinzle ich in den Schein einer Taschenlampe. So müssen sich Rehe fühlen, kurz bevor sie überfahren werden. Nur dass in meinem Fall kein Auto kommt, sondern Tanja. Wie spät es wohl ist?
„Was ist denn los?", frage ich.
„Die schnarcht. Ich schlaf bei dir. Ich stell mir den Wecker und verschwinde morgen früh, bevor es jemand merkt."
Was hatte Mischa noch gesagt? Lass es einfach geschehen. Ein Wink des Schicksals? Doch Tanja scheint wirklich nur Schlafen im Kopf zu haben. Sie schmeißt ihren Schlafsack neben meinen, krabbelt hinein und murmelt ein ‚Gute Nacht'. Dann höre ich nichts mehr außer Tanjas Atmen. Ich drehe mich auf die andere Seite, liege jetzt mit dem Rücken zu ihr und versuche, ans Schlafen zu denken.
„Mach schon, geh ran!", klingt es aus meinem Schlafsack. Als ich den Reißverschluss ein Stück aufmache, kommt ein guter, alter Freund herausgekrochen und klettert auf meine Schulter. „Worauf wartest du noch?!"
„Gibt's dich auch noch? Wo ist denn der Andere?"
„Der Kollege ist im Urlaub. Und jetzt los!"
Aus meinem Schuh höre ich ein Geräusch. Als ich ihn umdrehe, purzelt ein zappelndes, gefesseltes und geknebeltes Engelchen heraus. Mit spitzen Fingern fummle ich ihm ein briefmarkengroßes Tuch aus dem Mund. Der Engel hustet und prustet.
„Ich bring ihn um!"
„Komm doch her, wenn du was willst! Hä?!?", pöbelt der Teufel. Ich packe beide am Schlafittchen und schüttele sie. Währenddessen öffnet sich der Zelteingang zum zweiten Mal. Diesmal ist es Günther Jauch.

„Mick, kommen Sie mal raus", sagt er und winkt mich zu sich. Was macht der in Frankreich, und dann noch vor meinem Zelt? Zum Glück ist es nicht Kai Pflaume, dann hätte ich Angst, dass Jenny dahintersteckt. Oder Julia. So krieche ich aus meinem Schlafsack und blinzle ins Mondlicht, das durch die geöffnete Zelttür fällt. Seit wann strahlt der Mond so kräftig? Und wieso Günther Jauch? Oder bin ich tot und komme gerade in den Himmel? Ist Günther Jauch der liebe Gott? Deswegen die Regenwald-Werbung! Da hat er die ganze Zeit fleißig gutes Karma gesammelt und keiner hat's so richtig gemerkt. Aber wenn Günther Jauch der liebe Gott ist, wer ist dann der Teufel? Stefan Raab?
Günther Jauch wird allmählich ungeduldig.
„Jetzt kommen Sie schon! Nur noch zehn Sekunden!"
Immer noch reichlich verwirrt steige ich aus meinem Zelt und befinde mich mitten im Wer-wird-Millionär-Studio. SO sieht der Himmel bestimmt nicht aus. Es muss also ein Traum sein. Da ertönt auch schon die Melodie und Günther Jauch begrüßt das Publikum. Um mich herum erscheinen die Zuschauertribünen. Darauf sitzen Leute, die ich kenne: meine Eltern, meine Oma, Schulfreunde von früher, Leute, die ich in der Uni kennengelernt habe, der Pastor, der mich konfirmiert hat, alle sind sie da. Nur Mischa fehlt. Günther Jauch führt mich zum Kandidatenplatz.
„Kommen wir zur ersten Frage: Wer springt ständig von Frau zu Frau und kann sich nicht entscheiden? A: Er, B: Sie, C: Ich oder D: Du?"
„Ich."
„Richtig."
Das Publikum applaudiert.
„Und was ist das? A: feige, B: armselig, C: unfair oder D: einfach nur blöd?"
„Ähm. Von jedem etwas?"
„Wollen Sie das Publikum befragen?"
„Nein, das stimmt schon irgendwie alles."
„Richtig! Sie marschieren hier ja schnurstracks durch!"

Das Publikum applaudiert wieder. Meine Mutter ist völlig aus dem Häuschen.
„Und wer soll es denn jetzt sein? A: Julia, B: Jenny, C: Tanja oder D: irgendwer anders?"
„Hmm..."
„Telefon-Joker?"
Noch bevor ich antworten kann, höre ich über mir eine Wählscheibe. Dann ertönt Mischas vertraute Stimme. Jetzt wird bestimmt alles gut.
„Schröder."
„Hallo, Mischa, hier spricht Günther Jauch."
„Hallo, Herr Jauch."
„Mischa, ich habe hier den Mick, und wir kommen nicht so richtig weiter. Sind Sie bereit, uns zu helfen?"
„Na klar!"
„Dann übergebe ich jetzt. Mick, Sie sind dran!"
„Hallo, Mischa!"
„Mikey! Wie cool, wir sind im Fernsehen!"
„Mischa", fragt Günther Jauch dazwischen, „wer soll es denn jetzt sein? A: Julia, B: Jenny, C: Tanja oder D: irgendwer anders?"
„Hm... Ich hab keine Ahnung, tut mir leid! D würde ich ausschließen."
„Und B?"
„Ja, B eigentlich auch. Aber sonst... Das muss er schon selber wissen."
Und da sind die dreißig Sekunden auch schon vorbei.
„Und jetzt?", fragt Günther Jauch.
„Also D schließen wir aus. Ich denk, ich nehme den Fifty-Fifty-Joker und schau dann mal, wer übrig bleibt."
„Okay!"
Mit einem Knall verschwinden die Antworten B und D von meinem Bildschirm. Mist!
„Dann entscheide ich mich für... Das ist so schwer. Ich entscheide mich für..."
„Wenn ich Ihnen einen guten Rat geben darf, dann sollten Sie..."

In diesem Moment ertönt eine schrille Sirene. Ich kann Günther Jauch nicht mehr verstehen, denn die Sirene wird immer lauter. Plötzlich liege ich auch wieder in meinem Schlafsack und merke, wie ich allmählich aufwache. Verschlafen blinzle ich gegen das schwache Morgenlicht an, das durch die Zeltwände scheint, und erinnere mich langsam daran, wo ich bin und wer neben mir gerade seinen Wecker ausschaltet.
„Guten Morgen!", lächelt mich Tanja an. „Gut geschlafen?"
„Ich hab geträumt, ich wär bei Günther Jauch."
„Und, hast du was gewonnen?"
„Weiß ich nicht mehr."
„Ich werd mal schnell verschwinden, damit mich keiner hier rauskommen sieht."
Und dann ist sie weg, und ich liege nun wieder allein in meinem Zelt. War das auch nur ein Traum? Ich kneife mich. Sicherheitshalber hau ich mir auch noch eine runter. Ja, ich bin wach, und Tanjas Wecker liegt immer noch neben mir im Zelt. Ihren Schlafsack hat sie mitgenommen. Ich nehme meine Zahnbürste und gehe in den Waschraum. Dort treffe ich Tobi. Und Tobi grinst mich breit an.
„Na, gut geschlafen?"
„Ja, und selbst?"
„Herr Baumann, Herr Baumann…"
„Was soll nun das schon wieder heißen?"
„Du gehst ja ganz schön ran!"
„Ich gehe nirgendwo ran!"
„Ich hab gesehen, wie sich Frau Delpe eben völlig verschlafen aus deinem Zelt geschlichen hat."
Urks! Erwischt!
„Okay. Sie ist vor Frau Liebknecht geflüchtet."
Lieber die Wahrheit sagen, als 'ne Affäre am Hals haben.
„Ja. Natürlich ist sie das. Dann werd ich Frau Liebknecht mal besser nichts davon erzählen."
„Nein, besser nicht!"
„Du kannst dich auf mich verlassen! Von mir erfährt sie nichts!"

Wir putzen unsere Zähne – ich grübelnd, Tobi fröhlich. Anschließend mache ich mich auf den Weg ins Dorf, um frische Baguettes fürs Frühstück zu kaufen. Es passt mir ausgesprochen gut, dass ich heute an der Reihe bin. Auf dem Weg zum Bäcker lasse ich meinen kuriosen Traum noch einmal Revue passieren. Es stimmt wohl: Das Kapitel Jenny habe ich abgeschlossen. Dafür hat sich das Kapitel Tanja gerade erst geöffnet. Wie war das noch? Lass es einfach geschehen, was auch immer passiert. Mischas Ratschlag begleitet mich den ganzen Weg über, sogar noch, als ich mit den Baguettes zurück auf unseren Platz komme. Alle sitzen schon am großen Frühstückstisch und warten auf mich. Als ich das Brot auf den Tisch stelle, schaut Tobi mich an und legt sich seinen Zeigefinger auf die Lippen. Nele, das Mädchen, das neben ihm sitzt, tut das Gleiche. Nach und nach legen alle Jugendlichen den Zeigefinger an den Mund und grinsen mich an.
„Was ist denn mit euch los?", fragt Gisela in die Runde.
„Ach nichts", lautet die Antwort.
Ich schaue Tobi an. Warum???
„Sorry, das konnte ich einfach nicht für mich behalten!"
Tanja, die das Flüstern offensichtlich verstanden hat, funkelt mich mit allem an, was ihre strahlend blauen Augen an Bösesein aufbringen können. Wir müssen reden! Da lehnt sich sich Daisy, die neben ihr sitzt, zu ihr rüber und flüstert ihr etwas ins Ohr. Sofort verschwindet das Böse und macht den Platz frei für ein bestürztes Augenaufreißen. Ihre Wangen färben sich rot, und während sie mir in die Augen guckt, formen ihre Lippen ein ‚Scheiße'.
Nachdem uns sogar Gisela und Heinz beim Mittagessenkochen einen Zeigefinger-Gruß zugeworfen haben, beschließen Tanja und ich, in die Offensive überzugehen und verkünden der Gruppe, dass wir in einem Zelt schlafen würden, weil meines nun mal kaputt ist und wir uns so gut verstehen, wir aber trotzdem kein Paar sind und auch keines werden wollen und dass es uns im Grunde egal ist, was sie denken. Dafür ernten wir wissendes Lachen. Wenigstens

müssen wir so nicht wieder mitten in der Nacht aufstehen, bloß damit uns keiner sieht, und Tanja muss sich auch nicht spät abends heimlich aus Giselas Zelt schleichen.

Und dann ist sie da, unsere erste offizielle gemeinsame Nacht. Unter dem Applaus der Jugendlichen beziehen wir unser Nachtlager und wissen beide nicht so recht, was wir dazu sagen sollen. Die Geheimnistuerei jedenfalls ist mal gründlich in die Hose gegangen.

Die folgenden Tage am Meer genießen wir mit Nächten voller Gespräche. Über unsere erste Nacht mit Lucard und alles, was danach kam, verlieren wir allerdings kein einziges Wort mehr. Und während die Tage vergehen, neigt sich die Reise langsam dem Ende. Es ist bereits die vorletzte Nacht. Tanja und ich haben uns gerade in unsere Schlafsäcke gelegt.

„Woran denkst du?", fragt sie mich.

„Daran, dass wir das neue Tratschthema der Schule sind."

„Ja, das sind wir wohl."

„Und woran denkst du?", frage ich zurück.

„Ich denke gar nicht. Mir ist arschkalt. Viel zu kalt zum Denken."

Sie hat Recht. Es ist wirklich verdammt kalt heute Nacht. Tanja robbt in ihrem Schlafsack ganz dicht an mich heran und schmiegt sich an meine Seite. Ohne zu fragen, einfach so, als wäre es völlig selbstverständlich. Ich reibe ihr den Rücken, um sie ein bisschen aufzuwärmen. Einfach so. Sekunden später ist sie schon halb eingeschlafen und ich liege wach neben ihr, streichle ihr immer noch den Rücken.

„Das tut so gut", murmelt sie schläfrig.

Ich streichle eifrig weiter.

„Sooo guuut..."

Ich lege meinen Arm um sie und kuschle mich an sie. Der Duft ihrer Haare steigt mir in die Nase. Tanja umfasst meinen Arm und zieht ihn noch dichter an sich.

„Ich liebe dich."

Darauf war ich nun nicht gefasst.

„Im Ernst?"
Ein ‚Ich dich auch' wäre an dieser Stelle wohl passender, aber jetzt ist das ‚im Ernst?' schon raus.
„Du darfst mich nie mehr allein lassen", murmelt Tanja im Halbschlaf.
„Das werde ich nicht", verspreche ich feierlich und drücke meine Nase tief in ihren Nacken, um den Geruch ihrer Haare noch intensiver zu spüren.
„Ach, mein Paul...", seufzt sie leise und streichelt meinen Arm.
DAS habe ich noch viel weniger erwartet.
„Ich bin nicht Paul! Ich bin Mick!!!"
Tanja murmelt noch ein schwaches ‚Ach so...', dann schläft sie ein und lässt mich allein. Da liege ich nun immer noch mit der Nase in ihren Haaren und kann auch nicht wirklich von ihr weg, weil sie ja meinen Arm festhält. Hoffentlich schlafe ich bald ein.

Da dieser Gedanke der letzte ist, an den ich mich am nächsten Morgen erinnere, kann das mit dem Einschlafen nicht all zu lange gedauert haben. Nun ist ein neuer Tag angebrochen, und Tanja und ich haben offenbar über Nacht die Stellung gewechselt. Ich liege auf dem Rücken und sie hat sich an meine Schulter gekuschelt. Ich streiche ihr sanft die Haare aus dem Gesicht und wecke sie, damit es nicht der Wecker tut, der in drei Minuten klingeln wird. Verschlafen blinzelt sie mich an. Hätte sie mich gestern nicht mit dem falschen Namen angesprochen, hätte ich sie jetzt geküsst. So nicht. So stehe ich auf und flüchte aus dem Zelt, unter dem Vorwand, dringend aufs Klo zu müssen. Als ich zurückkomme, schaut Tanja mir tief in die Augen.
„Ist alles in Ordnung mit dir?", fragt sie mich.
„Mhmm..."
„Was heißt das?"
„Weißt du, was du gestern Abend zu mir gesagt hast?"
„Ehrlich gesagt, nein. Ich war so müde."

„Du hast mich ‚Paul' genannt."
Von dem ‚Ich liebe dich' sage ich besser gar nichts.
„Oh."
„Ja, das hab ich gestern auch gedacht. Oh."
Das waren wohl die letzten Worte, die wir an diesem Tag wechseln. Es ist nicht so, dass ich böse auf sie bin oder wir uns den Tag über aus dem Weg gehen. Vielmehr wissen wir wohl beide noch nicht so ganz, wie wir mit dem umgehen sollen, was sich zwischen uns entwickelt hat. Dass zwischen uns ganz offensichtlich etwas nicht stimmt, nehmen natürlich auch die anderen wahr, und so ist die Stimmung während unserer gemeinsamen Mahlzeiten nicht ganz so fröhlich wie sonst. Mir graut ein wenig vor einem schweigsamen Schlafengehen an unserem letzten Abend. So kommt es mir ganz gelegen, dass wir alle gemeinsam den Abend am Strand verbringen wollen. Wir grillen, diesmal sogar richtiges Fleisch, singen zu Tobis Gitarre und genießen die warme Abendluft.
Als die Sonne schon längst untergegangen ist und Gisela sich ins Zelt verabschiedet hat, sitzen alle Schüler, eine Referendarin und ein Aushilfsaufpasser um ein Lagerfeuer am Meer. Nachdem sich Tanjas und meine Blicke immer wieder getroffen haben und wir zunächst schnell weggeschaut und dann irgendwann doch gelächelt haben, fasst sie sich ein Herz und setzt sich neben mich. Schweigend sitzen wir nebeneinander und schauen ins Feuer, während alles um uns herum singt und lacht. Als das Feuer irgendwann nach Mitternacht heruntergebrannt ist und uns kalt wird, machen wir uns auf den Weg zu unseren Zelten. Tanja und ich sammeln noch den letzten Müll ein und gehen dann als Letzte den Jugendlichen hinterher. Kurz bevor wir den alten Holzsteg erreichen, der uns zum Campingplatz führt, nimmt Tanja meine Hand.
„Komm mit!", fordert sie mich auf und rennt los zurück in Richtung Meer. Ich stolpere hinterher. Wir laufen über den stockdunklen Strand hinunter zum Wasser und lassen uns lachend und kreischend hineinfallen.

Es ist wunderbar warm. Tanja spritzt mir Wasser ins Gesicht und versucht meinen Kopf unter Wasser zu drücken, die Revanche folgt auf der Stelle. Prustend und nach Luft schnappend taucht sie wieder auf und geht erneut auf mich los. Der Mond scheint auf ihr wütend-lachendes Gesicht, die nassen Haare fliegen ihr um den Kopf und Wassertropfen werden in alle Richtungen davon geschleudert. Und dann ist es soweit. Mick und Tanja sind am Ziel, küssen sich eng umschlungen im warmen Meer, haben sich gefunden. Der Moment sollte nie vergehen, doch leider ist das Wasser auf Dauer doch nicht so warm, sodass wir einige leidenschaftliche Küsse später fröstelnd aus dem Wasser steigen und in unseren triefenden Klamotten zurück zum Platz laufen. Was wir nicht bedacht haben, ist, dass unser kleines Liebesabenteuer maximal zwanzig Minuten gedauert hat.

Als wir klitschnass auf dem Platz ankommen, sind die anderen noch wach und begrüßen uns mit lautem Applaus und Gejohle. Wir grinsen nur vielsagend und verschwinden in unserem Zelt, um unsere Handtücher zu holen. Jetzt unter eine schöne warme Dusche! Ich hatte auf dem Weg bereits mit dem Gedanken gespielt, Tanja auf eine gemeinsame Dusche einzuladen, habe die Idee aber gleich wieder verworfen. Man muss ja nicht gleich alles überstürzen. Dass auf unserem Campingplatz nach 22 Uhr kein warmes Wasser zur Verfügung steht, hätte uns sowieso den Spaß verdorben, doch das wird mir erst bewusst, als ich unter der Dusche stehe und die Gänsehaut auf meinem Rücken schockgefroren wird.

Und so liegen wir kurz darauf immer noch unterkühlt in unserem Zelt und haben absolut nichts dagegen, uns gegenseitig zu wärmen. Es ist dunkel und alles, was ich spüre, ist Tanjas Haut an meiner.

Am nächsten Morgen werden die Zelte abgebaut und zusammen mit den übrig gebliebenen Vorräten und jeder Menge Wein im Bus verstaut. Alle freuen sich über unser frisch gebackenes Glück und bieten uns für die Fahrt nach Hause sogar die Rückbank an, was wir dankend ablehnen. Wir sind ja schließlich keine Teenager mehr! Demonstrativ setzen wir uns gleich vorne in die erste Reihe. Durch die Frontscheibe haben wir einen traumhaften Ausblick über die Berge und Täler um uns herum. Am Himmel schweben ein paar kleine Wolken vor sich hin, die Morgensonne strahlt uns mit sanfter Kraft entgegen und neben mir sitzt meine neue Freundin und schmiegt ihren Kopf an meine Schulter. Es ist zwar schade, dass unser gemeinsamer Urlaub schon wieder vorbei ist, aber ich freue mich so sehr auf unser Leben zuhause, dass ich es kaum erwarten kann, dort anzukommen. Das Genörgel unseres Busfahrers reißt mich aus meinen Gedanken.

„Fahr doch!", regt er sich auf und meint damit einen Lastwagen, der uns entgegengefahren kommt. Der Fahrer scheint nicht ganz bei der Sache zu sein, sein Fahrzeug schlingert von einer Seite der Straße zur anderen. Schlagartig bekomme ich Angst. Neben der Fahrbahn geht die Böschung ziemlich steil bergab, ein Ausweichen ist unmöglich. Heinz hupt, Tanja krallt sich an meinem Arm fest und ich sehe den Lastwagen immer weiter auf uns zukommen. Heinz tritt scharf auf die Bremse, von den hinteren Plätzen höre ich ein überraschtes Schreien, dann bleibt die Zeit beinahe stehen. Man hat schon so oft gehört, dass einem im Moment des Todes sein gesamtes Leben vor Augen erscheint. Bei mir ist das nicht so, ich sehe nur das Hier und Jetzt: den Lastwagen, wie er immer dichter kommt, und die weit aufgerissenen Augen des Fahrers, der zu spät merkt, was er da gerade anrichtet. Heinz reißt das Lenkrad herum, weicht dem Lastwagen gerade noch aus, kann aber nicht verhindern, dass unser Bus ins Schleudern gerät. Alles um uns herum kreischt. Heinz verliert endgültig die Kontrolle, der Bus verlässt die Fahrbahn und holpert die Böschung hinunter. Durch die Frontscheibe sehe ich, dass wir genau auf einen großen Baum zuhalten. Ich höre Heinz fluchen und Tanja schreien. Dann prallt der Bus auf den Baum.

Teil 3

Auf dem Heimweg

Kapitel 19

Der Unfall ist jetzt sieben Wochen her, und zum Glück ist niemand ernsthaft zu Schaden gekommen. Ich lag eine Woche mit gequetschten Rippen im Krankenhaus und Tanja musste sechs Wochen mit Gipsbein herumlaufen, aber nun ist alles wieder gut. Und morgen zieht sie bei mir ein! Paul, ihr Jetzt-alter-Arsch-Ex-Freund hat sie vor die Tür gesetzt, als er von uns erfahren hat. Sie ist dann mit Sack und Pack, Gips, Hund und Hundebabys zu ihren Eltern gezogen, was sowohl von ihr als auch ihren Eltern als absolute Notlösung betitelt wurde. Aber wer würde schon vor Freude Luftsprünge machen, wenn er acht Welpen ins Haus kriegt und die Person, die fürs Gassigehen zuständig ist, vor lauter Krücken keine Leine halten kann. Und so steht Papa Delpe jeden Morgen um sechs auf und dreht mit Rike eine Runde um den Block. So heißt die Hundemama. Die Kleinen haben keine Namen. Das habe ich jedoch nicht eingesehen, und meinem Einwand, jedes Familienmitglied brauche doch einen Namen, wurde zumindest zum Teil entsprochen. Und zwar derart, dass mir die Aufgabe zuteil wurde, die acht Welpen zu taufen, vier Jungen und vier Mädchen. Verstärkung erhalte ich von Martin, Tanjas Vater, unter dessen Dach ich in den letzten Wochen deutlich häufiger geschlafen habe als unter meinem eigenen. Trotzdem werde ich immer, wenn ich wieder vor der Tür stehe, freundlich begrüßt. Tanja hat mir erzählt, dass ihre Eltern von Paul nicht besonders begeistert waren, daher liegt die Messlatte für zukünftige Schwiegersöhne bei Martin und Karin offenbar ziemlich niedrig. Sie haben mir gleich beim ersten Kennenlernen das Du angeboten und nun sitze ich in ihrem Wohnzimmer und taufe mit Martin Hunde.
„Lass sie uns einfach durchnummerieren", stöhnt er, nachdem ich alle seine bisherigen Vorschläge – Politiker, Schriftsteller, Fußballspieler, griechische Götter – abgelehnt habe.
„Nein, wir finden was!"

„Musiker!"
„Hm... Zum Beispiel?"
„Elton John, John Lennon, Stevie Wonder..."
"Wir brauchen auch Mädchennamen. Und wenn wir einen Hund Stevie Wonder nennen, denken alle, er ist blind."
„Ein Kompromiss, damit wir endlich mal zu Potte kommen: Jeder schreibt zehn Musiker und zehn Musikerinnen auf Zettel, und dann losen wir die Namen aus."
„Aber...", will ich gerade zum Widerspruch ansetzen, als ich Martins Gesicht sehe. Es sagt deutlich, dass er in zehn Minuten keine Lust mehr haben wird und dies meine letzte Möglichkeit ist, die Sache einvernehmlich über die Bühne zu bringen. Das Los entscheidet, dass die Hunde von nun an Bob Dylan, Helge Schneider, Aretha Franklin, Shakira und ABBA heißen.
Erleichtert stehen wir auf und lassen unsere Blicke über Tanjas Umzugskartons schweifen, die den elterlichen Wohnzimmerschrank blockieren.
„Morgen ist es geschafft", sage ich aufmunternd.
„Ja, dann stehen die Kartons erst mal bei dir", erwidert Martin und fügt ernst hinzu: „Wenn du meiner Kleinen irgendwie dumm kommst, schneid ich dir die Eier ab."
In diesem Moment kommt Mama Karin ins Wohnzimmer und sieht ihren Mann und den Freund ihrer Tochter sich wortlos gegenüberstehen. Stille.
„Was ist denn los?", fragt sie.
„Ich habe unseren jungen Gast ein bisschen aufs Glatteis geführt."
Karin schüttelt den Kopf und wendet sich dann an mich.
„Dass er dir die Eier abschneiden will? Endlich ist das raus. Seit drei Tagen muss ich mir ständig anhören, wie lustig es wäre, dich damit zu überraschen. Und ich hab ihm gesagt, wenn er dich vergrault, kann er seine gleich mit abschneiden, denn brauchen wird er sie ganz bestimmt nicht mehr."
„Damit verdirbst du dir nur selbst den Spaß! Tu mal nicht so!", entgegnet ihr Mann.
„Dafür gibt's Batterien. Oder Paolo."

„Wer ist Paolo?"
„Der Gärtner von nebenan."
„Die Hachmanns haben einen Gärtner?"
„Noch nicht."
„Auszeit!", rufe ich dazwischen. „Was haltet ihr davon, wenn ich einfach lieb zu eurer Tochter bin und wir alle unsere Eier behalten? Und Paolo bleibt in Paraguay."
„Bierchen?", fragt Martin.
Und so stoßen wir an. Auf uns, auf die Zukunft und auf acht knuffige Popstars. Als Tanja abends nach Hause kommt, haben wir noch drei weitere Biere hinter uns. Sie kommt in dem Moment, als mir Martin und Karin gerade den Macarena vortanzen, den sie im letzten Lanzarote-Urlaub gelernt haben.
„Morgen ist es vorbei", stöhnt Tanja. Dann stößt auch sie mit an.
Noch nie in meinem Leben hatte ich mich vor oder gar mit potenziellen Schwiegereltern betrunken. Inzwischen ist der Tag danach. Wir sind alle ein bisschen verkatert und haben einen Umzug vor uns. Als der gemietete Sprinter voll beladen ist, kommen mir erste Zweifel, ob Tanjas Kram überhaupt vollständig in meine Wohnung passt. Aber am Ende des Tages steht fest: er passt. Nun ist meine Wohnung bis zur letzten Ecke voll. Randvoll. Mischa und Tanja haben sich ab dem ersten Treffen super verstanden und nun sitzen Tanja, Mischa, Sascha und ich in meiner Wohnung und stoßen – schon wieder – an, diesmal mit Sekt und diesmal auch nur einmal. Später am Abend liegen Tanja und ich in unserem Bett und haben zum ersten Mal Sex in unserer gemeinsamen Wohnung. Home, sweet home!

In der Woche darauf finde ich dann als Premiere in meinem Leben meinen ersten richtigen Job. Nicht als Bärchenmann oder Pizzafahrer, sondern in einem Kindergarten, und der ist sogar gleich um die Ecke. Dafür, dass ich sechs Jahre studiert habe, verdiene ich dort bitterwenig Geld. Da ich aber

kein Auto habe und auch keines brauche und ja auch nur die Hälfte der Miete zahlen muss, bleibt unterm Strich ein bisschen was über. Und wenn Tanja im nächsten Sommer ihr Referendariat abschließt, werden wir im Geld schwimmen, und dann könnte man ja auch mal über Kinder nachdenken oder ein Haus bauen. Das denke ich alles nicht nur so vor mich hin, sondern erzähle es Mischa während unseres traditionellen Eisessens.
„Und wie heißen die Kinder?", werde ich gefragt.
„Hmm.. Ich mag Karla. Oder Hanna."
„Mikey!"
„Was?"
„Komm mal wieder runter!"
„Warum denn?"
„Du kennst sie jetzt noch nicht mal zwei Monate. Seit sechs Tagen wohnt ihr zusammen, und jetzt erzählst du mir was vom Kinderkriegen. Geht's noch?"
„Ich bin halt glücklich!"
Mit einem Happs beiße ich meinem Pinocchio die Nase ab.
„Da hab ich ja auch überhaupt nichts gegen. Du sollst nur nicht den übernächsten Schritt planen, bevor du weißt, in welche Richtung du eigentlich laufen willst."
„Ja, ja..."
„Nix ja, ja. Höre auf den weisen Rat."
„Amen."
„Amen. Mikey, ich muss dir noch was Wichtiges erzählen!"
„Du hast einen neuen Freund!"
„Oh! Woher weißt du das?"
„Geraten! Obwohl, geraten ist gelogen. Ich hab letzte Nacht geträumt, dass du mir genau das erzählst. Krass, oder?"
„Ja! Ich dachte, ich kann dich damit mal so richtig überraschen, und dann so was! Du machst mir ein bisschen Angst."
„Ja, ich mache MIR auch ein bisschen Angst. Neulich ist so etwas schon mal passiert. Da habe ich geträumt, dass die Katze meiner Eltern gestorben ist, und am nächsten Tag

wurde sie überfahren, ironischerweise vom Tierarzt. Erzähl mir von deinem Freund!"
„Was weißt du denn schon?"
„Sehr witzig!"
„Aaalso... Er heißt Ben, ist 32 Jahre alt und Richter. Eigentlich Richteranwärter oder so."
„Suchst du dir jetzt nur noch Juristen?"
„Sehr witzig, Blödmann!"
Ihre Biene Maja verliert einen Flügel.
„Erzähl!"
„Na gut. Er ist ungefähr so groß wie du, schwarze Haare und tierisch schöne, große, helle, blaue Augen. Und ER ist groß. Ich meine: ER ist so RICHTIG groß."
Mischa klopft mit beiden Zeigefingern auf die Tischkante.
„Sooo groß."
Der Abstand zwischen den Fingern ist beträchtlich.
„Okay ich kann es mir ungefähr vorstellen", versuche ich, Mischa zu bremsen.
„Und sooo dick", meint sie stattdessen und deutet auf den Biene-Maja-Eiskugel-Bauch. Mischa hat sich bisher noch nie über die Potenz ihrer Liebhaber geäußert, also scheint dieser Ben wirklich verdammt gut bestückt zu sein.
„Aber weißt du was?", flüstert Mischa mir zu.
„Na?"
„Er sammelt Briefmarken und wohnt noch bei seinen Eltern."
„Briefmarken? Nicht im Ernst!"
„Doch ernsthaft. Er hat sie mir auch tatsächlich bei unserem ersten Date zeigen wollen. Mir war es völlig egal, mit welcher Masche er mich ins Bett kriegt. Hauptsache, er versucht's!"
„Und?"
„Er hat mir seine Briefmarkensammlung gezeigt."
„Ha ha ha ha ha!"
„Im Bett waren wir erst nach dem zweiten Date."
„Ha ha ha! Da sitzt du rattig wie sonst was bei ihm auf der Couch, und er zeigt dir seine Briefmarken?!?"

„Ja, es war furchtbar!"
„Warum hast du denn nicht die Initiative übernommen."
„Ich hab mich nicht getraut!"
„Ha ha ha ha ha!"
„Ich fand ihn in dem Moment so niedlich, wie er mir total aufgeregt seine Lieblingsmarke gezeigt hat, da konnte ich ihn doch nicht mehr vernaschen."
„Niedlich? Schnarch..."
„Überhaupt nicht! Guck mal, hier..."
Ich habe Mischa schon immer viel zugetraut, aber das, was nun passiert, hätte ich im Leben nicht erwartet. Mischa öffnet ihr Portmonee und holt aus einem Seitenfach eine kleine, weiß-grüne Briefmarke.
„Das ist sie", erklärt sie feierlich, „seine allerliebste Lieblingsmarke. Und er hat sie mir geschenkt."
„Caaan you feel the looove tonight...!"
"Schnauze, Mister Ich-verlieb-mich-im-Urlaub!"
„Nee, die ist schon schön!"
„Ich geh gleich! Und du kannst nach Hause gehen und mit Tanja deine Paula zeugen!"
„Karla. Oder Hanna."
„Wie auch immer. Soll ich dir jetzt mehr von ihm erzählen, oder nicht?"
Mischa erzählt nicht, Mischa schwärmt. Sie scheint von oben bis unten im Glück zu schwimmen. Nach allem, was sie in letzter Zeit durchmachen musste, hat sie es auch verdient. Und so höre ich ihr gespannt zu und vergesse ganz, meinen Pinocchio aufzuessen. Irgendwann schwimmt auf meiner Eisschale ein Milchsee mit zwei Smarties-Inseln, die mal Pinocchios Augen waren. Heute ist er sehr langsam gestorben, es war ein schöner Tag. Abends liege ich mit Tanja vor dem Fernseher und überlege, ob ich sie fragen sollte, wie sie die Namen Karla oder Hanna findet. Aber ich frage nicht. Ich setze lieber einen Schritt hinter den anderen und genieße das Fernsehen. Wir haben ja noch so viel Zeit!

Blöderweise sind wir vor dem Fernseher eingeschlafen und wachen erst am nächsten Morgen auf.
„Scheiße! Viertel vor acht. Ich komm zu spät!", kreischt Tanja und springt vom Sofa. Ich schalte den Fernseher aus und ziehe mir unsere Kuscheldecke bis zum Kinn. Dann fällt mir ein, dass ich auch zu spät komme. Shit! Tanja und ich brauchen unschlagbare zehn Minuten, um das Haus zu verlassen. Beim Abschiedskuss hält sie mich einen Moment fest.
„Warte", sagt sie und flüstert mir die berühmtesten drei Worte der Welt ins Ohr. Und diesmal bin wirklich ich gemeint. Tanja macht sich auf den Weg zur Schule, und ich schwebe wie auf Wolken zur Arbeit. Dort tobt der Bär und ich falle durch alle sieben Wolken zurück auf die Erde. Gaby, mit der ich gemeinsam eine Kindergartengruppe leite, ist heute krank, und so finde ich in unserem Gruppenraum nur Maren als Vertretung, mit der ich mich von Anfang an nicht verstanden habe. Vorwurfsvoll schaut sie mich an. Ich glaube, Maren hat mir schon an meinem ersten Tag angesehen, dass ich glücklich bin. Und da ich ihr auch gleich angesehen habe, dass sie es ganz bestimmt nicht ist, schließe ich daraus, dass sie neidisch auf mich ist. Außerdem habe ich an meinen ersten Tagen einen besseren Draht zu den Kolleginnen und den Eltern aufgebaut als sie in zwei Jahren. Kann ich ja auch nichts für! Als Mann hat man es im Kindergarten verhältnismäßig leicht. Ich bin der einzige männliche Mitarbeiter, und bei der hohen Zahl an jungen, alleinziehenden Müttern habe ich es sogar für einen kurzen Moment bereut, in festen Händen zu sein. Schnell schiebe ich Maren in die Nachbargruppe ab und wende mich dann meinen Kindern zu. Die kleine Svea hat mir ein Bild gemalt und der kleine Niklas zupft mir am Hosenbein.
„Mii-iick?"
„Ja, Niklas?"
„Was ist eigentlich Sex?"
Heute dreht sich einfach alles um die Liebe. Einige vage Erklärungen später frühstücken wir und dann wird gebastelt.

Ich liebe meinem Alltag: Ich habe einen Job, ich habe eine Freundin und die hat acht kuschelige Hunde mitgebracht. Oh nein, die Hunde! Gestern Abend sind wir mit ihnen das letzte Mal vor der Tür gewesen, heute Morgen haben wir das in der Hektik völlig vergessen. Sofort versuche ich, Tanja auf ihrem Handy zu erreichen, leider ohne Erfolg. In Gedanken überschlage ich, wie viel Pippi so ein Hund macht, rechne das mal acht und verteile das Ergebnis in unserer Wohnung. Wenn ich noch etwas davon retten will, muss ich ganz schnell nach Hause. Und meine Rettung habe ich vor einer Stunde aus meinem Gruppenraum geschafft. So ist es auch nicht weiter überraschend, dass Maren nur sehr missmutig zurück in meine Gruppe schlurft, um mich für eine weitere Stunde zu vertreten. Zuhause erwartet mich eine unruhige Hündin. Die Kleinen haben in ihrem Korb geschlafen und kommen nun fröhlich auf mich zu gehopst. Mama Rike ist offenbar die Einzige, die über die letzten vierzehn Stunden die Beine zusammenkneifen konnte. Im Flur und in der Küche finden sich überall kleine, gelbe Pfützen. Damit es nicht noch mehr werden, lege ich schnell alle neun Hunde an die Leine und mache mich auf den Weg in den Park. Aufwischen kann ich auch später. Keine zwei Meter neben unserer Haustür kann Rike sich endlich erleichtern und schaut mich dabei vorwurfsvoll an. Vielleicht bilde ich mir das auch nur ein. Im Park erleichtern sich auch die anderen. Plastiktüten fürs große Geschäft habe ich vergessen, und so sehe ich zu, dass wir weiterkommen, nachdem Shakira und Helge Schneider der Natur freien Lauf gelassen haben. Zurück vor der Haustür fällt mir ein, was ich drinnen neben der Wohnungstür auf dem Regal neben den Plastiktüten habe liegen lassen: Meinen Schlüssel. Wir kommen also nicht hinein.

Maren grummelt mir zu, ich solle doch machen, was ich will, als ich mit meinem Rudel im Kindergarten auftauche. Die Kinder freuen sich und ich kann Niklas am Bespiel von Helge Schneider und Aretha Franklin das mit den Bienchen und den Blümchen nochmal am lebenden Objekt erklären. Hunde und Kinder amüsieren sich prächtig.

Tanja hatte ich bereits auf dem Weg eine SMS geschrieben, damit sie keinen Schreck bekommt, falls sie vor mir nach Hause kommt. Aber so weit kommt es nicht. Ich bin früher da, und da bei Mischa und Sascha niemand da ist, warten wir auf der Treppe vor unserer Wohnung. Als Tanja schließlich kommt, lacht sie nur.

„Dann wollen wir mal aufwischen", meint sie, als sie die Tür aufschließt. Als wir uns gerade an die Arbeit gemacht haben, klingelt es an der Tür. Mit dem Wischlappen in der Hand gehe ich hin und frage in die Sprechanlage, wer da ist. Als ich die Stimme am anderen Ende der Leitung höre, fällt mir vor Überraschung fast der Lappen aus der Hand.

Julia. Ich habe seit Frankreich nicht mehr an sie gedacht und nichts mehr von ihr gehört, und nun steht sie bei mir vor der Tür. Mit schlechtem Gewissen melde ich mich bei Tanja ab, die immer noch die Pfützen aufwischt, und gehe nach unten. Auf der Treppe beschleicht mich ein sehr schlechtes Gefühl. Das letzte, was sie von mir erfahren hat, war mein Brief: ‚Ich weiß nicht, ob du so lange warten kannst. Ich würde es dir nicht verübeln, wenn nicht.' Scheinbar KONNTE sie so lange warten. Und ich bin in der Zwischenzeit mit einer anderen Frau zusammengezogen. Noch drei Treppenabsätze. Ich bin so ein Idiot! Noch zwei. Unbedacht, kurzsichtig, unsensibel. Noch einer. Noch zehn Stufen, neun, acht, Mistkerl, sechs, fünf, Idiot, Idiot, zwei, eins, Haustür, durchatmen, Tür aufmachen. Und dann stehen wir uns nach Monaten wieder gegenüber und wissen beide nicht, wie wir uns verhalten sollen. Zur Begrüßung kurz umarmen? Himmel, bin ich nervös! Und dass ich so nervös bin, macht mich noch nervöser.

„Hi", stammele ich.

„Hi", antwortet sie und mein Herz fängt ein bisschen an zu hüpfen, so wie früher. Und sofort kriegt es dafür von meinem Verstand eins auf die Mütze. Verflixt noch mal!

„Wie geht's dir?", fragt sie. An sich eine einfache Frage. Mir geht's gut, sehr gut sogar. Ich war noch nie glücklicher. Aber das kann ich ja nicht sagen.
„Mir geht's gut."
Hilflose Stille. Jetzt reiß dich verdammt nochmal zusammen! Ich fasse mir ein Herz.
„Ich muss dir was sagen: Ich habe jemanden kennengelernt."
„Ja?"
Ich nicke.
„Ist sie da drin?"
Ich nicke wieder. Sie nickt jetzt auch. Nickend stehen wir uns gegenüber. Alles ist gesagt und nichts geklärt.
„Dann geh ich mal", sagt sie und dreht sich um.
„Warte…"
„Warum?"
Genau. Warum denn eigentlich? Sie steht vor mir, und ich will sie nicht gehen lassen. Und dann schaue ich ihr einen Moment zu lang in die Augen. Lang genug, um alte Gefühle wieder hochkommen zu lassen. Lang genug, um sie unwiderstehlich zu finden. Lang genug, um alle Vernunft über Bord zu werfen und sie küssen zu wollen. Und Julia nutzt die Gelegenheit. Doch als sich unsere Lippen berühren, merke ich, dass ich dabei bin, einen riesengroßen Fehler zu machen.
„Es geht nicht", sage ich und schiebe sie sanft von mir. Julia lächelt mich ein letztes Mal traurig an, dreht sich dann um und geht. Und ich bleibe auf der Straße vor meiner Tür stehen und werde von einem sehr mulmigen Gefühl erfasst: Was, wenn Tanja das gerade gesehen hat? Bitte nicht!
Mit pochendem Herzen und einem dicken Kloß im Hals hetze ich die Treppen zurück nach oben. Tanja ist mit dem Wischen immer noch nicht fertig.
„Wer war das?"
„Ach, niemand."

Ohne Vorwarnung schmeißt sie den Wischlappen nach mir. Er saust knapp an meinem Kopf vorbei und klatscht gegen die Wand.
„Scheißkerl!"
„Ey!"
„Mieser Scheißkerl!", kreischt sie, während ihr Tränen aus den Augen schießen. Und das Schlimmste daran ist: sie hat Recht. Die Hunde rennen ängstlich ins Wohnzimmer. Ich würd mir jetzt auch gern den Schwanz zwischen die Beine klemmen und mich hinterm Sofa verstecken. Aber ich kann nicht. Tanja stapft wütend auf mich zu, greift neben mir zur Türklinke und öffnet die Tür.
„Raus!"
„Was?"
„Raus!"
„Das ist meine Wohnung!"
„Unsere!", brüllt sie und dann stehe ich im Flur. Da mein Schlüssel immer noch auf dem Regal liegt und Tanja weder auf Klopfen und Klingeln noch Schreien und Betteln reagiert, bleibt mir nichts Anderes übrig, als auf Mischa oder Sasha zu warten und bei meinen Nachbarinnen um Asyl zu bitten. Zwei Stunden später sitze ich bei ihnen in der Küche und lasse mir von Mischa einen Tee kochen.
„Ich bin so blöd."
„Ja."
„So ein Idiot."
„Ja."
„Kannst du mich nicht aufmuntern?"
„Nein."
„Und jetzt?"
„Jetzt musst du das irgendwie wieder geradebiegen."
„Hm."
„Und bis du das geschafft hast, kannst du hier auf der Couch schlafen."
„Danke."
„Idiot."

An diesem Abend versuche ich noch dreimal, von Tanja wieder reingelassen zu werden, dreimal ohne Erfolg. Also schlafe ich bei Mischa auf der Couch. Mein schlechtes Gewissen verhindert allerdings ein Einschlafen vor Mitternacht. Irgendwann um drei oder halb vier gelingt es mir endlich, mit diesem Tag meinen Frieden zu machen. Morgen habe ich die Chance, alles wiedergutzumachen. Das wird schon wieder.

Kapitel 20

Langsam werde ich wach. Durch meine Augenlider dringt ein wenig Licht, aber es fällt mir schwer, sie zu öffnen. Überhaupt fühlt sich alles an mir schwer an: die Beine, die Arme, der Kopf. Ich kann mich kein Stück bewegen. Was zum Teufel ist los mit mir? Ich versuche, Mischa zu rufen, kann aber nicht sprechen. Meine Stimme spielt einfach nicht mit, ich gebe bestenfalls ein Röcheln von mir. Neben mir höre ich eine vertraute Stimme.
„Er bewegt sich."
Das ist nicht Mischa. Das ist meine Mutter. Wie kommt meine Mutter in Mischas Wohnung? Mühsam gelingt es mir, die Augen zu öffnen. Neben meinem Bett sitzt meine Mutter. Aber wieso liege ich in einem Bett? Wo bin ich? Ich schaue mir meine Umgebung genauer an: Weiße Wände, ein weißer Schrank, ein Fernseher und ein Metallbett. Ich liege im Krankenhaus. Schon wieder. Ich möchte meine Mutter fragen, warum ich hier bin, bringe aber keine vernünftigen Worte zustande.
„Michael, du liegst im Krankenhaus."
Ich weiß! Aber warum?
„Du hattest einen Unfall."
Ich ziehe fragend die Augenbrauen kraus.
„Mit dem Bus, erinnerst du dich?"
Ich nicke zögernd.

„Schlaf erstmal, mein Schatz. Wir reden nachher."
Ich will nicht, aber ich schlafe wieder ein.
Als ich erneut aufwache, hat meine Mutter offenbar Verstärkung zusammengetrommelt. Mein Vater und Mischa sind da und erzählen mir von dem Busunfall. Aber das ist vollkommen unnötig, denn ich kann mich an alles erinnern. Ich sehe sogar noch den Baum auf mich zukommen. Nur was seitdem passiert ist, das weiß ich nicht mehr. Immerhin erfahre ich, dass ich drei Wochen lang nicht bei Bewusstsein war. Also habe ich nicht mit Tanja zusammengelebt. Ich habe keine acht Hunde getauft, und ich habe nicht Julia geküsst. Tanja. Wie geht es Tanja? Mischa weiß, was in mir vorgeht.
„Tanja ist auch hier, drei Zimmer weiter."
„Du kannst sie bestimmt bald besuchen", ergänzt mein Vater. Mein Blick wechselt zwischen beiden hin und her.
„Ich habe deine Eltern auf den neuesten Stand gebracht. Über irgendwas mussten wir uns in den letzten drei Wochen ja unterhalten, während du geschlafen hast."
„Und Mischa hat auch Neuigkeiten zu berichten", meint meine Mutter.
„Ben?", frage ich und scheine damit alle Anwesenden zu überraschen.
„Woher weißt du das denn!?", fragt mein Vater.
„Geträumt", krächze ich. Das Sprechen fällt mir immer noch verdammt schwer. Mischa klärt uns auf.
„Ich hab's dir erzählt! Ich hab's dir letzte Woche erzählt. Hammer! Das hast du gehört?"
Ich grinse.
„Ein Richter."
„Ja, ein Richter."
„Sooo groß."
„Naja, er ist ungefähr so groß wie du."
„Nein, ER."
„Ja, er."
Okay, ER ist offenbar meiner Fantasie entsprungen. Ich bin ein bisschen durcheinander.

„Tanja?"
„Tanja liegt nebenan."
„Alles gut?"
„Ich weiß es nicht."
Doch, sie weiß es. Sie weiß etwas, und das will sie mir nicht sagen. Also sieht es wohl nicht gut aus. Mischa drückt meine Hand.
„Es wird alles gut. In ein paar Tagen bist du ja vielleicht schon fit genug, um sie zu besuchen."

Es dauert eine Woche, bis ich auf Krücken mein Zimmer verlassen darf. Sprechen kann ich auch wieder. Mischa hat mich in dieser Woche jeden Tag besucht, Ben habe ich auch schon kennengelernt und ihnen sofort meinen Segen erteilt. Sie hat sich einen Traummann geangelt, zumindest auf den ersten Blick. Die Briefmarkensammlung sieht man ihm nicht an. Für heute habe ich meinen Lieben gesagt, dass ich keinen Besuch möchte, denn dieser Tag gehört Tanja und mir. Mit klopfenden Herzen und grünen Krücken mache ich mich auf den Weg ins Zimmer 14. Und ich habe Glück, es ist ein Einzelzimmer. Tanja schläft. Ich beuge mich über sie und streiche ihr über die Stirn. Hinter mir höre ich, wie die Zimmertür geöffnet wird. Eine Schwester kommt herein und fragt mich, wer ich bin.
„Ich bin ihr Freund", antworte ich.
„Ah, wie schön! Sie wurden schon erwartet."
Ich wurde schon erwartet! Selig schiebe ich einen Stuhl neben das Bett, setze mich hinein und nehme Tanjas Hand. Ich bin bei dir, jetzt wird alles wieder gut.
„Wie geht es ihr?"
„Leider nicht besonders. Sie kriegt immer noch starke Schmerzmittel und schläft die meiste Zeit."
„Oh."
Mehr sage ich nicht. Ich streichle. Mehr kann ich im Moment eh nicht tun. Dann öffnet sich die Tür ein zweites Mal und ein Mann im Anzug betritt den Raum. Das müsste ihr

Vater sein, der echte. Ich stehe auf und strecke ihm meine Hand entgegen.

„Sie müssen Tanjas Vater sein. Hallo, ich bin Mick."

„Ich bin ihr Vater. Aber wer sind Sie?"

Meine Hand steht immer noch ungedrückt im Raum.

„Michael Baumann. Hat Tanja Ihnen nicht von mir erzählt?"

Meine Hand zieht sich zurück und verkriecht sich nervös in meiner hinteren Hosentasche.

„Meine Tochter hat leider noch überhaupt nichts erzählen können. Kennen Sie sich?"

„Wir haben uns in Frankreich kennengelernt."

Jetzt schaut er mich zum ersten Mal richtig an.

„Kennengelernt? Wie gut kennen Sie sich denn?"

Würde ich IHN besser kennen, wüsste ich, wie ehrlich ich jetzt antworten darf.

„Ziemlich gut", antworte ich und versuche freundlich zu lächeln. Das Grinsen, das daraus wird, stellt sich sofort als Fehler heraus. Papa Delpe scheint zu vermuten, dass seine Tochter und ich den Urlaub mit lauter Schweinkram verbracht haben, von dem ein Vater nie erfahren möchte.

„Also nicht SOOO gut, aber gut", versuche ich die Situation zu retten.

„SOOO genau will ich das lieber gar nicht wissen", entgegnet er und reicht mir seinerseits die Hand.

„Ich bin Dirk, sehr angenehm."

„Mick."

„So, so, Mick. Dann erzählen Sie mal!"

Und ich erzähle. Ich erzähle von Wein und Volleyball, vom Lagerfeuer und davon, was Tanja über ihre letzte Beziehung erzählt hat. Da fällt mir eine recht bedeutende Tatsache für meinen Status als Freund auf: Es gibt noch einen Freund.

„Was ist eigentlich mit Paul?", frage ich Dirk.

„Ja, das wollte ich dich auch gerade fragen."

Wir kommen nicht dazu, denn schon wieder öffnet sich die Tür. Diesmal ist es eine Frau, die mir Dirk als Petra, Tanjas Mutter, vorstellt. Petra ist sichtlich erstaunt, als ich ihr vorgestellt werde. Also erkläre ich in Kurzform, was ich Dirk eben schon einmal erklärt habe. Petras Augen beginnen zu glänzen.

„Hach, ist das schön! Dann mal willkommen in der Familie, Mick!"

Tanjas Eltern sind perfekt! Noch besser als Martin und Karin, die ich während meines Deliriums erschaffen hatte. Das Schicksal scheint es wirklich gut mit mir zu meinen, denn in diesem Moment öffnet Tanja ihre Augen. Ihr Blick bleibt sofort bei mir hängen und mein Herz fängt wieder an zu hüpfen.

„Hi", flüstere ich und schaue so gutmütig, wie ich vor Aufregung kann.

„Wer ist das?", fragt Tanja ihre Eltern. Die sind genauso verdutzt wie ich. Mein Herz – gerade noch im Sprung – fällt krachend zu Boden.

„Erkennst du ihn nicht?", fragt Petra.

„Wo ist Paul?"

Die Frage ist ein großer, schwerer Hammer, mit dem das Schicksal auf mein armes Herz eindrischt.

„Der kommt bestimmt bald", meint ihr Vater, und sogar ich, der ihn kaum kennt, sieht, dass er selbst nicht daran glaubt. Traurig wendet Tanja den Kopf zur Seite. Ich schaue Dirk an. Der schaut hilflos zurück.

„Dann sind entweder Sie ein Betrüger oder meine Tochter hat eine Amnesie. Haben Sie bei dem Unfall auch einen Schlag abbekommen?"

„Ja, schon, aber ich kann mich an alles erinnern."

„Dann sind wir wohl im Zweifel für den Angeklagten."

Damit klopft Dirk mir auf die Schulter. Ich bin verwirrt, obwohl die Aufmunterung verdammt gut tut. Sie kann mich doch nicht komplett vergessen haben! Oder doch? Ich muss hier raus.

„Das ist Mick, mein Schatz. Ihr habt euch in Frankreich getroffen", versucht Petra dem Gedächtnis ihrer Tochter weiter auf die Sprünge zu helfen.

Tanja schaut mich ein zweites Mal an. Doch auch dieses Mal erkennt sie mich nicht.

„Entschuldigen Sie mich", sage ich und gehe traurig zur Tür. Mein Herz ist jetzt ganz klein und wimmert in der hintersten Ecke meines Brustkorbs. Für den Moment fühle ich mich komplett ratlos. Ich muss das Erlebte jetzt verdauen, dann werde ich weitersehen. Vor der Tür auf dem Gang atme ich tief durch und beschließe dann, in den Krankenhauspark zu gehen. Auf dem Weg dahin fange ich bereits an, einen Plan zu entsinnen. So oft es geht, werde ich zu Tanja gehen und ihr, wenn sie schläft, von uns erzählen. Wenn ich das mit Mischas neuem Freund aufgeschnappt habe, warum sollte ich dann nicht bei Tanja unsere gemeinsamen Erinnerungen wecken können. Ha! Noch bevor ich den Fahrstuhl auf unserer Etage erreiche, ist der Plan bereits beschlossene Sache. Frisch betankt mit neuem Mut drücke ich das Fahrstuhlknöpfchen und warte. Als der Fahrstuhl ankommt, verlässt ihn ein Mann in meinem Alter, der mich freundlich grüßt. Dass er Blumen dabei hat und in Richtung Tanjas Zimmer abbiegt, fällt mir erst auf, als sich die Fahrstuhltüren gerade wieder schließen wollen. Schnell wische ich mit einer meiner Krücken durch die Lichtschranke und gehe wieder hinaus auf den Gang. Der Mann verschwindet tatsächlich in Tanjas Zimmer, und da das Zimmer ein Einzelzimmer ist, kann der Mann mit den Blumen nur Paul gewesen sein. Tanjas Eltern haben heute einen aufregenden Tag, und so herzlich, wie sie mich aufgenommen haben, scheinen sie mich auch als Schwiegersohn willkommen zu heißen. Besonders hoch steht Paul bei ihnen wohl nicht im Kurs. Trotzdem! Er ist da drin, und ich bin hier draußen. Mein Herz bindet sich aus meiner Hauptschlagader einen Strick.

Eine Ewigkeit später bin ich endlich an der frischen Luft. Auf dem Weg in den Park fällt mir ein BMW auf, aus dem es bellt. Neugierig gehe ich hin und entdecke hinten im Auto neun Labradore, einen großen und acht kleine. Kein

Zweifel: Das ist sein Auto. Und weit und breit ist keine Menschenseele zu sehen.

„Du weißt, was du zu tun hast!"

Auf dem Autodach erscheint mein kleines Teufelchen und kratzt mit den Fingernägeln über den Lack.

„Nein, reiß dich zusammen!"

Wo der Teufel ist, ist der Engel nicht weit. Er schwebt auf einer Wolke am Auto entlang und versucht, mit einem Lederlappen die kleinen Kratzspuren des Teufels wegzupolieren.

„Tu's!"

„Tu's nicht!"

„Warum nicht?", frage ich.

„Weil man so etwas nicht tut!", mahnt der Engel.

„Wer sagt das?", entgegnet der Teufel.

„Ich sage das! Und Mick weiß das auch!"

„Ich weiß gar nichts mehr!", brülle ich. Die Hunde fangen augenblicklich an zu bellen.

„Dann tu's!", eifert der Teufel.

„Ja!!!"

In mir schlummert die Lust am Zerstören.

„Dann mach halt", meint der Engel resignierend, schnippst mit den Fingern und löst sich in Luft auf. Ich nehme meine Krücke und setze die Schraube, mit der man die Höhe einstellt, auf der rechten Vordertür an. Mit einem Quietschen ziehe ich die Krücke am Auto entlang quer über die Tür. Ich bin böse, ich bin gemein und ich bin im Recht! Zufrieden schlendere ich in den Park, und mein Herz macht vor Genugtuung Schattenboxen. Ich fasse den Entschluss, an meinem Plan festzuhalten und Tanja zu besuchen. Und wenn Paul und ich dabei zufällig aufeinander treffen, verpasse ich ihm einen mit der Krücke. Nach einer aufmunternden Runde um den Ententeich mache ich mich auf den Rückweg in mein Zimmer. Im Krankenhauseingang sehe ich Paul wieder aus dem Fahrstuhl kommen und verstecke mich schnell hinter einer Zimmerpflanze. Als er das Krankenhaus verlässt, hefte ich mich an seine Fersen. Ich

muss sein Gesicht sehen, wenn er den Kratzer entdeckt. Doch Paul hat es scheinbar nicht eilig, von hier wegzukommen. Erst geht er noch zum Zigarettenautomaten. In aller Ruhe zündet er sich eine an, geht dann in Richtung Parkplatz und biegt in eine falsche Parkreihe ab. Hat er sich etwa verlaufen? Ich lache kurz aber laut auf, was mir den verständnislosen Seitenblick einer alten Frau einbringt, die neben mir steht. Ich kümmere mich nicht weiter um sie und versuche, mich dichter an Paul heranzupirschen, der inzwischen hinter einem Lieferwagen verschwunden ist. Als ich die Einmündung seiner Parkreihe erreicht habe, ist er nicht mehr zu sehen. Er kann sich doch nicht einfach in Luft aufgelöst haben! Hat er auch nicht. Er kommt sogar direkt auf mich zu – in einem roten Golf! Wenn das Pauls Auto ist, dann kann das nur eines bedeuten: Ich habe gerade das Auto von Petra und Dirk zerkratzt! Entsetzt schaue ich dem gänzlich unzerkratzten Golf hinterher, der gerade den Parkplatz verlässt. Mit einem verdammt schlechten Gefühl im Bauch und einem noch schlechteren Gewissen kehre ich zurück ins Gebäude. Das ist der größte Schlamassel, in dem ich seit Langem gesteckt habe – und das will was heißen! Doch es ist noch gar nichts im Vergleich zu dem, was ich auf einem großen Schild am Krankenhauseingang lesen kann: ‚Dieses Gelände wird videoüberwacht.' JETZT ist es der größte Schlamassel, in dem ich je gesteckt habe, ein Bauchplatscher ins Fettnäpfchen, mit Anlauf! Ich muss an diese Videoaufnahme, und zwar schnell, doch das ist ein Ding der Unmöglichkeit. Es sei denn, ich bringe jemanden vom Personal dazu, mich in den Kontrollraum zu bringen und dann lösch ich das Band. Das funktioniert bei James Bond auch immer. Also, Null-Null-Baumann, dann lass mal deinen Charme spielen!
Leider ist die Dame an der Information keine Moneypenny und schon gar kein Bondgirl. Mein freundlich vorgetragenes Anliegen wird mit einem müden ‚unten beim Hausmeister' beantwortet. Zum Nachfragen bleibt mir keine Zeit, denn ich sehe Tanjas Eltern gerade aus dem Fahrstuhl kommen.

So schnell wie möglich humpele ich auf meinen Krücken aus dem Gebäude. Jetzt bleibt mir nur eine Wahl, hoffentlich haben sie mich nicht gesehen.
Für Dirk und Petra muss es ein Riesenschock sein, mich auf dem Boden liegend neben ihrem Auto vorzufinden.
„Was ist passiert?"
„Mir ist plötzlich so schwarz geworden. Es hat sich alles gedreht und dann konnte ich mich nicht mehr halten", lüge ich.
„Das ist ja schlimm!"
„Ich glaube, ich bin hier an dem Auto längst geschrammt."
„Kannst du aufstehen?", fragt Petra und hilft mir vorsichtig hoch. Dirk begutachtet derweil den Lackschaden.
„Naja, dann kriegt die Versicherung mal was zu tun", meint er.
„Bin ich denn dagegen versichert?", frage ich ängstlich und habe wirklich Angst, denn ich habe keine Ahnung.
„Bestimmt", meint Dirk, „und sonst bin ich halt irgendwo gegengefahren. Wir haben Vollkasko."
Ich habe wieder einmal mehr Glück als Verstand. Auf der Motorhaube sitzt das kleine Engelchen und schaut mich strafend an. Ja, ich weiß… Petra und Dirk bestehen zu allem Überfluss auch noch darauf, mich auf mein Zimmer zu begleiten und erstatten im Schwesternzimmer Bericht über meinen Schwächeanfall. Ich ahne, dass ich für meine Taten noch büßen werde. Zwei Tage lang wird mir strenge Bettruhe verordnet. Dabei fühle ich mich natürlich keineswegs schwach und langweile mich zu Tode. Früher in den Schulferien war es toll, den ganzen Tag vor dem Fernseher zu liegen und gar nichts zu tun, jetzt nervt es mich tierisch. Aber was soll ich machen? Wenn ich mit der Wahrheit herausrücke, kann ich mich wahrscheinlich nur so lange frei bewegen, bis sie mich in die Psychiatrie überweisen. Also bleibe ich hier und spiele den Geschwächten. Es bricht mir fast das Herz, gegenüber meiner ohnehin schon besorgten Mutter diese Lügengeschichte aufrecht zu erhalten.

Nur Mischa habe ich mich anvertraut, und sie hat mir mein Kissen aufs Gesicht gedrückt. Davon mal abgesehen komme ich ungestraft davon. Niemand ist scheinbar auf die Idee gekommen, sich mein Unfallvideo anzuschauen. Tanjas Eltern haben vorhin vor ihrem Besuch bei Tanja bei mir reingeschaut. Nun lauere ich seit zwei Stunden vor meinem Zimmerfenster, von dem aus ich den Parkplatz im Blick habe, und warte darauf, dass sie wieder gehen und ich freie Bahn habe. Da sind sie! Ich zwinge mich dazu, noch eine Viertelstunde zu warten, bis Tanja – hoffentlich – eingeschlafen ist. Dann gehe ich zu ihr und setzte mich an ihr Bett. Ich habe mir genau überlegt, was ich ihr erzählen möchte. Zuerst stelle ich mich ihr vor, dann erzähle ich ihr von Frankreich und davon, wie wir uns kennengelernt haben. Das werde ich ab heute jeden Tag wiederholen, bis sie sich an mich erinnert. Zwei Tage geht es gut. Am dritten Tag flüstere ich ihr gerade ins Ohr, wie sie zu mir ins Zelt gezogen ist, als plötzlich die Tür aufgeht und Paul ins Zimmer kommt. Ich stehe aus meinem Stuhl auf und schaue meinem Kontrahenten in die Augen. Die Stunde der Wahrheit. Paul mustert mich kritisch.
„Du musst Mick sein."
Huch! Er kennt mich!
„Ja, das stimmt. Und du musst Paul sein", antworte ich und mustere ihn so kritisch wie möglich zurück.
„Und was machst du hier?"
„Sie besuchen."
Stille. Wir belauern uns.
„Das ist meine Freundin."
Paul markiert sein Revier. Warum hebt er nicht gleich sein Bein an Tanjas Bettpfosten? Diese Herausforderung nehme ich an.
„Nein, das bist du nicht. Nicht mehr."
„Raus!"
Ha! Ich hab gewonnen.
„Nein."
„RAUS!!!"

„NEIN!!!"
Paul packt mich am Kragen und schleudert mich gegen die Schrankwand. Von da stürme ich auf ihn zu, senke meinen Kopf und ramme ihm meine Schulter vor die Brust. Wir stürzen zu Boden und wälzen uns prügelnd auf dem grauen Krankenhausboden. Ein Schrei bringt uns wieder zur Vernunft.
„PAUL!"
Tanja ist von unserem Krach aufgewacht.
„Was ist hier los?"
Jetzt oder nie. Ich erzähle Tanja noch einmal, was ich ihr eben schon einmal ins Ohr geflüstert habe.
Sie hört sich alles an und sieht mir dann genau in die Augen. Ihr Mund öffnet sich, aber sie scheint noch nicht die richtigen Worte zu finden. Dann hat sie sie offenbar doch gefunden.
„Das ist totaler Schwachsinn."
Das sind nicht die Worte, auf die ich gehofft hatte. Paul grinst triumphierend und nickt mit dem Kopf in Richtung Tür. Ich habe verstanden.
„Es ist kein Schwachsinn!"
Ich schaue Tanja noch einmal tief in die Augen und verlasse das Zimmer. Die Schlaf-Flüsterei war meine letzte Chance, jetzt weiß ich nicht weiter. Ich gehe zurück in mein Zimmer und umklammere mein Kopfkissen. Es ist vorbei.

Selbst Wochen später hat sich an meiner Stimmung nichts geändert. Niedergeschlagen sitze ich mit Mischa in der Eisdiele und lasse ihre Versuche, mich aufzuheitern, über mich ergehen. Aufzumuntern bin ich nicht. Dafür waren die letzten Monate zu aufwühlend und am Ende zu deprimierend. Es war das aufregendste Jahr meines Lebens, und jetzt stehe ich mit leeren Händen da: ohne Frau, ohne Job, ohne Ziel. Nur Mischa ist mir geblieben. Meine Wohnung ist ein Saustall und ich selbst sehe nicht viel besser aus. Seit ich aus dem Krankenhaus entlassen wurde, habe ich das Rasieren

komplett eingestellt, die Zähne putze ich nur noch morgens, weil ich grundsätzlich so lange fernsehe und Schokolade oder Chips esse, bis ich vor dem Fernseher einschlafe. Und ich dusche nur, wenn ich aus dem Haus gehe. Das ist in der ganzen Zeit genau zweimal passiert. Einmal habe ich meine Eltern besucht und dort erfahren, dass meine Kusine im Frühjahr heiraten wird und ein Kind erwartet. Vielen Dank auch! Meine Eltern werde ich so schnell nicht wieder besuchen, dafür ist mir ihre Welt bei aller Liebe im Moment ein bisschen zu heil. Die zweite Dusche hatte ich heute Mittag.
„Mikey, ich habe dir genug Zeit zum Rumgammeln gegeben, jetzt musst du dir gefälligst mal selbst in den Arsch treten. Und wenn du das nicht tust, dann tu ich das!"
„Ja, ich weiß."
„Seit du wieder zu Hause bist, verkriechst du dich in deiner Wohnung. Wir machen uns Sorgen um dich."
„Ich weiß."
„Und du siehst allmählich aus wie 'ne Vogelscheuche."
Die Aufmunterphase ist offenbar vorbei. Jetzt kommen die Arschtritte.
„Ich dachte, ich hab noch 'ne Woche."
„Ja, die hast du auch noch."
„Dann lass mich doch bitte eine Woche in Ruhe, okay!"
„Okay", meint Mischa knapp, steht auf und geht.
„Mischa!"
Eine Antwort bekomme ich nicht. Mischa geht. Und ich muss nicht nur zwei Eis bezahlen, sondern auch ganz allein nach Hause gehen.
Abends finde ich keine Ruhe. Ich überlege, ob ich nicht bei Mischa klingeln und mich entschuldigen sollte. Soll ich? Oder erst noch ein Bier? Oder zwei? Eine Stunde und zweieinhalb Bier später klingelt es an meiner Tür. Mischa? Nein, das war die Haustür unten. Mischa würde bei mir an der Wohnung klingeln. Wer kann das sein? Freunde habe ich sonst keine – auch ein Grund für meinen Kummer. Dann kann es nur Tanja sein!!! Oder wieder Julia... Lasst mich doch einfach alle in Ruhe! Es klingelt wieder. Hauptsache,

es ist nicht meine Mutter! Ich drücke den Summer. Hektische Pumps stöckeln sich lautstark die Treppe hinauf. Als ich erkenne, wer mich da besuchen kommt, läute ich bei Mischa Sturm. Pünktlich, als mein Gast unsere Etage erreicht, streckt Mischa ihren Kopf durch die Tür. Und sie guckt genau so, wie ich mich fühle: Überrascht und irgendwie auf dem falschen Fuß erwischt. Mein Gast ist sich seiner Wirkung offenbar nicht bewusst und plappert munter drauf los.
„Ah! Da hab ich ja gleich euch beide zusammen! Wir müssen reden."
„Hallo, Frau Liebknecht."
„Ach hör doch auf! Wir sind doch schon längst per Du!"
„Ja, dann komm doch rein!"
Gisela schnappt sich Mischas Hand und zieht sie mit in meine Wohnung. Ich gehe, leicht entrückt von Bier und Überraschung, hinterher. Nun sitzen wir auf dem Sofa und Gisela strahlt uns an. Dass um sie herum das reinste Chaos herrscht, scheint sie zu ignorieren.
„Ihr fragt euch bestimmt, warum ich hier bin."
„Ja", lautet die Antwort aus zwei Mündern.
„Ich hab das von Tanja und dir gehört."
„Ach ja?"
„Ja. Und wir werden kämpfen! Ich werde nicht mit ansehen, wie so ein junges Glück vor die Hunde geht, nur weil deine Liebste zu doll auf den Kopf gefallen ist. Das lasse ich nicht zu!"
Mischa und mir ist die Kinnlade runtergerutscht. Ich hab mit vielem und nichts gerechnet, aber damit überhaupt nicht. Und Gisela legt nach.
„Wir werden sie zurückerobern! Die Schüler und ich haben einen Plan ausgeheckt, und du wirst sehen: Wir schaffen das!"
„Aber…"
„Was aber? Willst du sie wiederhaben oder nicht?"
„Ja."
„Siehst du. Dann hör jetzt gut zu…"

Kapitel 21

Dass Frau Liebknecht schon immer ein ungewöhnlicher Typ Mensch gewesen ist, war Mischa und mir seit unserer ersten Begegnung klar. Dass sie ihre Nase gern in die Angelegenheit anderer steckt, auch. Dass sie sich aber in die Angelegenheiten anderer so stark reinfuchsen kann, dass deren Leben nur durch sie eine völlig neue Wendung nehmen kann, hat uns dann doch überrascht. Gisela hat einen so ausgefeilten Schlachtplan entwickelt, dass Napoleon mit den Ohren schlackern würde. Er besteht aus drei Hauptphasen. In Phase Eins will Gisela, wie sie es sagt, sich Tanja noch einmal ordentlich zur Brust zu nehmen. Phase Zwei ist eine Ansammlung großer und kleiner, niedlicher und kitschiger Absurditäten. Den Abschluss bildet Phase Drei, das große Finale, in dem ich schließlich die Bühne betrete und mit viel Tamm-Tamm um ihr Herz anhalte. Das ist der Plan. Gisela scheint alles genau vor Augen zu haben und wartet offenbar auf eine Reaktion auf ihren Vortrag. Dazu bin ich nicht fähig. Mischa bringt mühsam eine Antwort zu Stande.
„Frau Liebknecht… Sie machen mir Angst."
„Ach Michaela, nenn mich doch Gisela! Und keine Angst! Ich hab mir alles ganz genau überlegt."
„Darf ich Sie fragen… Also, ich frag mich halt… Sind Sie komplett verrückt geworden?!"
„Aber wir müssen doch irgendwas tun!"
„Ja, aber…"
„Michael, sag doch auch mal was!"
„Genau! Mikey, sag doch auch mal was!"
Na toll! Jetzt bin ich wieder der Dumme! Dabei wollte ich doch nur meine Ruhe haben.
„Ich weiß gar nichts."
„Das ist Wahnsinn!", lacht Mischa und erhält von Gisela keine Antwort. Die beiden schauen sich an. In Mischa arbeitet es. Dann lächelt sie.
„Frau Liebknecht, Sie möchte man nicht zur Feindin haben!"

„Wen?"
„DICH möchte man nicht zur Feindin haben."
„Gut. Dann versuchen wir es?"
„Ich bin dabei. Mick?"
„Ich? Ich weiß gar nichts."
„Er ist auch dabei. Mikey, das wird das große Finale!"
Und dieses Finale wird die restliche Nacht über geplant. Gisela schafft es mit jeder Stunde mehr, uns endgültig von ihrem Plan zu überzeugen. Nächste Woche geht es los. Am Dienstagabend wird Gisela mit Tanja sprechen. Danach geben wir ihr dreimal Schlafen zum Verdauen und am Freitag heißt es dann: Alles oder nichts! Und wer schon für eine Frau durch halb Deutschland getrampt ist, der wird auch das überstehen. Wenn es schiefläuft, zieh ich halt in eine andere Stadt, wo mich niemand kennt. Oder nach Uruguay, da kennt mich garantiert überhaupt niemand. Viel hab ich also nicht zu verlieren, und das war mir ja schon immer ein guter Ansporn. Tschakka!

Die Woche über schlafe ich vor Aufregung sehr schlecht. Am Mittwochabend sitzt Gisela wieder bei mir im Wohnzimmer und erstattet Bericht über das Gespräch mit Tanja.
„Ich habe ihr alles erzählt, was in Frankreich passiert ist. Das lassen wir jetzt ein paar Tage sacken, und dann nehmen wir sie uns vor."
„Was hast du ihr denn alles über Frankreich erzählt?"
„Na, alles. Wein trinken, Sandsturm und ein bisschen l'amour."
„L'amour!? Aber wir haben nicht l'amour gemacht."
„Doch, am Strand, wie die Kanickel!"
„Aber das stimmt doch gar nicht!"
„Warum denn nicht? Sie kann sich doch eh an nichts erinnern."
„Aber es STIMMT NICHT!"
„Ja, und warum eigentlich nicht? Willst du mir sagen, es gab keine l'amour?"

„Nein!"
„Ihr habt nicht...?"
„Frau Liebknecht!"
„Jaja, geht mich ja auch nichts an!"
„Richtig. Sehr richtig."
„Zumindest eine von euch hat jetzt die Erinnerung an eine wilde Strandnacht."
„Warum tun Sie das?!"
„Was?"
„DAS!!!"
„Ich fand die Idee ganz nett."
„GANZ NETT?!"
„Natürlich. Du nicht?"
„Nein! Also ja! Aber nein! Wie hat sie darauf reagiert?"
„Tanja?"
„Natürlich Tanja, wer denn sonst!?"
„Kein Grund, mich so anzupampen!"
„Gisela, bitte!"
„Sie ist ganz rot angelaufen."
„Das wäre ich wohl auch."
„Das wärst du auch? Das BIST du! Du müsstest dich mal sehen!"
„Was hat sie gesagt?"
„Sie hat gelächelt. Und dann hat sie bedauert, dass sie sich nicht daran erinnern kann. Aber ich habe ihr gesagt, dass sie ganz hin und weg von dir war."
„Und woher sollten Sie das so genau wissen?"
„Ich habe ihr gesagt, sie hätte mir das am letzten Abend erzählt."
„Aber warum sollte sie das ausgerechnet DIR erzählen?"
Tja, warum...? Sie würde ihr so etwas nie erzählen, weil Gisela nervig und anstrengend ist und wir uns die meiste Zeit über sie lustig gemacht haben. Dieser Satz geistert gerade unausgesprochen durch das Zimmer. Gisela versucht, in meinem Gesicht abzulesen, was ich wohl mit meiner Aussage meine. Ich sollte dringend etwas sagen. Etwas anderes.
„Andererseits, wem sonst?"

Das hat es noch nicht besser gemacht. Gisela wirkt auf einmal traurig.
„Bin ich denn so schlimm?"
„Nein, das bist du nicht, aber ganz ehrlich, manchmal ein bisschen anstrengend. Und ich hätte in Frankreich auch nicht gewusst, ob ich dir ein solches Geheimnis anvertrauen würde. Heute würde ich es."
Ich versuche, ihr so aufrichtig wie möglich in die Augen zu schauen. Innerlich hoffe ich, dass unser Gespräch ganz bald vorbei ist. Gisela lächelt wieder.
„Ach Michael, jetzt muss ich dich mal kräftig drücken!"
Das tut sie dann auch. Sehr kräftig und sehr lang. Dann verabschiedet sie sich und wünscht mir – toi, toi, toi – alles Gute für Freitag. Das wünsche ich mir auch.

Dann ist mein großer Tag gekommen. Mischa geht noch einmal den Plan mit mir durch.
„Also, dein Schatz hat um ein Uhr Schulschluss, richtig?"
„Richtig."
„Dann wird sie aus dem Lehrerzimmer zur Kutsche gebracht."
„Ja."
„Die Kutsche ist bestellt?"
„Hat Gisela gemacht."
„Der Kutscher kennt den Weg?"
„Ja."
„Das Auto ist bereit?"
„Welches Auto?"
Ich bin irritiert.
„Ach ja, das weißt du ja noch gar nicht. Hinter der Kutsche wird ein Auto fahren, mit Kuschelmusik."
„Aha. Und wer fährt?"
„Meine Mama."
„Oh Gott, deine Mutter hängt da auch mit drin?"
„Jep. Die Blumen?"
„Holen wir gleich."

„Aufgeregt?"
„Und wie!"
„Gut. Dann los!"
Wir fahren zunächst zum Blumenladen und kaufen einen großen Strauß Rosen. Dann kontrollieren wir noch einmal alle unsere Posten. Um zehn vor eins klappern die Hufe der Pferdekutsche über den Schulhof. Wir machen uns derweil auf den Weg zum Stadtrand, wo das Finale auf einer großen Wiese stattfinden soll. Unterwegs sehen wir Sascha am Straßenrand, die uns mit einem riesigen Pappherz zujubelt. Gisela begrüßt uns an der Wiese. Ich werde mich gleich mit meinen Blumen in dem kleinen Wäldchen neben der Wiese verstecken und auf das verabredete Signal warten. Alles ist organisiert, und ich bin bereit für das größte Glück oder die mit Abstand peinlichste Blamage meines Lebens. Wir parken das Auto und wollen gerade Gisela begrüßen, als die Musik erklingt, die für Tanjas Begrüßung gedacht ist.
„Ist das die Generalprobe?", frage ich.
„Nein" antwortet Gisela und zwinkert uns zu.
„Aber das ist zu früh!"
„Nein, das ist genau richtig. Das ist nicht für Michael, das ist für dich, Mischa!"
„Was? Aber ich bin die Falsche!"
„Frau Liebknecht, wollen Sie Mischa und mich verkuppeln?"
„Nein, natürlich nicht."
Ein riesengroßes ‚Hä?' hat sich auf Mischas und meinem Gesicht eingefunden. Gisela schiebt mich zur Seite und nimmt Mischa an die Hand.
„Komm mit, dann wirst du schon sehen!"
Sichtlich unwohl tapst Mischa neben Frau Liebknecht durch ein Spalier von Windlichtern und Kerzen auf ein kleines Wäldchen zu, genauso, wie es eigentlich für Tanja gedacht war.
„Mikey, ich hab Angst!"

Gisela postiert sie genau auf dem Punkt, auf dem Tanja auch stehenbleiben sollte, und dann tritt ein Mann aus dem Wald, genauso, wie es für mich geplant war. Sein Gesicht ist hinter einem Riesenstrauß Rosen verborgen. Langsam geht er auf Mischa zu, und als er direkt vor ihr steht, senkt er den Strauß. Es ist Thore. Thore Spongebob Liebknecht. Er sinkt vor Mischa auf ein Knie und nimmt ihre Hand.
„Liebe Mischa. Als ich dich zum ersten Mal in der Schule gesehen habe, habe ich mich sofort in dich verliebt. Und als ihr dann im Sommer bei mir wart, hat mich das so glücklich gemacht, dass ich dir auf diesem Weg sagen möchte: Du bist für mich die tollste Frau der Welt und ich möchte mit dir zusammen sein, am Liebsten für immer."
Alle sind sprachlos, allen voran Mischa. Thore Liebknecht hat tatsächlich meinen schönen Plan geklaut, um sich an Mischa ranzumachen! Seine Mutter, die inzwischen wieder neben mir steht, wischt sich eine Träne aus dem Auge.
„Ist das nicht romantisch?"
Was soll man dazu sagen? Natürlich ist das romantisch, es ist ja schließlich der Plan, der ganz auf mich zugeschnitten ist. Nur die Ansprache wäre bei mir weniger kitschig ausgefallen. Ich lasse Giselas Frage unbeantwortet und wende mich wieder Mischa zu, die Thore noch keine Antwort auf seinen Antrag gegeben hat. Deshalb kniet er auch immer noch vor ihr.
Es ist der richtige Moment, aber die falsche Frau und hundertprozentig der falsche Mann. Mischa will sich grade eine Antwort abringen, da höre ich hinter mir Hufgetrappel auf der Landstraße. Tanja! Verdammt, viel zu früh! Wo sind meine Blumen? Im Auto, verdammt! Ich renne zu Thore, reiße ihm seinen Strauß aus der Hand und springe hinters Gebüsch. Dort sortiere ich schnell die Blumen und dann warte ich auf mein Signal: Mischas Pfiff. Leider hat Thore unseren ganzen Plan völlig durcheinandergebracht, sodass ich jetzt etwas orientierungslos bin. Hat sie schon gepfiffen? Ich fasse mir ein Herz und trete ohne Startsignal aus meinem Versteck. Draußen sehe ich nur noch Tanja.

Und wie ich sie so sehe, fällt mir ein, dass ich sie eigentlich gar nicht sehen dürfte, weil doch eigentlich der Blumenstrauß vor meiner Nase sein sollte. Zu spät. Langsam gehe ich auf sie zu. Tanja schaut mich fasziniert an. Vielleicht deute ich das auch nur so, und in Wirklichkeit guckt sie genauso, wie Mischa Thore angesehen haben muss. Doch den Gedanken schiebe ich ganz schnell wieder aus meinem Kopf. Ich bin am Ziel meiner Reise, am Ende meiner Suche. Und ich habe alles vergessen, was ich in wenigen Augenblicken zu ihr sagen will. Streng dich an, versuch dich zu erinnern und lass dir ganz schnell etwas einfallen! Ja, mach das, sei einfallsreich, sei kreativ, sei spontan!
„Hallo."
Das war nicht spontan, das war gar nichts.
„Hallo."
Hilflos suche ich nach weiteren Worten. Mischa steht hinter Tanja und wedelt aufgeregt mit den Händen, um mir deutlich zu machen, dass ich etwas sagen muss. Das weiß ich doch!
„Ich bin Mick, wir haben uns im Krankenhaus kennengelernt, also, eigentlich in Frankreich."
„Ja, Frau Liebknecht hat mir davon erzählt."
„Das mit dem Strand stimmt nicht!"
„Mhm."
„Aber der Rest stimmt."
„Und deshalb hast du mich entführt?"
„Ja."
„Und jetzt?"
„Jetzt falle ich eigentlich vor dir auf die Knie und frage dich, ob du uns vielleicht eine Chance gibst, uns noch einmal kennenzulernen."
„Und warum stehst du noch?"
„Ich bin zu aufgeregt."
Noch bevor ich auf die Knie sinke, reicht sie mir ihre Hand.
„Überspring das mit dem Knien und lad mich einfach zum Essen ein!"

Es ist perfekt. Es ist ganz anders, als ich es geplant hatte, aber so ist es besser. Mein Leben wäre schließlich nicht mein Leben, wenn alles nach Plan gelaufen wäre. Ich nehme ihre Hand und unter lautem Beifall der anwesenden Gäste gehen wir zurück zur Kutsche. Das ist es jetzt also, das große Finale. Und trotzdem fängt es gerade erst an.

Stefan Lohse stellt sich vor:

Geboren wurde ich am 22. Dezember 1982 in Elmshorn. Nach dem Abitur studierte ich zunächst Englisch und Geographie, entschied mich dann aber für eine Laufbahn als Erzieher. Seit Mai 2013 arbeite ich halbtags als Schulsozialarbeiter an der Grundschule meines Heimatdorfes in der Nähe von Elmshorn. Dort lebe ich mit meiner Freundin Miriam und unserer Hündin Bonnie in einer kleinen, gemütlichen Wohnung.

Seit 2002 bin ich als Liedermacher und Unterhaltungskünstler auf den Feiern der Umgebung unterwegs. "Bärchenmann sucht Traumfrau" ist mein erster Roman und das Ergebnis eines lang gehegten Traums: einmal ein eigenes Buch schreiben! Es hat drei Jahre gedauert, und ich bin sehr froh, einen Verlag gefunden zu haben, der mir eine Veröffentlichung zu fairen Konditionen ermöglicht hat.

Infos zu meiner weiteren Arbeit finden Sie auf www.der-kleine-stefan.de. Dort können Sie auch das von mir gesprochene Bärchenmann-Hörbuch und meine Liedermacher-CD bestellen.

Das letzte Wort dieses Buches gebührt all jenen, die mich
bei meiner Arbeit daran unterstützt haben:
Marleen, Sven, Tina, Nina, Mama, Papa und meiner Miri –

euch allen vielen, vielen Dank!